中国系统性金融风险的
度量与防范研究

李 政 著

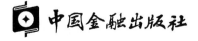
中国金融出版社

责任编辑：吕 楠
责任校对：孙 蕊
责任印制：丁淮宾

图书在版编目（CIP）数据

中国系统性金融风险的度量与防范研究／李政著 . —北京：中国金融出版社，2021.9
ISBN 978-7-5220-1317-6

Ⅰ. ①中… Ⅱ. ①李… Ⅲ. ①金融风险—风险管理—研究—中国
Ⅳ. ①F832.1

中国版本图书馆 CIP 数据核字（2021）第 183162 号

中国系统性金融风险的度量与防范研究
ZHONGGUO XITONGXING JINRONG FENGXIAN DE DULIANG YU FANGFAN YANJIU

出版
发行　**中国金融出版社**

社址　北京市丰台区益泽路 2 号
市场开发部　（010）66024766，63805472，63439533（传真）
网 上 书 店　www.cfph.cn
　　　　　　（010）66024766，63372837（传真）
读者服务部　（010）66070833，62568380
邮编　100071
经销　新华书店
印刷　北京九州迅驰传媒文化有限公司
尺寸　169 毫米×239 毫米
印张　13
字数　211 千
版次　2021 年 10 月第 1 版
印次　2021 年 10 月第 1 次印刷
定价　69.00 元
ISBN 978-7-5220-1317-6
如出现印装错误本社负责调换　联系电话(010)63263947

本书系国家自科基金青年项目（71703111）、国家社科基金重大项目（14ZDB124）、国家社科基金青年项目（21CJY046）、中央高校基本科研业务费专项资金项目（63213111）的阶段性研究成果之一，并获天津市"131"创新型人才团队"金融风险创新团队"的资助。

摘 要

作为金融工作的永恒主题和根本性任务，防止发生系统性金融风险、维护国家金融安全受到党和国家的高度重视。然而，防范化解系统性风险并非易事，准确地度量与监测风险是科学防控的前提，只有对系统性风险做到实时监控和有效预警，早识别、早预警、早发现、早处置，才能抓住主动防范化解系统性风险的时机、盯住系统性风险防控的重点。

目前，学术界一般认为系统性风险包含三个元素：冲击、传染放大机制和宏观经济损失后果。其中，冲击是系统性风险爆发的诱因，对实体经济产生负外部性是系统性风险爆发的结果，风险通过金融机构之间、不同金融部门之间以及金融系统与实体经济之间关联网络的传染放大才是系统性风险爆发的核心所在，表现为系统性金融风险的溢出效应，即在截面维度上，风险可以通过直接关联、间接关联和信息关联等多种渠道传导扩散。同时，系统性风险在时间维度上具有"累积—爆发—放大"的周期性特征，上行周期中风险的积聚与累积是下行周期风险爆发释放的前提和基础，系统性风险的同期度量和实时监测本身具有较强的顺周期性，无法发挥前瞻预警的作用。

为了在空间维度上对系统性风险的生成源头与传导路径进行有效识别监控，本书利用 ΔCoVaR 和 Exposure-ΔCoVaR、DY 溢出指数、TENET 等国际前沿方法，构建了系统性风险度量新指标——LASSO-ΔCoVaR，紧紧围绕中国系统性金融风险度量防范，从金融机构之间、金融部门之间、金融市场之间、金融系统与实体经济之间以及中国与全球其他主要国家之间，进行了多维度、全视角的测度分析。通过研究，本书明确了每个机构（部门、市场、行业或者国家）在系统性风险网络中扮演的角色和地位，识别了风险传导的路径结构，为中国金融监管当局确立正确的监管目标、选择合适的政策工具，从截面维度完善我国的宏观审慎政策框架提供参考。

为了在时间维度上对系统性风险进行实时监测和前瞻预警，本书基于金融周期理论，一方面，在 CoES 的统一框架下，提出了全新的系统性风险实时监测与前瞻预警指标——下行和上行 ΔCoES，并利用该指标对我国金融部门间的系统性风险溢出进行实时监测和有效预警；另一方面，将波动率分解为低波动和高波动，分析低波动（风险积累）和高波动（风险爆发）阶段行业间的网络关联特征，识别我国系统性风险形成演化进程中的风险积聚源头和爆发源头以及相应的传导结构。基于上述研究，本书提出了多个系统性风险前瞻预警解决方案，有效克服了同期风险度量的顺周期问题，为时间维度逆周期的宏观审慎监管提供理论上的依据和指导。

此外，本书引入频域测度，采用基于广义方差分解谱表示的 BK 溢出指数方法，对现有的网络关联性指标（DY 溢出指数）进行分解，提取不同的周期成分，进而考察中国金融压力跨市场溢出和主权债务风险跨国溢出的频率动态。同时，本书还梳理总结了我国宏观审慎政策工具的运用实践，并将差别存款准备金动态调整机制和可变的贷款价值比上限作为宏观审慎政策工具的代表，利用我国商业银行微观数据，检验这两大工具在抑制商业银行信贷扩张、杠杆率变动及其顺周期性的作用，评估中国宏观审慎政策工具的有效性，促进中国金融监管当局合理地使用审慎监管工具、提高监管效力。

目　录

第一章　导　论……………………………………………………………… 1

　　第一节　选题的背景和意义……………………………………………… 1

　　第二节　研究内容与主要创新点………………………………………… 4

第二章　理论基础与文献评述……………………………………………… 7

　　第一节　系统性金融风险概述…………………………………………… 7

　　第二节　宏观审慎监管概述……………………………………………… 13

　　第三节　系统性金融风险度量评述……………………………………… 22

第三章　金融机构系统性风险贡献与敞口的度量评估研究……………… 31

　　第一节　$\Delta CoVaR$ 和 Exposure-$\Delta CoVaR$ 的定义与估计………… 32

　　第二节　金融机构系统性风险贡献与敞口的时空特征分析…………… 36

　　第三节　金融机构系统性风险贡献与敞口的影响因素分析…………… 47

　　本章小结…………………………………………………………………… 50

第四章　基于尾部风险网络的金融机构系统性风险度量监管研究……… 52

　　第一节　金融机构尾部风险网络的构建方法…………………………… 53

　　第二节　基于尾部风险网络的系统性风险度量监管研究……………… 58

　　本章小结…………………………………………………………………… 70

第五章　金融部门间系统性风险溢出的监测预警研究…………………… 72

　　第一节　下行与上行 $\Delta CoES$ 的实现与优化………………………… 73

　　第二节　金融部门间系统性风险溢出水平的截面及时序特征………… 80

　　第三节　上行 $\Delta CoES$ 的前瞻性与下行 $\Delta CoES$ 的实时性………… 84

　　本章小结…………………………………………………………………… 93

第六章 系统性风险管理视角下金融压力跨市场溢出研究 ……………… 96

第一节 四个子市场金融压力指数的构建 ……………… 97
第二节 时域和频域下的溢出指数 ……………… 101
第三节 金融压力跨市场溢出效应的实证分析 ……………… 104
本章小结 ……………… 116

第七章 基于经济金融关联网络的系统性风险度量防范研究 ………… 118

第一节 经济金融关联网络的构建方法 ……………… 119
第二节 我国行业间系统性风险溢出分析 ……………… 122
第三节 金融行业与非金融行业间的风险溢出关系 ……………… 131
本章小结 ……………… 134

第八章 基于高低波动两阶段的系统性风险度量防范研究 ……… 136

第一节 经济金融系统相互关联和风险传导机制分析 ……………… 137
第二节 基于高低波动的行业关联网络构建方法 ……………… 140
第三节 基于高低波动两阶段的行业系统性风险度量研究 ……………… 142
本章小结 ……………… 155

第九章 全球视野下的主权债务风险跨国溢出研究 ……………… 157

第一节 研究样本与数据说明 ……………… 159
第二节 主权债务风险的跨国溢出水平分析 ……………… 161
第三节 主权债务风险的跨国溢出结构分析 ……………… 168
本章小结 ……………… 173

第十章 中国宏观审慎政策工具的运用及其有效性研究 ……………… 175

第一节 理论分析与研究假设 ……………… 176
第二节 研究设计 ……………… 179
第三节 中国宏观审慎政策工具有效性的实证分析 ……………… 181
本章小结 ……………… 190

参考文献 ……………… 192

第一章 导 论

第一节 选题的背景和意义

一、选题的背景

作为金融工作的永恒主题和根本性任务，防止发生系统性金融风险、维护国家金融安全受到党和国家的高度重视。2017 年 4 月，中央政治局首次就维护国家金融安全进行集体学习，认为金融安全是国家安全的重要组成部分，是经济平稳健康发展的重要基础；维护金融安全要坚持底线思维，即坚决守住不发生系统性金融风险的底线。同年 7 月，第五次全国金融工作会议将服务实体经济、防控金融风险、深化金融改革作为我国金融工作的三大任务，认为防止发生系统性金融风险是金融工作的永恒主题，并提出设立国务院金融稳定发展委员会。党的十九大报告则再次强调要健全金融监管体系，守住不发生系统性金融风险的底线，并且随后的中央经济工作会议指出，打好防范化解重大风险攻坚战，重点是防控金融风险。2019 年 2 月，中央政治局就完善金融服务、防范金融风险举行第十三次集体学习，习近平总书记进一步指出"防范化解金融风险特别是防止发生系统性金融风险，是金融工作的根本性任务"。

上述一系列高规格举措的密集实施，一方面体现出中央决策层对系统性风险防控问题的重视，另一方面也表明我国当下仍然存在不容忽视的系统性金融风险隐患，防范系统性风险、维护国家金融安全和稳定可谓任重道远。首先，我国经济目前已由高速增长阶段转向高质量发展阶段，伴随着经济增速换挡、产业结构调整以及经济发展模式的转变，高速增长时期所掩盖的潜在风险正在逐步显现，诱导系统性风险爆发的经济冲击幅度在不断增大，系统性风险正在部分行业、区域积聚和释放。其次，在我国金融体系内部，以金融科技（FinTech）为代表的新业态迅猛发展，影子银行规模也在不断膨胀，金融综合经营成为不可逆转的趋势，各类金融机构之间、金融机构与金融市场之间的关联日益紧密，我国金融系统内在脆弱性不断上升，源于金融体系的内部冲击幅度也在逐步增强。最后，伴随着我国利率和汇率市场化、人民币国际化、资本账户开放，国际金融市场冲击也将对我国金融系统的稳定性造成更大的影响。因此，在当前百年变局和世纪疫情交织叠加的背景下，我国的金融安全工作仍面临很大的挑战。

那么，如何科学防范系统性风险呢？本书认为，其一，防范化解系统性风险必须准确把握金融与经济二者之间的共生共荣关系，立足于经济金融系统的全局。一方面，金融是现代经济的核心，是实体经济的血脉；金融活则经济活，金融稳则经济稳；金融安全是国家安全的重要组成部分，是经济平稳健康发展的重要基础。另一方面，经济兴则金融兴，经济强则金融强；实体经济健康发展是防范化解风险的基础；要注重在稳增长的基础上防风险，平衡好稳增长和防风险的关系。

其二，准确地度量监测风险是科学防控的前提，只有对系统性风险做到实时监控和有效预警，早识别、早预警、早发现、早处置，才能抓住主动防范化解系统性风险的时机，盯住系统性风险防控的重点。因此，为了科学防范系统性风险，不仅要对其进行实时监控，还必须对其开展有效预警。

为了给我国的系统性风险防范化解工作提供智力支持，目前国内学者积极引入国际前沿方法与技术，对我国系统性风险进行度量监测研究，取得了一系列的研究成果，为相关监管工作的开展做出了积极贡献。尽管如此，现有研究仍然存在一些局限，为我们留下了一定的改进空间。

首先，从研究视角来看，现有文献对我国系统性风险的度量监控研究大多都局限于金融体系内部甚至其中的某一局部，只盯住金融体系来度量监测系统性风险，缺乏全局性，不仅可能错判系统性风险的真实水平，而且可能盯错系统性风险防范的重点部位。一方面，系统性风险生成的来源有三个：一是实体经济部门周期性或者结构性变化对金融体系产生的冲击，即实体经济部门积聚的风险；二是金融体系内部自身演化和逐步积累的风险；三是我国经济金融体系之外的国际风险溢出。将研究视角局限于金融体系内部，则有可能忽视第一种和第三种风险来源。另一方面，系统性风险的传染放大渠道除了金融机构通过同业拆借和支付结算等形成的直接关联、持有类似资产等形成的间接关联以及"恐慌心理""羊群效应""信心丧失"等信息关联外，金融体系与实体经济之间还具有复杂的双向反馈放大机制，不仅实体经济部门积聚的风险会对金融体系产生冲击，同时金融体系还通过金融加速器效应加剧风险在金融体系与实体经济间的传导与扩散，而且系统性风险的爆发必将对实体经济产生严重损害。将研究视角局限于金融体系内部，则只关注到风险在金融体系内通过直接关联、间接关联和信息关联的传染放大，忽视了风险在金融体系与实体经济之间的双向反馈放大效应。

其次，从空间维度的实践应用来看，现有文献重在测度我国金融机构尤其是银行机构间的风险传染和系统性风险溢出，评估相关机构的系统重要性，对跨部门、跨市场和跨行业风险传染的研究明显不足，未能对金融体系内部的风险传递进行有效识别监控，而从整个经济金融系统的全局来考察系统性风险生成源头和传递路径的研究则更为缺乏。因此，不管是在金融体系内部，还是从经济金融系统的全局，现有研究都有可能错判系统性风险防范的重点部位。

最后，从时间维度的实践应用来看，现有研究主要是对我国系统性风险进行同步监测和实时度量，未能有效把握其周期性变化特征，对系统性风险的前瞻预警重视不够，而同步监测和实时度量难以为系统性风险的防范化解提供前瞻性的支持，政策价值较小。一方面，由于系统性风险的同步监测和实时度量本身具有较强的顺周期性，基于同期度量的监管措施不仅无法起到逆周期的调节作用，甚至还强化了金融体系的顺周期性，加剧风险的积聚与扩散。另一方面，系统性风险的同步监测和实时度量只能在系统性风险实现释放阶段提供预警信号，此时"明斯基时刻"已经来临，只能进行被动的危机管理，从而错过了主动防范化解系统性风险的时机。

再次站在深化金融体制改革的十字路口，防止发生系统性金融风险、维护国家金融安全不仅事关金融行业自身的稳健可持续发展，而且是增强金融服务实体经济能力、建设现代化经济体系、实现高质量发展的必然要求。目前，守住不发生系统性金融风险底线的目标毋庸讨论，需要深入探讨的是如何科学防范系统性风险、强化风险防控能力建设。因此，本书采用多种国际前沿方法对我国系统性金融风险进行多维度、全视角的测度分析，从时空两个维度来促进监管当局科学防范系统性风险、强化风险防控能力建设。

二、选题的意义

从理论意义上看，第一，本书紧紧围绕我国系统性金融风险度量与防范，从金融机构之间、金融部门之间、金融市场之间、金融系统与实体经济之间以及我国与全球其他主要国家之间，进行了多维度、全视角的测度分析，明确了每个机构（部门、市场、行业或者国家）在系统性风险网络中扮演的角色和地位，识别了风险传导的路径结构，有助于深化学术界对系统性风险的理解和认识，避免认知误区。第二，本书不仅积极引入国际前沿的新方法、新技术，而且基于系统性风险的理论研究，构建了多个系统性风险监测预警新指标，丰富完善了现有的系统性风险度量理论与方法。第三，本书推动了金融周期理论在系统性风险前瞻预警中的应用，同时扩展了网络分析法在系统性风险度量领域的应用。

从现实意义上看，第一，本书有助于监管当局树立正确的监管理念，立足全局视角来防范化解系统性风险，在空间维度上从风险源头和传递路径两个方面强化风险防控能力建设。第二，本书不仅对系统性风险进行实时监控，还对其进行前瞻预警研究，为监管当局在时间维度上实施逆周期调节提供具有可操作性的指标工具，同时使其有充足的时间做好应对之策，抓住主动防范化解系统性风险的时机。第三，本书对我国宏观审慎政策工具实践及有效性的分析，有助于我国金融监管部门合理地使用审慎监管工具、提高监管效力。

第二节　研究内容与主要创新点

一、研究内容

本书共分为十章。第一章主要介绍本书的研究背景、研究的理论与现实意义、研究内容与主要创新点。第二章为理论基础与文献评述，讨论了系统性金融风险的定义与内涵、识别与监测，宏观审慎监管理念的历史演变、宏观审慎政策的定义与构成（目标、工具以及政策协调），并对系统性金融风险的度量方法以及应用做了系统梳理总结。

第三章至第九章则紧紧围绕我国系统性金融风险度量防范，从金融机构之间、金融部门之间、金融市场之间、金融系统与实体经济之间以及我国与全球其他主要国家之间，进行了多维度、全视角的测度分析。

具体来看，第三章采用 ΔCoVaR 和 Exposure-ΔCoVaR 方法，从风险贡献与敞口两个方面，对我国金融机构的系统性风险进行全面测度，评估其系统重要性和系统脆弱性，并考察影响金融机构风险贡献与敞口的因素。

第四章基于 LASSO 分位数回归，笔者提出了系统性风险度量新指标——LASSO-ΔCoVaR，并采用该指标构建我国金融机构时变的尾部风险网络，有效捕捉金融风险溢出的网络效应和跨行业传染特征，系统地考察金融机构的网络关联水平和关联结构。

第五章基于金融周期理论，在 CoES 的统一框架下，提出了全新的系统性风险实时监测与前瞻预警性指标——下行和上行 ΔCoES，并利用该指标对我国金融部门间的系统性风险溢出进行实时监测和有效预警研究。

第六章基于系统性风险管理视角，构建了货币、股票、债券、外汇四个子市场的金融压力指数，采用 DY 溢出指数和 BK 溢出指数，首次从时域和频域两个维度考察金融压力跨市场溢出的动态演变过程及结构特征。

第七章基于经济金融关联网络视角，采用最新发展的系统性风险度量新方法——TENET，构建我国行业间系统性风险溢出网络，从总体溢出、方向性溢出和溢出网络结构三个层面进行研究，探讨系统性风险的源头以及传导路径，并专门考察分析了金融与非金融行业之间的风险溢出效应。

第八章基于时间维度的"周期性"和空间维度的"全局性"，将我国经济金融系统中各行业的波动率分解为低波动和高波动，对系统性风险积累（低波动）阶段和爆发（高波动）阶段行业间的关联特征进行考察分析，识别系统性风险形成演化进程中的风险积聚源头和爆发源头以及相应的传导结构。

第九章以主权债务风险作为系统性风险的代表，在全球视角下考察主权债务风险跨国溢出效应，通过 BK 溢出指数研究了短期和长期下的主权债务风险跨国溢出水平与溢出结构，并通过 QAP 分析方法探讨了长短期主权债务风险跨国溢出的影响因素。

最后，第十章总结了我国宏观审慎政策工具的运用实践，并将差别存款准备金动态调整机制和可变的贷款价值比上限作为宏观审慎政策工具的代表，利用我国商业银行微观数据，检验这两大工具在抑制商业银行信贷扩张、杠杆率变动及其顺周期性中的作用，评估了我国宏观审慎政策工具的有效性。

二、主要创新点

在研究的过程中，本书不仅积极引入国际前沿的新方法、新技术，追踪国外学术界的最新研究成果，而且基于系统性风险的理论研究，构建了多个系统性风险监测预警新指标；综合使用多种前沿方法，从多个维度、多个视角对我国系统性风险进行了全面的度量监测研究，并且有效降低了单一方法可能存在的模型风险；不仅重视系统性风险、宏观审慎政策的理论研究，而且将其与我国宏观审慎监管制度建设相结合，力图实现理论、度量与监管三者的有机统一。总的来说，本书的创新之处有以下几点：

首先，方法的前沿性。在研究的过程中，本书不仅利用 ΔCoVaR 和 Exposure-ΔCoVaR、DY 溢出指数和 BK 溢出指数、TENET 等国际前沿方法，还构建了 LASSO-ΔCoVaR、下行和上行 ΔCoES 等系统性风险度量新指标，综合使用多种前沿方法对我国系统性风险进行度量监测研究，有效降低了单一方法可能蕴藏的模型风险。

其次，研究的多维度、全视角。本书围绕我国系统性金融风险度量防范，从金融机构之间、金融部门之间、金融市场之间、金融系统与实体经济之间以及我国与全球其他主要国家之间，进行了多维度、全视角的测度分析。

再次，分析的全面性。本书从时空两个维度对我国系统性金融风险进行度量与防范，在空间维度上明确每个机构（部门、市场、行业或者国家）在系统性风险网络中扮演的角色和地位，识别风险传导的路径结构；在时间维度上，不仅对系统性风险进行实时监控，还对其开展有效预警研究。

最后，理论、度量与监管的有机结合。本书将系统性风险的理论研究、度量监测研究与监管实践有机结合，帮助学术界更好地理解和认识系统性风险，丰富完善现有的测度方法，同时促进监管当局从时空两个维度科学防范系统性风险、强化风险防控能力建设，期盼本书的研究能够缩小系统性风险度量学术研究与监管应用之间的"鸿沟"。

第二章　理论基础与文献评述

第一节　系统性金融风险概述

一、系统性风险的定义

什么是系统性风险（systemic risk）？系统性风险的定义与内涵是什么？在讨论系统性金融风险的识别监测与防范应对之前，需要首先厘清系统性金融风险的概念。2008 年国际金融危机发生以后，系统性金融风险成为学术界、业界和金融监管部门关注的焦点，有关系统性风险的理论研究日趋深入，但直到目前系统性风险还未形成统一的权威定义。IMF 在 2009 年全球金融稳定报告《应对金融危机和测度系统性风险》中认为，虽然系统性风险这一术语已被广泛使用，但很难定义和量化。

De Bandt 和 Hartmann（2000）从系统性事件（systemic event）的角度对系统风险进行了定义。他们认为系统性事件有狭义和广义之分，狭义的系统性事件是关于单个金融机构的"坏消息"，甚至是该机构破产倒闭，以及单个金融市场的崩溃，这些事件将有序地对一个或者几个其他机构和市场带来相当不利的影响，狭义系统性事件强调有限特质冲击的"多米诺骨牌效应"。广义系统性事件不仅包括上述狭义系统性事件，而且包括具有严重性和广泛性的系统冲击（systematic shock），系统冲击能够同时对大批机构或市场产生不利影响，系统冲击强调大范围的总体冲击（aggregate shocks）。并且，系统性事件有强弱之分，如果因为初始冲击，受影响的机构在第二轮或者以后倒闭了，受影响的市场在第二轮及以后崩溃了，那么就是具有强效应的狭义系统性事件，同样系统冲击如果使得同时受到影响的机构和市场相当一部分倒闭或者崩溃，那么这一系统冲击也具有强效应。系统性危机（systemic crisis）可以被定义为系统性事件以一种强效应影响了相当数量的金融机构或者市场，进而严重损害了金融系统的一般运行功能，系统性风险则可以定义为面临具有强效应系统性事件的风险。

G10 在 2001 年《关于金融部门兼并的报告》中指出系统性金融风险是触发金融系统相当一部分发生经济价值或者信心损失以及不确定性随之增加的风险，它足够严重甚至可能对实体经济产生显著不利影响。系统性风险事件可能是突如其来的，也可能由于缺乏合适的政策响应，其发生的可能性随着时间不断积聚。系统性风险对实体经济的不利影响一般认为来自支付系统、信贷流的中断和资产价值的破坏。Dijkman（2010）进一步认为系统性风险通常指严重到足以损害实体经济的金融冲击，传染（contagion）是系统性风险的核心，且传染分为真实渠道和信息渠道，真实渠道指通过直接敞口（比如交易对手敞口）和相互联系（比如通过支付系统）的直接连锁效应（knock-on effects），信息渠道则指通过经济主体（包括交易对手、投资者和存款人）对特定事件做出反应而改变他们的行为，比如某一银行宣告其遇到严重困难后，投资者就会猜测哪些银行会因为商业模式的相似、金融敞口等易于受到初始冲击的影响，在第二轮受到影响的机构很有可能面临财务前景恶化，这体现为评级下降、风险溢价和资本成本上升以及吸收资金更加困难。

Kaufman 和 Scott（2003）认为系统性风险是指整个系统崩溃的风险或者可能性，它与单个组成部分的崩溃相对，系统性风险反映为大部分或所有机构的协同性（相关性）。同时他们认为系统性风险的确切含义是模糊的，对于不同的人系统性风险意味着不同的事情，Kaufman 和 Scott（2003）通过对文献的梳理，总结出系统性风险经常使用的三类定义。第一类定义将系统性风险视为宏观冲击，它对大部分或整个经济金融系统产生了几乎同时的巨大不利影响。比如，Bartholomew 和 Whalen（1995）认为系统性指一个事件能够对整个银行、金融或者经济系统产生影响，而不是一个或者少数几个机构；Mishkin（1995）将系统性风险定义为"突如其来且通常未能预期的事件扰乱了金融市场的信息，使金融市场有效配置资金能力中断的可能性"。在这类定义下，宏观冲击的影响如何传导至单个机构以及哪些机构会受到影响，即传导机制和传染对象未能得到阐述。

另外两类定义更加关注微观层面和冲击的传导机制以及从一个机构到其他机构的潜在溢出效应。其中，第二类定义强调具有因果关系的相关性，系统性风险发生的先决条件是金融机构之间和市场之间紧密的直接关系，直接金融敞口导致连锁反应（knock-on reaction），风险逐步传导扩大。在第二类定义下，只需一家机构直接暴露于初始冲击下，而传导链条上的其他机构则可以不暴露于冲击之下，这不同于第一类定义中的宏观冲击。比如，Kaufman（1995）认为系统性风险是多米诺骨牌倒塌的连锁反应风险，单个事件通过链条传导至系统中的其他机构和市场进而导致一系列损失即累积损失的可能性，这与美联储（Federal Reserve System）的定义一致①。BIS 在 1994 年发布的年度报告中将系统性风险定义为某个参与者未能履行其合同义务，进而依次引起其他参与者违约的连锁反应风险，这导致了广泛的金融困境。金融部门直接因果关系的系统性风险（direct-causation systemic risk）之所以令人恐惧不仅因为其发生后快速的传导速度，还由于人们信念上认为它不仅会影响经济上没有偿还债务能力的机构，而且会影响有偿还能力的机构，所以几乎没有任何办法来防止其破坏作用。

系统性风险的第三类定义同样关注于初始外生外部冲击的溢出效应，但它不涉及直接因果关系，而依赖于更弱更间接的关系，它强调机构之间在第三方风险敞口（third-party risk exposures）的相似性。比如，一家机构受到冲击的不利影响产生了严重损失，为了尽量减少额外损失，市场参与者将审视有着他们经济利益的其他机构，看这些机构是否处于危险当中以及危险的程度，与最初受到冲击机构的风险敞口越相似，机构发生损失的概率越大，市场参与者快速撤出资金的可能性也就越高。这种反应可能会诱发流动性问题，甚至更具根本性的偿付能力问题。这种模式可以被称为"共同冲击"或者"重新评估冲击"（reassessment shock）效应，代表了没有直接因果关系的相关性（间接因果关系）。

FSB、IMF 和 BIS 在 2009 年发布的《评估金融机构、市场和工具系统重要性的指引：初步意见》中将系统性风险定义为金融服务中断的风险，这种风险是由金融系统部分或者全部受损导致的，并具有对实体经济造成严重负面后果的可能性。这一定义的根本是金融机构、市场和工具紊乱或者倒闭的负外部性，而且所有类型的金融中介机构、市场和基础设施在一定程度上都有可能具有系统重要性。

Taylor（2010）给出了系统性风险的一个操作性定义，他认为系统性风险的定义必须基于三个方面的考虑：一是大的触发事件（triggering events）的风险；二是触发事件通过传染和连锁反应在金融部门传播，即金融传播

---

① 美联储在 2001 年《关于支付系统风险的政策声明》中认为大型支付网络中的某一个机构不能或者不愿意清偿其债务时，系统性风险则可能发生。这是因为该机构的违约可能导致其债权人也无法履行其债务承诺，带来的严重后果将传播到网络中的其他参与机构、网络外的其他存款机构以及非金融机构。

风险；三是金融服务混乱中断将严重影响整个经济，即宏观经济风险。首先，触发事件有三个来源：一是公共部门，比如流动性急剧扩张以后，央行突然收缩流动性；二是外部冲击，比如自然灾害、恐怖袭击摧毁支付系统；三是金融市场本身，比如一个大型金融企业破产倒闭。其次，原始触发事件通过金融系统的传播风险有两种类型：第一种是机构间具有直接金融联系，导致一个机构的破产通过链式反应对其他机构产生不利影响，这种直接联系可以基于银行间借贷和衍生品合同；第二种是金融机构没有直接金融联系，在这种情况下，一个倒闭的机构或一些其他触发事件可能导致大量其他金融机构的资产负债表受到显著影响，主要是因为它们与倒闭机构有相似的投资组合或者它们对受到触发事件影响的证券有很大的共同敞口。与破产机构的投资组合越接近，损失和破产的概率就越大。第二种类型的传播通常被称为传染（contagion），它可以被理解为对新信息的理性反应，而不是纯粹的非理性或者心理反应。但是如果不知情的投资者跟随知情的投资者，并由于该事件的突发性引起了意外和不确定性，风险就会被放大。第二种类型的传播有时可以被"挤兑"（run）很好地刻画，短期债权人和储户急于从他们认为陷入困境的机构中提款，由于他们同时提取资金，金融机构不得不卖出长期的、可能是流动性差的资产和抵押品，这进一步导致了流动性问题，并最终可能成为资不抵债的破产问题。许多机构同时出售将会导致低价甩卖（fire sales），问题被放大。最后，金融部门紊乱与实体经济的传统联系主要通过货币供给量、银行和非银行机构信贷供给、资产价格（包括汇率）和利率四个方面的变化实现。

综上可知，系统性风险是指触发事件或冲击发生，风险通过直接和间接渠道进行传导扩散，引发大量金融机构破产倒闭，金融系统全部或者大部分受损，金融市场功能失灵、金融服务中断，并对实体经济造成严重损害的风险和可能性。首先，触发事件和冲击的来源复杂多样，公共部门、外部冲击、金融系统本身都有可能，触发事件可能是突如其来的、未预期的冲击，也可能是由于缺乏合适的政策响应，风险不断积聚，其发生的可能性随着时间不断提高，而且从规模强度上来说，初始冲击可以是同时对所有机构和市场产生影响的系统冲击，也可以是对单个或少数几个机构产生影响的狭义冲击；其次，风险的传播不仅包括金融机构因直接金融敞口导致的多米诺骨牌连锁反应，还包括由于商业模式、投资组合、共同风险敞口等相似性导致的间接金融联系，通过信息渠道，经济主体对初始事件冲击做出反应、改变行为，风险因羊群效应、金融恐慌、信心丧失等间接方式传染扩散；最后，金融部门的危机通过信贷供给、货币供给、资产价格、利率等渠道对实体经济产生严重损害，系统性金融风险必然具有宏观经济损失后果。

二、系统性风险的识别与监测

过往的危机事件表明，虽然系统性风险不同的来源和冲击传播渠道可以在同一时间或者以复杂的顺序出现，但系统性风险的爆发大体遵循了积聚—实质性冲击—放大和传播三个阶段（Blancher 等，2013）。在不同的阶段，系统性风险具有不同的表现形式，因而，其识别与监测指标也有所不同。

在积聚阶段（buildup phase），系统性风险随着时间的推移不断累积，金融系统对过热行业部门的敞口提高，金融冒险行为不断增加。系统性风险的累积时间很长，在长时间的积聚过程中，系统性风险并不会对金融系统产生明显的影响。因此，人们常常忽视系统性风险的积聚过程，只有当风险由某种突发事件触发，以危机的形式表现出来时，人们才对其进行关注。Borio（2003）指出，系统性风险的积聚过程比风险爆发的导火索和危机本身更重要。如果不能理解系统性风险的积聚过程，就不能理解金融危机的爆发。

系统性风险往往产生于一项正向初始冲击，比如宏观经济的周期性变化和冲击、监管的放松、宽松的货币政策和财政政策、金融创新、技术进步甚至乐观繁荣的市场情绪。在正向初始冲击下，金融机构的风险偏好上升，放大杠杆率，扩张资产负债表，此时，系统性风险在不断积聚，金融系统的脆弱性也在不断提高。金融的繁荣进一步加强了经济的繁荣和市场的乐观情绪，泡沫越吹越大。比如，许多学者认为美联储长期实施的低利率政策导致 2008 年国际金融危机的发生。长期维持较低的政策利率影响杠杆率，鼓励金融市场参与者的激进行为，助推了资产价格泡沫和证券化信贷产品的膨胀，最终引发了美国次贷危机。在风险的累积过程中，常伴随以股市和房地产为代表的资产价格大幅上涨、金融机构的杠杆率高企、经济增长率波动、政府债务负担加重等现象。在积聚阶段，系统性金融风险的早期预警系统应发挥主要作用，寻找风险积聚的源头，评估系统性危机发生的可能性，计算潜在的金融损失和现存吸收损失的缓冲之间的动态平衡是否已经被打破。

在实质性冲击（shock materialization）阶段，危机即将爆发，系统性金融风险已达到临界值，这一时点常被称为"明斯基时刻"。金融失衡和过度的风险承担行为使金融系统对于冲击异常脆弱和敏感，某些突然爆发的冲击事件便会成为金融危机爆发的导火索：国际经济金融冲击，比如量化宽松政策的突然退出；本国的宏观经济或者政策冲击，例如宏观经济政策的突然转向，货币和财政政策收紧，金融监管更加严格；金融系统的内在脆弱性，例如某一系统重要性金融机构突然破产倒闭；等等。在这一阶段，系统性风险测度的重点在于评估金融系统和实体经济部门的潜在损失，采用基于市场数据的监测指标和模型，在危机到来前夕给予决策者清晰的警示信号，监管当局应果断采取相关措施避免危机的发生，或者减少危机对金融系统和实体经济造成的冲击损害。

在放大和传播（amplification and propagation）阶段，风险从单个机构和市场传染到其他机构和市场，从单个金融部门蔓延到整个金融系统，从金融体系扩散至实体经济部门，从一个国家传导至全球经济金融体系。在此阶段，风险通过直接和间接金融联系传导扩散，不断自我放大，并因为金融系统和实体经济之间的"正反馈机制"呈现出螺旋式上升态势。此时，资产价格暴跌，市场流动性枯竭，投资者的信心丧失殆尽，大量金融机构纷纷倒闭，宏观经济形势也陷入萧条。在放大和传播阶段，系统性风险监测的重点应是放大机制和传播渠道，比如金融机构之间的相互关联、金融资产的减价抛售、跨境风险敞口和相关的负反馈循环等，此时，监管当局应控制风险的放大和传播，降低反馈机制的严重性。

从现有的文献和监管实践来看，识别监测系统性金融风险用到的数据主要分为三类：一是股票价格、期权价格和信贷违约互换 CDS 价差等金融市场数据；二是金融机构财务指标，包括资本充足率、资产质量、杠杆率、流动性、盈利和利润、股票市场表现等单个机构的财务指标，以及金融机构之间的同业拆借、支付结算等同业数据；三是宏观经济金融指标，鉴于宏观经济与金融系统存在复杂的互动影响关系，私人部门信贷增长、信贷额对 GDP 比率、股票和房地产等资产的价格、实际汇率和利率、国际资本流动、银行市值、贸易余额等宏观经济金融指标也常常被纳入系统性风险的监测当中。

IMF 根据指标前瞻性的强弱和识别系统性金融风险所处阶段的不同，将上述指标分为前导指标（leading indicators）和同步指标（near-coincident indicators）。前导指标主要是频率相对较低的财务数据和宏观经济金融数据，主要用于识别正在积聚阶段的系统性金融风险，使用前导指标识别积聚过程中的系统性风险，对于避免潜在金融危机的爆发至关重要。同步指标主要是基于高频金融市场数据的指标和模型，在系统风险的实质性冲击阶段，危机即将爆发之前，使用同步指标识别即将到来的金融危机，在危机前几个月的区间内发出清晰的警示信号，使监管当局能够迅速做出应对，立即采取必要行动，避免危机的发生或者降低危机的影响深度和广度。由于系统性金融风险来源和传播渠道的多样化以及影响的多方位，监管当局一般会使用多种类型的工具来监测系统性金融风险，基于宏观经济金融、金融机构财务、金融市场三类数据，对系统性风险进行监测评估。在本章第三节，笔者将对系统性风险度量的最新研究成果做系统的梳理总结。

综上分析，本书认为系统性风险包含三个元素：冲击、传染放大机制和宏观经济损失后果。其中，冲击是系统性风险爆发的诱因，对实体经济产生负外部性是系统性风险爆发的结果，风险通过金融机构之间、不同金融部门之间以及金融系统与实体经济之间关联网络的传染放大才是系统性风险爆发的核心所在，表现为系统性金融风险的溢出效应，即在截面维度上，风险可以通过直接关联、间接关联和信息关联等多种渠道传导扩散。同时，系统性风险在时间维度上具有"累积—爆发—放大"的周期性特征，上行周期中风险的积聚累积是下行周期风险爆发释放的前提和基础，系统性风险的同期度量和实时监测本身具有较强的顺周期性，可能无法发挥前瞻预警的作用。

第二节　宏观审慎监管概述

一、宏观审慎监管概念的历史演变

宏观审慎理念与金融监管的演进历史密切相连。根据 Clement（2010）的研究，"宏观审慎"一词的起源最早可追溯至 1979 年 6 月巴塞尔银行监管委员会（BCBS）前身库克委员会（Cooke Committee）的一份未公开发表的会议纪要。会议纪要内容如下："委员会关注的微观经济问题一旦与宏观经济问题相融合，微观审慎问题就应称为宏观审慎问题，委员会应对宏观审慎问题以及它与宏观经济问题的联系保持关注。"

1979 年 10 月，"宏观审慎"一词出现在英格兰银行关于银行业创新项目的背景材料中，将审慎监管措施（prudential measures）作为约束借贷的替代方法之一，并比较了单个银行的微观审慎监管与宏观审慎监管，认为"审慎监管措施主要关注于单个银行层面的稳健经营和存款者保护，银行监管微观审慎层面的大量工作已经完成，但是这种微观审慎层面的工作还应与更广范围的宏观审慎考虑相配合。宏观审慎方法考虑的是市场作为一个整体所面临的问题，这与单个银行、微观审慎层面的问题不同"。

1986 年，宏观审慎一词首次出现在公开发表的文件中，欧洲通货常务委员会（ECSC, Euro-Currency Standing Committee）在《当前国际银行的创新》的报告中讨论了宏观审慎政策的概念，认为宏观审慎政策主要是为了提高整个金融系统和支付机制的安全与稳健，此时衍生产品和证券化等金融创新导致资本市场快速发展，该报告讨论了金融创新如何放大金融系统作为一个整体的风险，并对衍生工具导致的跨机构和跨市场关联表示了忧虑。

1997 年亚洲金融危机的爆发使得宏观审慎监管再次被提及。1998 年 IMF 在《迈向一个稳健金融系统的框架》的报告中指出，宏观审慎分析建立在市场信息和宏观经济信息之上，关注于重要的资产市场、金融中介的发展，宏观经济的发展以及潜在的失衡。随后，IMF 通过金融部门评估计划（Financial Sector Assessment Programs, FSAP）建立起一套宏观审慎指标体系对一国金融系统的脆弱性进行评估。

2000 年是宏观审慎理念发展史上的里程碑，当年 9 月，BIS 总经理 Crockett 在银行业监管的国际会议上发表演讲①，详细比较了微观审慎与宏观审慎的区别，认为要想获得金融稳定需要加强宏观审慎层面的监管，宏观审慎具有两个显著的特点：一是宏观审慎着眼于整个金融系统，其目标是降低金融困境带来的宏观经济产出损失；二是总体风险的识别依赖于金融机构的集体行为，即总体风险是内生的。与此相对，微观审慎的目标是降低单个机构的破产风险，保护存款人和投资者的利益，而且微观审慎方法认为总体风险独立于金融机构的集体行为，总体风险是外生的，忽略了单个金融机构行为对整个金融系统的负外部性，即个体理性但集体非理性的情形。

Crockett 同时认为宏观审慎具有两个维度：一是时间维度，风险如何随

---

① 演讲的题目为 Marrying the micro- and macro-prudential dimensions of financial stability，演讲的详细内容可参阅网页 https：//www. bis. org/speeches/sp000921. htm。

着金融周期而变化，即金融系统的顺周期问题，解决该问题需要在繁荣时期建立缓冲，而在萧条时期释放缓冲，通过逆周期调节降低金融系统与实体经济的正反馈机制；二是横截面维度，在某一具体时点，风险在金融系统的分布状况，截面维度关注金融系统中具有相似敞口的机构以及这些机构之间的关联，应对截面维度需要审慎工具来校准单个机构的系统重要性，即对总体风险的贡献，那些对总体风险贡献较高的机构理应受到更加严格的监管。此外，Crockett 还强调金融稳定的微观审慎与宏观审慎维度的区别在于任务的目标和影响经济结果的机制理念，而与实现这些目标所使用的工具关系不大。

在 2008 年国际金融危机发生之前，宏观审慎监管政策层面的讨论主要集中于时间维度，关注于银行资本标准对金融系统顺周期的影响以及监测金融系统脆弱性与宏观经济的关系。危机发生后，横截面维度也受到了重视，关注于系统重要性金融机构和"大而不能倒"问题。与此同时，宏观审慎理念的内涵也进一步扩展，超出了金融监管的范畴，形成了"宏观审慎政策"，宏观审慎泛指应对系统性风险的各种政策以及宏观经济与金融稳定相互作用的所有相关主题。

从宏观审慎监管理念的历史发展脉络可以发现，虽然它关注的具体问题在随时间变化，从最初关注对发展中国家的过度借贷，到 20 世纪 80 年代金融创新的影响和资本市场的发展，再到金融系统顺周期和系统重要性金融机构，但宏观审慎监管理念的核心始终是金融系统的稳定及其与宏观经济的关系。

二、宏观审慎政策的定义与构成

目前，"宏观审慎政策"一词虽然被广泛使用，但尚未形成统一的定义。2011 年，FSB、IMF 和 BIS 提交给 G20 财长和央行行长的《宏观审慎政策工具和框架》报告中将宏观审慎政策定义为"运用主要的审慎工具防范系统性的或者系统范围的金融风险，防止对实体经济具有严重危害的核心金融服务突然中断的发生"，主要方式有：一是抑制金融失衡的累积，并构建防御措施降低金融系统崩溃的速度和强度以及对实体经济的影响；二是识别和应对共同敞口、风险集中、关联性和相互依存关系等，这些是风险传染和溢出的来源，有可能危害整个金融系统功能的发挥。在这一定义下，宏观审慎政策的构成元素有三个：一是目标，限制系统性或者系统范围的金融风险；二是分析的范围，金融系统整体以及它与实体经济的相互作用；三是权力和手段及其治理，即审慎工具和明确指派的宏观审慎机构。

宏观审慎政策旨在应对时间和横截面两个维度的系统性风险。其中时间维度反映了金融系统内部以及金融系统与实体经济之间的累积放大机制。这种机制就是顺周期性，它建立在金融和非金融等经济主体的趋同行为之上，在金融周期的上升阶段增大风险敞口，在下行阶段变得过度风险厌恶。顺周期性表现为金融机构（也包含企业和家庭）过度杠杆化和金融部门过渡期现错配导致的信贷和流动性周期。在上升阶段，顺周期使得金融系统和实体经济对于内生和外生的冲击异常脆弱，总体风险的积聚增加了金融困境发生的可能性。横截面维度反映了在给定时间点风险在金融系统的分布。如果顺周期使得系统在运行过程中不稳定，那么截面维度将提供进一步的动力，放大金融困境的影响。当然没有风险随着时间推移的积聚，足够严重的问题也可能导致金融困境的发生，它取决于机构的大小、集中度和可替代性以及它们之间的关联性。机构之间的直接关联和对共同冲击的脆弱性为风险在机构之间的传染和溢出提供了渠道，这种直接和间接的联系使得所有机构都暴露在任意一个机构偿付和流动性事件风险的级联效应之下，导致系统层面的流动性短缺、挤兑和减值抛售。

与此同时，宏观审慎政策的目标也可分为最终目标、直接目标和操作目标三个层次（张健华和贾彦东，2012）。其中，宏观审慎政策的最终目标是维护金融稳定，避免或者降低金融不稳定导致的宏观经济损失成本。依据 Galati 和 Moessner（2013）的研究，金融稳定的界定可大致分为以下两类：一是金融系统应对外部冲击时的稳健性；二是强调金融困境的内生本质，将金融稳定描述成应对金融系统内部冲击时的韧性或者应对正常规模冲击而非大幅冲击时金融体系的脆弱性。宏观审慎政策的直接目标是防范和应对系统性金融风险，只不过不同的研究关注于系统性风险的不同方面，在本章第一节中笔者已梳理总结了系统性金融风险的定义。宏观审慎政策的操作目标大都延续 Crockett 2000 年演讲中的划分，从时间维度和横截面维度两个层面展开。时间维度关注系统整体风险随金融周期的变化以及风险在金融系统与实体经济相互作用过程中的累积放大机制，即顺周期性，时间维度的操作目标是通过逆周期调节，抑制金融系统范围内的失衡；截面维度关注给定时点，金融机构由于直接的业务关联或间接的共同风险敞口而形成风险共担和关联性，需要防范风险在机构的传播及对金融网络结构变化的影响，截面维度的操作目标是抑制共担风险失衡，降低风险的发生概率和破坏性，同时优化金融系统的网络结构。

此外，Borio（2003）还通过比较宏观审慎与微观审慎的区别，给出了宏观审慎政策的目标。由表2-1可知，宏观审慎的直接目标是防范系统范围的金融风险，而微观审慎的直接目标是防范单个机构的破产风险；宏观审慎的最终目标是避免金融不稳定带来的宏观经济损失成本，而微观审慎的直接目标保护投资者和存款人的利益，并没有考虑与实体经济的关系。

表 2-1　宏观审慎与微观审慎的比较

项目	宏观审慎	微观审慎
直接目标	防范金融系统层面的风险	防范单个机构的风险
最终目标	避免金融不稳定带来的宏观经济成本（产出损失）	保护消费者（投资者和存款人）
风险特征	内生的：依赖金融机构的集体行为和相互作用	外生的：独立于个体机构的行为，忽视了个体行为的外部性
跨机构的相关性和共同敞口	重要	不相关
审慎控制的标准	系统范围的风险：自上而下	单个机构的风险：自下而上

资料来源：Borio（2003），Galati 和 Moessner（2013）。

那么，宏观审慎政策的边界是什么呢？其他公共政策也能够影响金融稳定，比如微观审慎政策和货币政策都能影响经济和金融系统中风险的成本，而且在微观审慎政策和宏观审慎政策之间划出一条清晰的界线也非常困难。因此，宏观审慎政策的构成元素，除了其政策目标外，还应包括分析范围、应对风险的范围、工具集、机构和治理框架等。

根据IMF在2011年的政策报告《宏观审慎政策：一个组织框架》，宏观审慎政策的目标是通过限制系统性风险的累积来维护金融系统整体的稳定，这是宏观审慎政策的首要目标，而只是其他公共政策的次要目标。而且目标是预防不是治疗，后者是危机管理框架的范围；关注的焦点是整个金融系统和系统性风险，而不是单个机构和异质风险，这些是微观审慎政策的关注范围。

宏观审慎政策的分析范围应该覆盖系统性风险所有的潜在来源，包括金融系统整体的发展、金融系统与实体经济之间的反馈机制以及国际间的溢出等。它关注于整个金融体系，而非单个金融机构，而且在个体理性而集体非理性的情况下，宏观审慎与微观审慎存在一定的矛盾。

宏观审慎政策应关注起源于金融系统内部的风险和被金融系统放大的风险，而将识别的其他系统性风险之源交给其他公共政策来解决。比如，宏观审慎政策不是用于应对宏观经济失衡和冲击、不合适的宏观经济政策和结构政策导致的系统性风险，对这些风险防御的第一线应该是宏观经济政策的调整，宏观审慎政策也不是解决单个机构的破产风险，除非它具有系统性影响。此外，当某些系统性风险的源头不能确定何种政策来应对时，需要建立一种机制来确定政策责任，比如公司过高的外债规模能够通过直接和间接渠道影响金融稳定，跨国资本流入没有通过本国金融系统和中介也能导致资产价格泡沫。

宏观审慎政策的核心工具应该是审慎型工具，在一个更广泛的金融系统视野下，通过对审慎型工具的校准和使用来专门解决系统性风险，其他工具也能加入宏观审慎工具箱中，只要其满足以下两个条件：一是它们针对明确且具体的系统性风险目标；二是它们被一个具有明确宏观审慎职责、任务和业务独立性的机构所使用。而且在所有情形下，使用宏观审慎政策都不应该损害其他政策领域的自主权，不应被当作其他政策行为的替代，满足它们的目标。

体制架构是审慎政策的核心元素之一，正如货币政策的核心是央行、财政政策的核心是财政部一样。宏观审慎政策具体执行机构的选择依赖于不同国家的国情，目前国际通行的最佳惯例还未出现，但有两个原则需要遵守：一是该机构应有明确的宏观审慎政策职责和授权；二是影响金融稳定的不同政策机构之间应有正式协调和咨询机制。

从上述讨论可以总结出宏观审慎政策框架的三个关键要素：一是系统性风险的评估与监测；二是宏观审慎政策工具；三是机构设置和政策协调。其中，系统性金融风险的评估与监测已在本章第一节予以介绍，下文笔者重点介绍宏观审慎政策框架的后面两个要素。

三、宏观审慎政策工具

目前，学术界、业界和金融监管当局在哪些工具属于宏观审慎政策工具以及如何对其进行分类等问题上还未形成共识。IMF 在 2011 年的政策报告《宏观审慎政策：一个组织框架》中认为宏观审慎工具包括两大部分：一是专门为减少时间和截面维度系统性风险的工具，即专属类工具；二是最初开发时并不以系统性风险为目标，但是通过校准修正成为宏观审慎工具箱的一部分，即校准类工具。此外，该报告还从时间维度和空间维度对宏观审慎工具进行了划分，其中横截面维度代表性工具有系统性资本附加要求、系统性流动附加要求、对系统性风险敏感的存款保险风险费率、风险隔离措施等；时间维度的代表性工具有逆周期资本缓冲、动态拨备、时变的贷款价值比率（loan-to-value，LTV）和债务收入比率（debt-to-income，DTI）上限、时变的贷存比、对特定部门敞口逆周期的风险权重、动态准备金制度、时变的信贷量和信贷增速上限、限制货币错配或敞口等。

与此同时，从政策工具操作实践的角度，IMF 通过对 49 个国家调查统计，识别出最常用的 10 种宏观审慎工具。这些工具可分为三类：第一类是信贷相关的，如 LTV 上限、DTI 上限、外币贷款上限、限制信贷量或者信贷增速；第二类是资本相关的，比如逆周期动态资本要求，动态拨备、对利润分配进行限制；第三类是流动性相关的，包括限制净外汇头寸敞口（Net Open Position in Foreign Currency，NOP）或者货币错配、限制期限错配以及准备金。上述工具在使用时通常有清晰的政策目标，Lim 等（2011）指出这些工具被用来降低四大类系统性风险：一是信贷过度扩张和信贷推动型资产价格泡沫而引起的金融风险；二是过度杠杆化以及后续去杠杆化带来的系统风险；三是系统流动性风险；四是国际资本大幅流动及其波动引起的金融风险。

FSB、IMF 和 BIS 在 2011 年提交给 G20 的《宏观审慎政策工具和框架》进展报告，将宏观审慎政策工具按照目标分为三类：一是解决信贷过度扩张和资产价格暴涨给金融稳定带来的威胁，尤其是房地产市场价格暴涨，工具包括动态拨备、LTV 和 DTI 比率、动态资本缓冲、准备金率、信贷或者信贷增长上限以及批发金融市场的交易条款和条件，如时变的最低保证金要求；二是解决与杠杆率和期限错配相联系的系统性风险放大机制，包括资本工具、市场和资金流动性工具、调整风险权重、限制内部金融系统的风险敞口；三是降低系统中的结构脆弱性和限制压力时期的系统性溢出，比如要求系统重要性金融机构有额外的吸收损失的能力，针对共同敞口、共同风险因子以及关联性的信息披露政策和针对系统重要性金融机构有效处置框架的具体要求也是关键的支持工具。同时，部分学者还从固定规则与相机抉择、价格限制与数量限制等角度对宏观审慎工具进行了分类。

此外，新兴市场国家和发达国家在宏观审慎政策工具的运用上也存在着些许差异。首先，从使用频率来看，相对于发达国家，新兴市场国家采用宏观审慎政策工具的次数更为频繁。这反映了后者的金融市场欠发达，银行主导了相对弱小的金融部门，且新兴市场国家更容易受到外部冲击的影响，因而其使用宏观审慎政策工具的需求更大，以解决本国金融部门中的系统性风险（Lim 等，2011；Claessens 等，2013）。其次，新兴市场国家往往更关注国际资本大幅流动及其波动带来的风险和系统流动性风险，因此，它们倾向于更多地使用与资本流动和流动性水平相关的措施，如对NOP 的限制和准备金工具。同时，由于其金融系统的市场化水平相对较低，新兴市场国家也会更多采用限制信贷增速等工具。与新兴市场国家不同，发达国家则更偏好于信贷需求相关的工具，如 LTV 和 DTI 上限，同时发达国家使用动态拨备的次数也较多，由此可以看出，发达国家似乎更关注过度杠杆化以及后续去杠杆化所导致的金融风险（Claessens 等，2013）。最后，不同的国家在金融体系（金融中介和金融市场的相对重要性）、银行业结构（如国有化水平）、金融开放水平（例如资本账户是否开放和汇率制度）、金融市场化水平、金融部门的规模以及金融监管效率等方面存在显著差异，同时，其金融部门面临的冲击和风险也是不同的，这些特征性的差异导致各国监管当局选择不同的宏观审慎政策工具，并且这些差异有可能进一步影响审慎政策工具的实施效果。

四、宏观审慎政策与其他政策的协调

宏观审慎政策是维护一国金融稳定的重要手段，但不是唯一手段，货币政策、微观审慎政策、资本流动政策、财政和结构政策（fiscal & structural policies）、危机管理和处置政策（crisis management & resolution policies）、竞争政策（competition policy）等其他公共政策也会影响金融稳定，因此，宏观审慎政策需要与其他政策进行协调和配合，共同发挥作用。IMF2013 年发布的报告《宏观审慎政策的核心要点》阐释了宏观审慎政策与其他经济政策的联系（见图 2-1）。此外，货币政策、财政政策、微观审慎政策、宏观审慎政策等均有自身的政策目标，为了达到这些政策目标，各项政策缺一不可，它们之间并不存在替代或者附属关系，否则会影响政策本身的独立性和客观性。

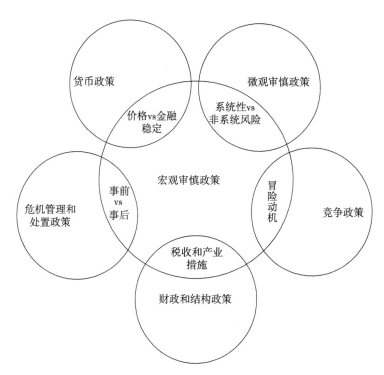

图 2-1 宏观审慎政策与其他经济政策的联系

首先，货币政策的目标包括稳定物价、充分就业、经济增长和国际收支平衡，其主要目标是价格稳定。2008 年国际金融危机的爆发表明：仅维持价格稳定并不能确保宏观经济金融体系的稳定。因此，需要专门的宏观审慎政策来维护金融体系的稳定，防范和应对系统性金融风险。

根据 IMF 在 2013 年发布的报告《货币政策与宏观审慎政策的协调配合》，从宏观审慎政策与货币政策的关系来看，一方面，货币政策通过以下三种渠道影响金融稳定：一是货币政策立场的变化能够影响金融中介的冒险（risk-taking）行为；二是货币政策立场的变化能够影响贷款合同限制性条款的松紧程度和违约的可能性；三是货币政策会给资产价格和汇率水平带来外部性。通过这些渠道，货币政策有可能会对金融稳定产生副作用。因此，需要使用 LTV、DTI、逆周期资本缓冲或杠杆率等宏观审慎政策工具降低货币政策对金融稳定的副作用，缓解单一使用货币政策时的困境，提高货币政策的操作空间。另一方面，虽然价格稳定不是实现金融稳定的充分条件，但它是金融稳定的重要条件。货币政策作为维护价格稳定的主要政策工具，能够对宏观审慎监管起到支持作用，而且宏观审慎政策在使用过程也可能对总产出、价格水平等经济变量产生副作用，影响货币政策目标的实现。为了应对宏观审慎政策在实施过程中可能产生的问题，同时也需要货币政策的调节。因此，需要加强宏观审慎政策与货币政策之间的协调和配合，发挥两者之间的协同效应。

其次，正如表 2-1 所示，宏观审慎政策与微观审慎政策在监管对象、目标和方式上存在差异，针对单个金融机构的微观审慎监管并不一定能够实现整个金融体系的稳定，而且存在"合成谬误"的可能性，即个体理性而集体非理性的情形，此时维护单个机构稳健的微观审慎监管与维持金融系统稳定的宏观审慎监管之间存在一定的矛盾，因此二者在使用时应加强协调、避免政策冲突。

虽然宏观审慎监管与微观审慎监管存在一定的矛盾和冲突，但它们在防范风险目标、风险控制手段和运行机制等方面存在共性和关联。首先，宏观审慎监管与微观审慎监管是金融监管的不同层面，二者的根本目标是相同的，都是防范风险。其次，二者在监管工具使用和数据信息收集等方面存在交叉融合。最后，运行机制上，自上而下的宏观审慎监管与自下而上的微观审慎监管能够相互补充。因此，总的来说，微观审慎监管是宏观审慎监管的基础，同时宏观审慎监管目标的实现也能够提高微观审慎监管的有效性，二者能够相互补充、相互配合。

最后，由于部分国家的系统性金融风险来源主要是跨境资本流动，一些宏观审慎政策工具也被用于应对由资本流动带来的系统性风险，比如限制银行的净外汇头寸敞口等，因此，宏观审慎政策与资本流动管理政策具有一定的互动关系。此外，财政和结构政策、金融行业的竞争政策、危机管理和处置政策也都与宏观审慎监管政策之间存在互动联系。

第三节　系统性金融风险度量评述

作为"难以定义，但当你看到时，你就知道"的概念（Benoit 等，2017），目前国内外学术界关于系统性风险尚未形成统一的严格定义，但是学者们普遍认为系统性风险具有系统性、复杂性、传染性和负外部性等特征，同时在 2008 年国际金融危机爆发后，从"关联"角度切入，对系统性风险进行度量监测研究已然成为学术界的主流。不管是金融机构与金融系统在极端情形下的尾部依赖，抑或金融机构之间的相关性，还是金融机构的联合违约，这些方法在本质上都是对金融机构的"关联性"进行度量，只不过测度的侧重点有所差异而已。

更为重要的是，将上述方法与网络视角相结合，可以捕捉金融机构间风险传染以及溢出的网络效应，识别风险传递的路径结构。首先，尾部依赖方法与网络视角相结合，可以构建金融机构的尾部风险网络，将单个机构与金融系统尾部依赖的"黑箱"打开，给出金融机构间的尾部依赖结构，捕捉机构间风险溢出的网络效应。其次，相关性方法与网络视角结合，可以构建金融机构在收益率或者波动率层面的信息溢出网络，不仅可以测度金融机构总体的关联水平，而且能够给出信息溢出的方向与路径，度量单个机构的关联水平。最后，基于极值理论和 Copula 函数的联合违约方法，仅是度量了联合违约的"结果"，而对破产违约在机构间传染的机制渠道、路径结构均未考虑，基于经营业务数据的直接关联网络和间接关联网络模型则恰好打通了其中的关节。因此，基于网络视角对系统性风险进行度量监测研究是该领域未来重要的发展方向。

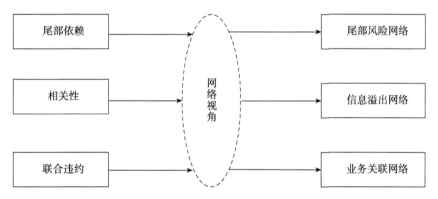

图 2-2　基于"关联"角度的系统性风险度量方法

接下来，本节对国内外基于尾部依赖、相关性、联合违约、金融网络等视角的系统性风险度量监测研究进行梳理总结，对该领域的国内外研究现状及发展动态进行评述。

一、基于尾部依赖视角的系统性风险度量研究

尾部依赖指单个金融机构与金融系统在困境或者危机等极端情形下的依赖性，这类方法主要采用金融机构的股票价格、CDS 利差等金融市场数据进行测度研究。

第一，Adrian 和 Brunnermeier（2016）提出了条件风险价值 CoVaR 方

法，基于金融机构与金融系统间的尾部依赖测度系统性风险，其中最为学术界熟知的就是 ΔCoVaR，即一个机构处于困境状态与该机构处于正常状态下金融系统在险价值的变化，ΔCoVaR 测度单个机构的系统性风险贡献。同时，该文还提出了 Exposure-ΔCoVaR、Network-ΔCoVaR 和 Forward-ΔCoVaR 等一系列指标。ΔCoVaR 和 Exposure-ΔCoVaR 的风险传导方向恰好相反，前者是机构对系统的影响（机构→系统），后者是系统对机构的影响（系统→机构）；Network-ΔCoVaR 测度金融机构（或市场）两两之间的系统性风险溢出；Forward-ΔCoVaR 解决 ΔCoVaR 的顺周期问题。此外，Adrian 和 Brunnermeier（2016）认为 CoVaR 方法的思想很容易应用于其他条件风险测度指标的构建，提出了条件预期损失 CoES 这一指标名称和构想。

第二，Acharya 等（2017）提出了系统期望损失 SES 和边际期望损失 MES。SES 和 MES 分别是金融系统处于危机和困境条件下单个金融机构的期望损失，以金融系统的状态为条件考察单个金融机构的表现。SES 采用危机发生的事后数据进行测度，MES 采用危机发生前的数据进行测度。SES 随单个机构 MES 和杠杆率的上升而提高，可通过单个机构在危机前的 MES 和杠杆率预测危机中的 SES。与 Exposure-ΔCoVaR 相同，SES 和 MES 考察的风险传导方向也是系统→机构。同时，由于 SES 无法进行事前测度，Brownlees 和 Engle（2017）提出了 SRISK，SRISK 由机构规模、杠杆水平和长期边际期望损失 LRMES 构成。

第三，Huang 等（2009）提出了困境保费 DIP，也关注于金融系统处于困境时单个机构的潜在损失，其思路与 MES、SES 和 SRISK 相同，只不过 DIP 主要基于 CDS 数据，MES 主要基于股票价格数据。

第四，CoVaR、MES、SRISK 等尾部依赖方法受到国外学术界的广泛关注，应用于后续的度量研究中。同时，部分学者还对这些方法进行了改进与完善，比如，Banulescu 和 Dumitrescu（2015）提出了成分预期损失 CES，以 MES 乘以机构规模衡量单个机构的系统性风险贡献；Girardi 和 Tolga Ergün（2013）从三个方面①对 Adrian 和 Brunnermeier（2016）的 CoVaR 进行了完善，并且通过多元 GARCH 方法来估计 CoVaR。

以 CoVaR、MES、SRISK 为代表的尾部依赖方法也受到我国学者的高度

---

① 其一，金融困境的定义从机构的收益率等于其风险价值 VaR 变成小于等于其 VaR；其二，正常基准状态的定义从机构的收益率等于其中位数变成收益率在均值的正负一个标准差内；其三，金融机构系统性风险贡献的度量从两种状态的 CoVaR 之差变成从基准状态到困境状态 CoVaR 变化的百分比。

关注,国内学者积极采用这些新方法、新技术,应用于我国的金融实践,测度我国金融机构尤其是银行机构的系统性风险水平,评估单个机构的系统重要性,并对我国系统性金融风险的动态变化进行度量监测研究。

国内学者基于尾部依赖视角的系统性风险度量研究成果具有以下四个特征:首先,尾部依赖方法中 CoVaR 的应用研究成果最多,而且与 MES、CES、SRISK 等相比,CoVaR 方法的一个重要特点是除了应用于金融机构,还被用于考察金融部门或者金融市场之间的风险溢出。其次,就研究对象来看,其主要集中于我国的上市金融机构,尤其是上市银行机构。在中国的金融体系仍以商业银行为主导的现实背景下,大量学者选择对银行机构间的系统性风险溢出进行测度研究,评估其系统重要性,监测系统性风险水平的动态变化,但是对金融业综合经营趋势下跨部门、跨市场的交叉性金融风险关注不够。再次,研究主题主要聚焦于空间维度上单个机构系统性风险水平的测度评估和时间维度上系统性风险水平的实时度量监测,对系统性风险的前瞻预警重视不够。最后,少数学者同时采用两种或两种以上的尾部依赖指标来测度我国金融机构的系统性风险,进行比较分析。

此外,除了对金融机构系统性风险进行度量监测外,部分学者还将研究重点转向系统性风险影响因素的考察分析,他们先采用 ΔCoVaR、MES、LRMES、SRISK 等尾部依赖指标测度金融机构或者整个金融体系的系统性风险水平,然后重点考察了短期跨境资本流动、存款竞争、非利息收入、银行影子业务规模、贷款集中度、流动性风险、高管薪酬等对系统性风险的影响。

二、基于相关性视角的系统性风险度量研究

基于相关性视角的系统性风险度量方法主要有简单或者动态相关系数和主成分法,这类方法通过测度金融机构的相关性来评估其同时违约或者风险传染的可能性,进而衡量系统性风险的总体水平。Kritzman 等(2011)和 Billio 等(2012)采用金融机构股票收益率的主成分、Patro 等(2013)通过金融机构股票收益率的相关系数来测度系统性风险。

与尾部依赖视角不同,基于相关性视角的系统性风险度量研究有以下几个特点:其一,它未考虑风险传导的方向;其二,仅能度量系统性风险的总体水平,无法测度单个机构的系统性风险水平;其三,包含了正常状态和极端状态,是一种"平均"相关性。目前,国内仅有少数学者基于相

关性视角，采用相关系数或者主成分法对我国系统性风险进行测度研究。

三、基于联合违约视角的系统性风险度量研究

基于联合违约视角，系统未定权益分析 SCCA、联合违约概率 JPoD、系统影响指数 SII、脆弱性指数 VI 等方法和指标被用于测度金融机构的联合违约风险，进而度量系统性金融风险水平。

第一，Gray 和 Jobst（2010）在 CCA 的基础上提出了 SCCA 方法，先采用 CCA 计算单个机构的预期损失，并通过极值理论 EVT 得到机构的边际预期损失分布，然后采用极值 Copula 函数刻画风险相依结构，进而得到金融机构的联合损失分布函数，通过计算联合损失分布函数的期望损失 ES 或者风险价值 VaR 测度金融机构的系统性风险水平。

第二，Segoviano 和 Goodhart（2009）先计算单个机构陷入困境的概率 PoD，然后采用一致信息的多元密度优化-Copula 方法（CIMDO-Copula）计算银行系统的多元密度函数 BSMD，提出了联合违约概率 JPoD 等银行系统稳定性度量指标，度量银行系统性风险水平。

第三，Zhou（2010）基于多元极值理论和 Copula 函数提出了系统影响指数 SII 和脆弱性指数 VI，测度银行机构的系统性风险水平，评估机构的系统重要性。

这类方法的特点是从单个机构的违约概率分布、预期损失分布等，通过极值理论 EVT 和 Copula 函数推导出联合违约概率分布、联合损失分布等，在此基础上对金融机构的联合违约风险进行度量。一方面，方法本身较为复杂，度量结果具有较高的模型风险；另一方面，这类方法未对破产违约在金融机构间传染的机制渠道以及路径结构进行刻画。

基于联合违约视角，国内学者主要是采用 CCA 和 SCCA 方法对我国上市银行机构的联合违约风险以及系统性风险水平进行度量评估。与此同时，CCA 方法还被用于宏观金融风险的度量分析当中。

四、基于金融网络视角的系统性风险度量研究

目前，基于金融网络视角对金融机构之间的风险传染效应以及系统性风险溢出进行研究已经成为系统性风险度量领域的热点方向。其研究成果大体可分为以下三类：

其一，基于银行经营业务数据的直接关联网络模型（Upper，2011；Mistrulli，2011）和间接关联网络模型（Greenwood 等，2015；Duarte 和 Eisenbach，2021）。前者关注于银行通过同业拆借或者支付结算形成直接关联，后者则关注于银行通过持有相同或者相似的资产形成共同风险敞口，并且直接关联网络模型主要捕捉银行破产的违约级联（default cascade）导致的风险传染，间接关联网络模型重点考察银行"去杠杆"降价抛售非流动性资产通过资产价格渠道的风险传染。

其二，根据复杂网络理论直接生成关联网络，构造出无标度网络、随机网络、小世界网络等，使其具有现实中银行关联网络的某些结构特征，然后通过模拟分析考察不同的网络结构以及网络结构关键参数的变化如何影响银行间的风险传染和系统性风险（Nier 等，2007）。

其三，利用金融机构的股票价格、CDS 利差等金融市场数据，先通过 Granger 因果关系检验（Billio 等，2012）、预测误差方差分解（Diebold 和 Yilmaz，2014）、LASSO 分位数回归（Hautsch 等，2015）、TENET（Härdle 等，2016）等各种计量方法构建金融机构的关联网络，然后采用复杂网络分析法测度金融机构的关联性和系统性风险水平。

国内学者则积极采用上述方法，构建了我国金融机构间的关联网络，对机构间的风险传染以及系统性风险溢出水平进行度量评估，取得了一系列的研究成果。

首先，为了对金融机构间的风险传染进行考察分析，基于银行经营业务数据的直接关联网络模型最先被应用于相关研究中。国内学者一般采用银行同业拆借总的敞口数据，通过最大熵等方法构建直接关联网络，少数学者还利用中国人民银行内部的支付结算数据构建银行直接关联网络，然后通过仿真模拟分析考察银行间的风险传染。随着研究的逐步深入，持有共同资产的间接关联网络模型也逐渐受到学者们的重视。

其次，除了采用银行经营业务数据构建关联网络，部分学者还根据复杂网络理论来直接生成关联网络，使其具有现实中银行关联网络的某些结构特征，比如无标度特征、小世界特征等，然后建立风险传染的仿真模拟分析模型与算法，考察银行间的风险传染和系统性风险。与第一类研究相比，第二类研究仅在关联网络构建方面存在区别，前者基于经营业务数据，后者根据复杂网络理论直接构造。两类研究都能对具体的风险传染机制进行刻画，并根据传染机制建立仿真模拟分析模型，通过模拟分析考察风险传染和系统性风险水平。

最后，将金融计量方法与网络模型相结合，利用金融市场数据构建金融机构间的关联网络逐渐受到国内学者的重视，新的研究成果不断涌现。部分国内学者构建我国金融机构在均值、波动和尾部等多个层面的关联网络，测度金融机构间的关联性以及系统性风险水平。

上述三类研究各有优劣势。其中，第一类和第二类研究的优势在于它们可以对具体的风险传染机制和渠道进行刻画，给出系统性风险的生成机理。两类方法仅在关联网络的构建方式上存在明显区别，前者基于银行的经营业务数据，后者根据复杂网络理论直接生成，使其具有现实中银行关联网络的某些结构特征。

第一类研究的劣势在于：其一，银行间的关联形式多种多样，第一类研究仅考察某些特定的关联形式，比如银行间同业拆借直接关联或者持有共同贷款资产间接关联，故不能将错综复杂的机构关联网络全部呈现出来。其二，数据可得性较差且数据频率较低。比如，构建银行间同业拆借直接关联网络时，无法获取银行间的双边敞口数据，只能利用总的敞口数据，通过最大熵等方法估计其双边敞口来构建直接关联网络；间接关联网络模型需要的银行各项资产数据和资产流动性数据更是难以获得，只能进行替代或者校准。而且，银行经营业务数据的频率较低（上市银行有季度数据，非上市银行仅有年度数据），具有一定的滞后性，无法及时地评估银行间的风险传染，对于系统性风险的动态监测远远不够。其三，考虑的风险传染机制与渠道①不够全面，而且风险传染的仿真模拟分析模型与算法背后隐含许多很强的假定条件，这些强假设将引起潜在的估计偏误。

第二类研究的劣势在于：其一，基于复杂网络理论生成的关联网络仅能包含银行实际关联网络的某些结构特征。其二，该方法重在从理论上考察不同的网络结构及其结构参数如何影响风险传染，由于关联网络是直接生成，因而无法评估现实中银行间的风险传染和系统性风险水平。其三，

---

① 风险传染渠道可归纳为资产损失渠道和融资流动性挤压渠道。以破产违约机制和去杠杆机制为例：破产违约的资产损失渠道指破产银行由于同业负债无法偿还使关联银行的资产直接遭受损失；融资流动性挤压渠道指破产银行追回同业资产使关联银行的流动性紧张，关联银行只能减值出售部分资产来清偿对破产银行的债务，从而遭受损失。去杠杆的资产损失渠道指银行遭受冲击后，出于内部的目标杠杆或者外部的监管压力，通过主动降价抛售资产来"去杠杆"，去杠杆银行的降价抛售行为导致相关资产的价格大幅下跌，从而使持有相同或相似资产的银行也遭受盯市计价损失；融资流动性挤压渠道则指去杠杆银行抛售的资产中有大量银行间资产，这会导致相关债务方银行的负债端流动性挤压，也只能被动卖出资产从而遭受降价抛售成本损失。而且一旦上述资产损失渠道和融资流动性挤压渠道形成后，将会出现损失螺旋和流动性螺旋，第一轮的风险传染触发后续的多轮传染。

与第一类方法相同，考察的风险传染机制与渠道也不够全面，仿真模拟分析隐含的强假设将引起估计偏误。

第三类研究的优势在于：其一，基于市场数据构建的机构关联网络并不拘泥于某一特定的关联形式，综合考虑了直接关联、间接关联和信息关联等各种潜在的风险传导渠道，可以对机构间的风险传染进行全局性、多渠道的测度研究。其二，金融市场数据高频、时效、获得性好，可以对系统性金融风险水平进行实时度量监测。其三，前两类研究的考察对象主要是银行机构，第三类研究可以构建银行、证券、保险等多类型机构的关联网络，从而有效捕捉风险的跨行业、跨市场传递。第三类研究的劣势主要是对系统性风险的生成机理刻画不足，忽视了金融体系之外的冲击因素，未能完整地揭示系统性风险的整体形成路径，并且无法对风险传染的机制渠道进行明确区分。

五、文献评述

综上分析，2008 年国际金融危机爆发以后，从"关联"角度切入，对系统性金融风险进行度量监测研究已经成为该领域的主流研究思路。而且，相比尾部依赖、相关性和联合违约等，基于金融网络视角的研究能够有效捕捉机构间风险传染和系统性风险溢出的网络效应，识别风险传递的路径结构，逐渐成为系统性风险度量领域的热点以及未来的发展方向。国内学者则通过引入上述新方法、新技术，对我国系统性金融风险进行度量监测研究，取得了一系列的研究成果，为我国系统性金融风险的防范化解工作提供了有益的指导和帮助。

尽管如此，现有研究仍然存在一些局限。第一，从研究视角来看，现有文献对我国系统性金融风险的度量监控研究都局限于金融体系内部甚至其中的某一局部，只关注到风险在金融体系内通过直接关联、间接关联和信息关联的传染放大，忽视了风险在金融体系与实体经济之间的双向反馈放大效应，并且对金融体系之外的冲击因素重视不够，只盯住金融体系来度量监测系统性风险，缺乏全局性，不仅无法准确判断系统性风险的真实水平，而且可能盯错系统性风险防范的重点部位。

第二，从空间维度的实践应用来看，现有研究重在测度我国金融机构尤其是银行机构间的风险传染和系统性风险溢出，评估机构的系统重要性，对跨部门、跨市场和跨产品风险传染的研究明显不足，未能对金融体系内部的风险传递进行有效识别和监控，而从整个经济金融系统的全局来考察系统性风险生成源头和传递路径的研究更是十分缺乏。

第三，从时间维度的实践应用来看，以往研究主要是对我国系统性风险进行同步监测和实时度量，对系统性风险的前瞻预警重视不够，由于同期度量本身具有较强的顺周期性，不仅无法为时间维度的逆周期宏观审慎监管提供指导，而且会使监管当局错过主动防范化解系统性风险的时机。

第三章 金融机构系统性风险贡献与敞口的度量评估研究

金融机构的系统性风险包括两个方面：一是机构对金融系统的风险贡献（risk contribution），二是机构对金融系统的风险敞口（risk exposure），两者的风险传导方向恰好相反，前者是机构对系统的影响，后者是系统对机构的影响。[①] 其中，系统性风险敞口（systemic risk exposure）测度是在危机条件下对单个金融机构表现的预测，评估如果危机发生哪些机构将受到严重威胁、面临的风险最大，其思想与金融监管当局所做的压力测试相同，代表性的度量方法如 MES；系统性风险贡献（systemic risk contribution）测度则是系统性风险中与某一特定机构相关的部分，评估哪些金融机构陷入困境对整个金融系统最为危险、风险贡献最高，代表性的度量方法如 ΔCoVaR。系统性风险敞口反映机构的系统脆弱性，系统性风险贡献反映机构的系统重要性，两者对应不同的监管目标和政策工具，对金融机构的宏观审慎监管应当综合考虑敞口与贡献两个方面的结果，根据机构的类型，选择合适的监管目标和政策工具。

然而，国内现有研究大多数从机构的系统性风险敞口或者贡献中的某一方面进行度量评估，并且尚未明确区分系统性风险敞口与贡献在理论和政策意义上的不同，部分学者甚至采用系统性风险敞口的度量指标来测度机构的系统性风险贡献并评估其系统重要性。实际上，Adrian 和 Brunnermeier（2016）提出系统性风险贡献度量指标 ΔCoVaR 时，就特别强调 CoVaR 条件方向的重要性，即如果将 ΔCoVaR 的条件颠倒，关注的焦点问题则

① Adrian 和 Brunnermeier（2016）在提出条件风险价值 CoVaR 概念时，详细探讨了系统性风险贡献与系统性风险敞口的区别。关于"系统性风险敞口"这一提法目前已经得到一些学者的认可。比如，Sedunov（2016）在"What is the systemic risk exposure of financial institutions?"一文中认为系统性风险贡献测度了金融系统对单个机构尾部事件的敏感性，系统性风险敞口测度了单个机构对金融系统尾部事件的敏感性。risk exposure 一般译为风险敞口或风险暴露，本章将 systemic risk exposure 统一翻译为系统性风险敞口。

变成给定整个金融系统陷入困境，一个特定机构的风险将会增加多少，回答哪些机构在金融危机发生时所面临的风险最高、对金融危机的敞口最大，Adrian 和 Brunnermeier（2016）将其称为 Exposure-ΔCoVaR，它是单个机构对系统困境敞口（exposure to system-wide distress）的测度；与此相对，ΔCoVaR 则衡量单个机构从中间状态到困境状态条件下，金融系统风险的增量变化，检测哪些金融机构陷入困境对整个金融系统最为危险，条件方向从根本上改变了系统性风险度量指标的解释。而且 ΔCoVaR 和 Exposure-ΔCoVaR 在统一的 CoVaR 框架下展开，风险贡献与风险敞口的度量结果更具可比性。

本章采用 ΔCoVaR 和 Exposure-ΔCoVaR 方法，从风险贡献与敞口两个方面，对我国 33 家上市金融机构的系统性风险进行全面的测度评估，不仅识别系统重要性机构，同时也识别系统脆弱性机构，并对金融机构系统性风险贡献与敞口的截面及时序特征进行研究分析，考察影响金融机构风险贡献与敞口的因素，以期为我国防范系统性风险、维护金融安全稳定提供依据和指导。

第一节　ΔCoVaR 和 Exposure-ΔCoVaR 的定义与估计

一、ΔCoVaR 和 Exposure-ΔCoVaR 的定义

Adrian 和 Brunnermeier（2016）指出金融机构最常用的风险测度指标 VaR 只是专注于孤立的单个机构的风险。比如，$q\% - VaR^i$ 表示机构 i 在 $1 - q\%$ 置信水平下的最大可能损失。但是，单个机构的风险测度并不一定反映其与系统性风险的关系。为捕捉金融系统和单个机构的尾部依赖性，上述两位学者提出一种新的测度系统性风险的简化方法——CoVaR。具体而言，金融系统的 CoVaR 定义为整个金融部门在机构 i 处于特定状态条件下的 VaR，ΔCoVaR 即为一个机构处于困境状态条件下系统的 CoVaR 与该机构处于中间状态条件下系统的 CoVaR 之差。ΔCoVaR 测度了金融系统所面临的风险如何随特定机构陷入困境而产生变化，衡量特定金融机构的系统性风险贡献。

X^i 和 X^s 分别表示机构 i 和金融系统的收益率，VaR^i_q 是 X^i 的 $q\%$ 分位数，VaR^s_q 是 X^s 的 $q\%$ 分位数。金融系统的 $CoVaR^{s \mid C(x^i)}_q$ 为机构 i 在条件事件

$C(X^i)$ 下金融系统的 VaR，可表示为一个条件概率分布的 $q\%$ 分位数：

$$\Pr(X^s \leq CoVaR_q^{s\,|\,C(X^i)} \,|\, C(X^i)) = q\% \tag{3-1}$$

条件事件 $C(X^i)$ 为 $X^i = VaR_5^i$ 时，机构 i 处于困境状态；条件事件 $C(X^i)$ 为 $X^i = VaR_{50}^i$ 时，机构 i 处于中间状态。机构 i 的系统性风险贡献可表示为

$$\Delta CoVaR_q^{s\,|\,i} = CoVaR_q^{s\,|\,X^i = VaR_5^i} - CoVaR_q^{s\,|\,X^i = VaR_{50}^i} \tag{3-2}$$

需要强调的是，ΔCoVaR 具有方向性，将条件颠倒，研究视角则转向整个金融系统陷入困境时，特定金融机构的风险将会增加多少，这可以用于发现哪些机构在金融危机发生时所面临的风险最大，与 $\Delta CoVaR_q^{s\,|\,i}$ 表示的哪些机构陷入困境对整个金融系统最为危险恰好相反。因此，本章用 $\Delta CoVaR_q^{i\,|\,s}$ 来刻画金融系统从中间状态（$X^s = VaR_{50}^s$）到困境状态（$X^s = VaR_5^s$）时，机构 i 在险价值 VaR 的增量：

$$\Delta CoVaR_q^{i\,|\,s} = CoVaR_q^{i\,|\,X^s = VaR_5^s} - CoVaR_q^{i\,|\,X^s = VaR_{50}^s} \tag{3-3}$$

条件的方向至关重要，它从根本上改变了系统性风险度量指标的解释，$\Delta CoVaR_q^{s\,|\,i}$ 以机构 i 的状态为条件，考察金融系统 VaR 的变化，给出机构 i 的系统性风险贡献；$\Delta CoVaR_q^{i\,|\,s}$ 以金融系统的状态为条件，考察机构 iVaR 的变化，给出机构 i 的系统性风险敞口。本章将 $\Delta CoVaR_q^{s\,|\,i}$ 简记为 ΔCoVaR，$\Delta CoVaR_q^{i\,|\,s}$ 简记为 Exposure-ΔCoVaR。

二、ΔCoVaR 和 Exposure-ΔCoVaR 的估计

（一）分位数回归

本章延续 Adrian 和 Brunnermeier（2016）的分位数回归方法，对 ΔCoVaR 和 Exposure-ΔCoVaR 进行估计。为捕捉 X^s 和 X^i 的联合分布随时间变化的规律，采用状态变量的函数对联合分布在时间维度的演化进行建模估计。本章用加入下标 t 的 $CoVaR_{q,\,t}^{\,|\,C(X^i)}$ 和 $VaR_{q,\,t}$ 表示时变性，并且运用滞后一期状态变量所组成的向量 M_{t-1} 来估计这种时变性。即基于周频数据构建如下分位数回归模型：

$$X_t^i = \alpha_q^i + \gamma_q^i M_{t-1} + \varepsilon_{q,\,t}^i \tag{3-4}$$

$$X_t^{s\,|\,i} = \alpha_q^{s\,|\,i} + \gamma_q^{s\,|\,i} M_{t-1} + \beta_q^{s\,|\,i} X_t^i + \varepsilon_{q,\,t}^{s\,|\,i} \tag{3-5}$$

然后，对式（3-4）进行 5% 和 50% 分位数回归，得到 $VaR_{5,\,t}^i$ 和 $VaR_{50,\,t}^i$：

$$VaR^i_{5,t} = \hat{\alpha}^i_5 + \hat{\gamma}^i_5 M_{t-1}; \qquad VaR^i_{50,t} = \hat{\alpha}^i_{50} + \hat{\gamma}^i_{50} M_{t-1} \qquad (3-6)$$

取 q 等于 5，对式（3-5）进行 5% 分位数回归，得到 $\beta^{s|i}_5$ 的估计值以及 $CoVaR^i_{5,t}$ 预测值：

$$CoVaR^i_{5,t} = \hat{\alpha}^{s|i}_5 + \hat{\gamma}^{s|i}_5 M_{t-1} + \hat{\beta}^{s|i}_5 X^i_t \qquad (3-7)$$

最后，计算每个金融机构的系统性风险贡献指标 $\Delta CoVaR^{s|i}_{5,t}$，简写为 $\Delta CoVaR^i_t$：

$$\Delta CoVaR^{s|i}_{5,t} = CoVaR^{s|i\ X^i=VaR^i_5}_{5,t} - CoVaR^{s|i\ X^i=VaR^i_{50}}_{5,t} = \hat{\beta}^{s|i}_5 (VaR^i_{5,t} - VaR^i_{50,t})$$

$$(3-8)$$

同理，每个金融机构的系统性风险敞口指标 $\Delta CoVaR^{i|s}_{5,t}$，简写为 $Exposure - \Delta CoVaR^i_t$：

$$\Delta CoVaR^{i|s}_{5,t} = CoVaR^{i|s\ X^s=VaR^s_5}_{5,t} - CoVaR^{i|s\ X^s=VaR^s_{50}}_{5,t} = \hat{\beta}^{i|s}_5 (VaR^s_{5,t} - VaR^s_{50,t})$$

$$(3-9)$$

（二）指标选取和构建

（1）金融机构和金融系统的收益率

鉴于金融机构的股票收益率仅反映权益市值的变动情况，故本章采用总资产市值（market-valued total assets）的变动率作为单个金融机构的收益率。其中，总资产市值通过资产的账面价值除以权益的账面价值再乘以权益市值，即基于账面价值的杠杆率乘以权益市值[1]得到。

以往文献在计算金融系统收益率时，大多采用沪深 300 金融指数、沪深 300 银行指数，但是沪深 300 金融指数或者银行指数都是以上市金融机构（或银行）的自由流通量[2]加权的，以反映市场中实际流通股份的股价变动情况。其中，中国平安的权重占到 10% 以上，民生银行和兴业银行均接近 6%，而工商银行不到 3%，中国银行不到 2%。因而，沪深 300 金融指数并不能反映金融系统权益市值的变化，更无法反映金融系统总资产市值的变化。因此，本章借鉴 Adrian 和 Brunnermeier（2016）构建金融系统收益率的方法，通过将单个金融机构收益率按照滞后一期的资产市值加权平均得到

---

[1] 需要注意的是，部分金融机构同时在 A 股和 H 股上市交易，比如工商银行、农业银行、中国银行、建设银行、交通银行等大型商业银行，因此在计算权益市值时，一定要用 A+H 股总的权益市值。另外，由于上市机构的财务数据为季频，而本章所用的权益市值数据为周频，因此本章将基于账面价值的杠杆率通过插值法从季频转化为周频。

[2] 自由流通量，即剔除了上市公司股本中的不流通股份以及由于战略持股或其他原因导致的基本不流通股份，剩下的自由流通股本。

金融系统收益率。此外，Adrian 和 Brunnermeier（2016）的样本金融机构多达 1823 家，构建特定机构对应的金融系统收益率时是否排除其自身收益率，对后续度量结果影响不大。但是，本章的样本机构只有 33 家，如果将所有样本机构的收益率加权平均得到金融系统收益率，可能导致金融系统收益率与个体机构的收益率存在机械相关性，而并不仅仅反映机构与系统之间的风险溢出效应。因此，本章在计算特定金融机构的 ΔCoVaR 和 Exposure-ΔCoVaR 指标时，构建的金融系统收益率都会剔除该机构，以避免上述问题所可能带来的偏误。

（2）状态变量

本章的状态变量则延续 Adrian 和 Brunnermeier（2016）的研究，也选取了 7 个状态变量。表 3-1 给出了选择的状态变量及其计算方法。

表 3-1　状态变量的选择及其计算方法

状态变量	计算方法
股票市场收益率（Market return）	上证综指周收益率
股票市场波动（Equity volatility）	通过上证综指日收益率 22 个交易日的滚动标准差得到日波动，再通过周平均求出周波动
TED 利差（TED Spread）	1 年期-SHIBOR 利率与 1 年期国债即期收益率的利差
收益率变动（Yield change）	1 年期国债即期收益率的变动水平
信用利差变动（Credit spread change）	计算 10 年期企业债即期收益率（AAA）与 10 年期国债即期收益率的利差，再求其变动水平
期限利差变动（Term spread change）	计算 10 年期国债即期收益率和 1 年期国债即期收益率的利差，再求其变动水平
房地产超额收益（Real estate excess return）	房地产部门（沪深 300 地产指数）收益率减去股票市场收益率

注：1 年期-SHIBOR 利率、1 年期国债即期收益率、10 年期企业债即期收益率（AAA）、10 年期国债即期收益率都是先日频数据转化为周频数据，再进行相关计算。

（三）样本与数据

考虑到我国金融机构的上市时间不一，为了尽可能地纳入更多的机构、包含更长的时间范围，并保持每家机构的样本区间一致，本章将样本区间定为 2011 年 1 月 1 日至 2017 年 12 月 31 日，研究样本包含了 2011 年之前上市的33家金融机构，其中商业银行16家、证券公司14家、保险公司3家[①]。本章的金融机构股票价格采用后复权收盘价，所有数据均来自Wind数据库。

第二节 金融机构系统性风险贡献与敞口的时空特征分析

一、金融机构系统性风险贡献与敞口的截面特征

表3-2给出了我国33家上市金融机构系统性风险贡献的截面特征。其中，系统性风险贡献排名（按部门分类）依据每家金融机构2011—2017年ΔCoVaR的中值[②]，资产和杠杆率排名（按部门分类）则分别依据每家机构2011—2017年的资产均值和杠杆率均值，中值、均值、标准差、最小值和最大值给出了各机构2011—2017年ΔCoVaR的描述性统计量。

表3-2 33家上市金融机构系统性风险贡献的截面特征

名称	贡献排名	资产排名	杠杆率排名	中值	均值	标准差	最小值	最大值
工商银行	1	1	14	2.564	2.706	0.961	1.001	6.666
中国银行	2	4	16	2.545	2.733	1.127	0.390	7.888
农业银行	3	3	7	2.407	2.557	0.783	0.846	5.812
建设银行	4	2	15	2.134	2.199	0.630	0.354	4.142
兴业银行	5	7	1	2.053	2.159	0.788	0.879	5.136
华夏银行	6	13	2	2.032	2.142	0.859	0.198	4.944
民生银行	7	10	9	1.983	2.116	0.731	0.825	6.081
交通银行	8	5	13	1.955	2.058	0.752	0.593	4.909

---

① 按上市时间先后，上市银行包括：深发展（平安银行）、浦发、民生、招商、华夏、中行、工行、兴业、中信、交通、宁波、南京、北京、建行、农行和光大；上市证券公司包括：中信、海通、东北、国元、长江、太平洋、国金、西南、光大、招商、广发、华泰、兴业、山西，由于宏源证券在2014年12月终止上市，因此，本章所用的样本只有14家证券公司；上市保险公司包括：中国人寿、中国平安、中国太保。

② 本节的金融机构系统性风险贡献与敞口是基于金融市场数据计算得到，受到市场噪音等多种因素的干扰，度量结果的准确性可能会在某种程度上受到影响。同时相比均值，中值受极端值的影响相对较小。因此，本节系统性风险贡献与敞口的排名采用指标的中值。

续表

名称	贡献排名	资产排名	杠杆率排名	中值	均值	标准差	最小值	最大值
中信银行	9	9	11	1.889	2.244	1.297	-0.306	9.212
光大银行	10	11	8	1.792	1.939	0.768	0.822	5.028
宁波银行	11	16	3	1.753	1.982	0.924	0.354	6.133
招商银行	12	6	12	1.686	1.693	0.336	0.694	2.740
北京银行	13	14	10	1.684	1.729	0.537	0.284	3.558
南京银行	14	15	4	1.683	1.876	0.728	0.780	5.575
浦发银行	15	8	6	1.334	1.426	0.439	0.725	3.287
平安银行	16	12	5	1.287	1.337	0.321	0.603	2.865
小计	—	—	—	1.872	2.057	0.881	-0.306	9.212
华泰证券	1	3	1	2.024	2.090	0.438	1.257	3.590
广发证券	2	4	2	1.868	2.005	0.782	0.527	5.452
海通证券	3	2	7	1.850	2.005	0.745	0.988	5.089
兴业证券	4	7	6	1.702	1.807	0.658	0.545	5.624
山西证券	5	12	10	1.685	1.841	0.835	0.657	6.776
国元证券	6	9	14	1.668	1.727	0.369	0.972	3.553
中信证券	7	1	9	1.660	1.763	0.540	0.652	3.940
东北证券	8	11	3	1.609	1.690	0.500	0.392	3.982
光大证券	9	6	8	1.572	1.673	0.779	0.482	5.064
长江证券	10	8	5	1.530	1.568	0.280	0.637	2.857
招商证券	11	5	4	1.332	1.416	0.475	0.219	3.132
国金证券	12	13	13	1.311	1.347	0.522	0.227	3.526
太平洋证券	13	14	11	1.067	1.162	0.464	0.478	3.573
西南证券	14	10	12	0.774	0.816	0.377	0.198	2.976
小计	—	—	—	1.575	1.641	0.668	0.198	6.776
中国平安	1	1	1	2.233	2.269	0.824	0.671	4.871
中国太保	2	3	3	1.980	2.121	0.772	0.705	4.932
中国人寿	3	2	2	1.699	1.851	0.681	0.502	4.703
小计	—	—	—	1.927	2.080	0.780	0.502	4.932
总计	—	—	—	1.733	1.884	0.815	-0.306	9.212

从三个金融部门来看，保险公司、商业银行和证券公司 ΔCoVaR 的中值

分别为 1.927%、1.872%、1.575%，表现出依次递减的特征，保险公司和商业银行单位资产的系统性风险贡献高于证券公司。而且，保险公司、商业银行和证券公司 $\Delta CoVaR$ 的均值分别为 2.080%、2.057% 和 1.641%，同样呈现依次递减。因此，相对于证券公司，保险公司和商业银行的系统性风险贡献更应受到金融监管当局的关注。

从同一金融部门的单个机构来看，首先，在商业银行中，四家大型商业银行的系统性风险贡献较高，由于系统性风险贡献是单个机构从正常状态到困境状态条件下，整个金融部门在险价值的增量，系统性风险贡献越高代表该机构系统重要性越高，并且这些大型商业银行的资产规模排名也最为靠前，这与梁琪等（2013）、梁琪和李政（2014）、方意（2017）的研究结论一致，即银行的资产规模是银行系统重要性排序的重要影响因素。需要特别注意的是，兴业银行和华夏银行两家股份制商业银行在系统性风险贡献排序中非常靠前，甚至高于交通银行等大型商业银行，对整个金融系统的风险贡献较高，并且这两家银行的杠杆率位列部门内前两位。这表明系统性风险贡献不仅与金融机构的资产规模相关，也应考虑金融机构的杠杆率水平。杠杆率越高意味着金融机构经营更加激进，在盈利状态下，可以用少量的资本获取更多的收益，但在极端条件下，过高的杠杆率将扩大损失，资不抵债的可能性越大。此外，这些股份制银行在金融创新方面十分活跃，从事银银、银信、银证、银基等创新型同业业务较多，与系统内其他金融机构的关联性较高，一旦面临破产，其业务对手也将面临巨大的风险，给整个金融系统的稳定安全带来严重威胁。其次，在保险公司中，中国平安的 $\Delta CoVaR$ 中值最高，其资产规模和杠杆率也是最高，这反映了中国平安的经营风险及其对整个金融系统的影响力，这与中国平安较高的综合经营水平，横跨保险、银行和证券等多个部门的经营模式密切相关。最后，对于证券公司而言，其风险贡献远低于保险公司和商业银行，但证券公司系统性风险贡献排名前三的华泰证券、广发证券和海通证券，其 $\Delta CoVaR$ 中值在商业银行和保险公司中处于中等水平，因此，证券公司潜在的系统性风险贡献也是不容忽视的。

此外，本节对 33 家上市金融机构的系统性风险贡献排名、资产排名和杠杆率排名计算 Spearman 等级相关系数，结果表明：机构的系统性风险贡献排名与资产排名的相关系数为 0.7057，并在 1% 的水平下显著；风险贡献排名与杠杆率排名的相关系数为 0.1349，在 10% 的水平下仍不显著，这进一步表明资产规模是影响金融机构系统性风险贡献的重要因素。

表 3-3 进一步给出了我国 33 家上市金融机构系统性风险敞口的截面特征。与表 3-2 类似，风险敞口排名（按部门分类）依据每家机构 2011—2017 年 Exposure-ΔCoVaR 的中值，资产和杠杆率排名仍为各机构 2011—2017 年资产均值和杠杆率均值的排名，表 3-3 中的中值、均值、标准差、最小值和最大值为每家机构 2011—2017 年 Exposure-ΔCoVaR 的描述性统计量。

与 ΔCoVaR 度量金融机构的系统性风险贡献及其系统重要性不同，系统性风险敞口 Exposure-ΔCoVaR 是整个金融系统从正常状态向困境状态变化时，单个金融机构在险价值的增量，反映了金融机构的系统脆弱性。从表 3-3 中我们可以发现证券公司、商业银行和保险公司的 Exposure-ΔCoVaR 中值依次递减，从 Exposure-ΔCoVaR 的均值角度考虑，也能得到相同的结论，而这一发现与上文中 ΔCoVaR 的结果恰好相反。实际上出现这一结果并不意外，ΔCoVaR 和 Exposure-ΔCoVaR 测度了单个机构系统性风险的不同方面，前者测度其系统性风险贡献，后者测度其系统性风险敞口，分别反映了机构的系统重要性与系统脆弱性。此外，MES 方法与 Exposure-ΔCoVaR 的本质思路是一致的，国内一些学者采用 MES 方法得出我国金融机构具有"小机构大风险贡献"的结论，实际上是一种错误的解读，证券公司的 Exposure-ΔCoVaR 和 MES 中值较高，表明其系统性风险敞口较高，具有较强的系统脆弱性，采用 MES 方法度量金融机构的系统性风险贡献及其系统重要性并不合适。

将商业银行进一步细分，从表 3-3 可以看出，华夏银行、民生银行、兴业银行等全国性股份制商业银行的系统性风险敞口 Exposure-ΔCoVaR 中值和均值都名列前茅，北京银行、南京银行、宁波银行等城市商业银行的 Exposure-ΔCoVaR 指标排在中等水平，而工商银行、农业银行、中国银行、建设银行等大型商业银行 Exposure-ΔCoVaR 的中值和均值位于最后，这可以在一定程度上说明大型商业银行抵御市场风险的能力明显好于全国性股份制商业银行和城市商业银行，表现为系统脆弱性较低。事实上，《中国金融稳定报告（2016）》中关于银行业压力测试（测试对象包括 31 家大中型商业银行）的结果表明，在不同程度的信用风险、利率风险等冲击下，大型商业银行的资本充足率和净息差等指标表现都明显优于中型商业银行，表明大型商业银行在压力情景下稳健经营的能力要优于中型商业银行，即大型商业银行抗风险能力较强，系统脆弱性较低。同时《中国金融稳定报告（2012）》指出五家大型商业银行的边际利润率要高于 12 家股份制商业银行，以危机最为严重的 2008 年为例，前者的边际利润率为 25.86%，后者只有 17.96%，这说明在危机中大型商业银行获取利润的能力要好于其他股份制商业银行，从侧面反映了大型商业银行较低的系统脆弱性。

表 3-3 33 家上市金融机构系统性风险敞口的截面特征

名称	敞口排名	资产排名	杠杆率排名	中值	均值	标准差	最小值	最大值
华夏银行	1	13	2	4.298	4.715	1.875	1.625	12.355
民生银行	2	10	9	3.552	3.946	1.574	1.365	10.385
兴业银行	3	7	1	3.513	3.856	1.504	1.374	10.084
平安银行	4	12	5	3.492	3.844	1.570	1.324	10.255
浦发银行	5	8	6	3.384	3.659	1.307	1.124	8.817
中信银行	6	9	11	3.311	3.590	1.428	1.250	8.959
招商银行	7	6	12	3.252	3.628	1.488	1.398	9.805
交通银行	8	5	13	3.176	3.501	1.450	1.101	9.286
宁波银行	9	16	3	2.902	3.180	1.247	1.174	8.273
南京银行	10	15	4	2.872	3.161	1.252	1.135	8.333
北京银行	11	14	10	2.664	2.889	0.990	0.963	6.658
中国银行	12	4	16	2.558	2.786	1.078	0.934	6.899
光大银行	13	11	8	2.448	2.674	1.038	0.959	7.099
农业银行	14	3	7	2.427	2.618	0.965	1.111	6.488
工商银行	15	1	14	2.119	2.359	0.906	0.759	5.921
建设银行	16	2	15	1.370	1.521	0.619	0.380	3.820
小计	—	—	—	2.936	3.246	1.498	0.380	12.355
国金证券	1	13	13	4.593	5.041	2.045	1.706	13.491
招商证券	2	5	4	4.008	4.405	1.740	1.457	11.626
广发证券	3	4	2	3.872	4.312	1.761	1.242	11.342
光大证券	4	6	8	3.774	4.149	1.664	1.414	11.004
华泰证券	5	3	1	3.531	3.906	1.573	1.193	10.230
兴业证券	6	7	6	3.484	3.824	1.511	1.525	9.910
长江证券	7	8	5	3.347	3.672	1.446	1.336	9.638
海通证券	8	2	7	3.214	3.531	1.406	1.210	9.311
中信证券	9	1	9	3.099	3.410	1.368	1.157	9.100
山西证券	10	12	10	3.025	3.187	1.211	1.030	7.756
西南证券	11	10	12	2.953	3.253	1.241	1.112	7.655

续表

名称	敞口排名	资产排名	杠杆率排名	中值	均值	标准差	最小值	最大值
国元证券	12	9	14	2.697	2.947	1.130	0.981	7.481
东北证券	13	11	3	2.575	2.825	1.126	0.954	7.438
太平洋证券	14	14	11	2.365	2.599	1.054	0.879	6.962
小计	—	—	—	3.288	3.652	1.615	0.879	13.491
中国平安	1	1	1	3.101	3.418	1.384	0.882	8.970
中国人寿	2	2	2	2.435	2.681	1.050	0.850	6.751
中国太保	3	3	3	2.349	2.597	1.050	0.882	6.864
小计	—	—	—	2.614	2.899	1.228	0.850	8.970
总计	—	—	—	3.049	3.385	1.546	0.380	13.491

本节进一步对 33 家上市金融机构的 Exposure-ΔCoVaR 排名、资产排名和杠杆率排名计算 Spearman 等级相关系数，计算结果与上文中系统性风险贡献 ΔCoVaR 的结果存在显著差异。Exposure-ΔCoVaR 排名与资产排名的相关系数仅为 0.0669，并且 p 值高达 0.7114，Exposure-ΔCoVaR 排名与杠杆率排名的相关系数为 0.5593，并在 1% 的水平下显著，表明杠杆率是影响金融机构系统性风险敞口排序的重要因素。

另外，金融监管当局需要特别关注 ΔCoVaR 和 Exposure-ΔCoVaR 排名都比较靠前的金融机构，其系统重要性和脆弱性都较高，即金融系统处于压力情景将给这些机构带来巨大损失，这些机构处于压力情景也将给整个金融系统带来巨大损失。ΔCoVaR 和 Exposure-ΔCoVaR 都衡量了从正常状态到困境状态条件下，在险价值的增量，但作用方向刚好相反，前者是机构对系统的影响，后者是系统对机构的影响。如果金融机构的系统重要性和脆弱性存在错配，确实对金融稳定大有好处。具体而言，系统重要性机构对整个金融系统的影响较大，如果其系统脆弱性也较高，一旦其出现破产等极端情况，将严重威胁金融系统的安全稳定；相反，如果系统脆弱性较高的金融机构系统重要性较低，则即便该机构抵抗冲击的能力较弱、脆弱性较高，但由于其风险传染的能力较低，当该机构陷入困境时，对整个金融系统的风险溢出也会较小。而且，对某一机构而言，系统重要性越高并不意味着系统脆弱性越低。

为进一步研究金融机构系统重要性和脆弱性的相关关系，本节对 33 家金融机构的 ΔCoVaR 和 Exposure-ΔCoVaR 排名计算 Spearman 相关系数，结果显示系数都不显著，即从整体上看 33 家上市金融机构并未出现系统重要性与脆弱性错配的情况。因此，我们要密切关注系统性风险贡献与敞口都非常高的金融机构，一旦其出现极端情形，风险将会迅速呈螺旋式传染，给金融系统的安全稳定带来严重威胁。

虽然从整体上 33 家机构的系统性风险贡献与敞口在截面维度不存在显著相关关系，但是不同的机构在系统性风险贡献与敞口方面却表现出差异性的特征。比如，四家大型商业银行具有较高的系统性风险贡献但系统性风险敞口较低，表明四大行具有较高的系统重要性和较低的系统脆弱性。作为入选全球系统重要性银行名单的机构，四大行具有较高的系统重要性毋庸置疑。同时四大行国有股权较高，国有股权会使得商业银行内部偏好谨慎、保守的商业模式和风险文化（梁琪和余峰燕，2014），银行经营总体上比较稳健。因此，四大行的系统性风险敞口较低、抗风险能力较强，具有更低的系统脆弱性。与此相对，少数金融机构却同时具有较高的系统性风险贡献与敞口，这些机构偏好高风险的商业模式，杠杆率水平高、资产扩张速度快以及风险资产比重高，银行经营总体上比较激进，同时再加上这些机构的资产规模和关联度本身也比较大，故它们兼具较高的系统脆弱性和重要性。

二、金融机构系统性风险贡献与敞口的时序特征

系统性风险的度量与监管具有两个维度：一是截面维度，二是时间维度。接下来，本节考察分析金融机构系统性风险敞口与贡献的时序特征。图 3-1 给出了 2011—2017 年 33 家金融机构系统性风险贡献与敞口中值的时序变化。上文的研究表明，金融机构的系统性风险敞口与贡献在截面维度并无显著相关关系，但图 3-1 表明二者在时间维度上存在同增同减的趋势，样本机构 ΔCoVaR 与 Exposure-ΔCoVaR 中值序列的相关系数为 0.9408，并且在 1% 的水平下显著。

进一步地，ΔCoVaR 和 Exposure-ΔCoVaR 的时序特征可以通过周期性和协同性来理解。在 2011 年央行 6 次提高存款准备金率、三次加息等政策频繁调整以及 2013 年 6 月和 12 月银行间利率飙升流动性趋紧期间，ΔCoVaR 和 Exposure-ΔCoVaR 都出现小波峰，表现出明显的顺周期性与协同性，田娇和王擎（2015）在对风险溢出较大银行的经济周期敏感性研究中也得到类似的结果。需要特别注意的是，在 2015 年股灾危机以及 2016 年金融机构流动性危机期间，ΔCoVaR 和 Exposure-ΔCoVaR 出现大幅度攀升，即机构对

系统以及系统对机构的风险溢出都在增加，这恰好描述了金融风险相互传染的螺旋式特征，在危机期间，单个金融机构的风险会通过机构间直接的合同关系和交易对手信用风险传染至其他金融机构乃至整个金融系统，当整个金融系统的风险处于高位时，金融系统的风险也会通过价格效应和流动性螺旋等传染到各个机构。

系统性风险贡献与敞口都表现出顺周期性，并且两者具有协同变化特征，风险在单个机构与金融系统之间呈螺旋式传导。因此，对金融机构系统性风险的防范应对，既要重视单个机构对系统的风险贡献，也要关注机构对金融系统风险的敞口，综合考虑风险贡献与风险敞口两个方面，不可偏废其一，系统重要性与脆弱性机构都应得到金融监管当局的重视。

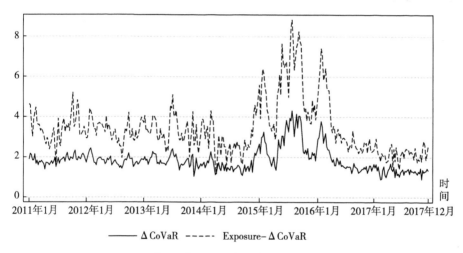

图 3-1　2011—2017 年 33 家金融机构系统性风险贡献与敞口的时序特征

图 3-1 描绘了样本机构系统性风险贡献 ΔCoVaR 与系统性风险敞口 Exposure-ΔCoVaR 的时序特征，同时在上文的截面特征分析中，本节发现银行和保险部门的 ΔCoVaR 中值高于证券部门，证券部门的 Exposure-ΔCoVaR 中值高于银行和保险部门。那么，这一差异在 ΔCoVaR 和 Exposure-ΔCoVaR 的时序特征中是否持续存在？

图 3-2 进一步给出了三种类型金融机构 ΔCoVaR 和 Exposure-ΔCoVaR 的时序变化。图 3-2 直观地表明在整个样本区间内，银行和保险部门的 ΔCoVaR 中值确实要高于证券部门，Exposure-ΔCoVaR 的部门特征则恰好相反。特别是在 2015 年股市波动以及 2016 年金融机构流动性危机期间，银行和保险部门对整个金融系统的风险溢出明显高于证券部门，而金融系统对

证券部门的风险溢出明显高于银行和保险部门。这表明，系统性风险贡献与敞口在不同金融部门之间表现出的差异特征在整个样本区间中基本保持稳定，不同部门的系统重要性与脆弱性在很大程度上是由其资产规模、杠杆率、经营模式等行业自身差异内在决定的，并不随宏观经济环境等外在因素的变化而变化。

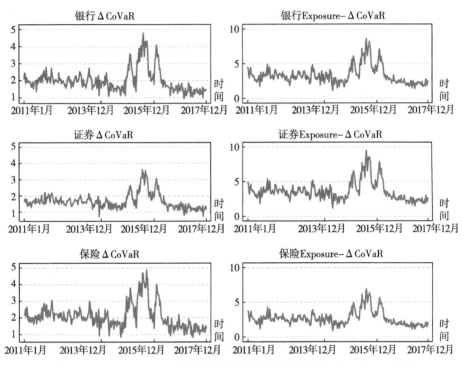

图 3-2　2011—2017 年不同金融部门系统性风险贡献与敞口的时序特征

表 3-4　33 家上市金融机构 ΔCoVaR 及其排名的时变特征

名称	2011 年		2012 年		2013 年		2014 年		2015 年		2016 年		2017 年	
	指标	排名	指标	排名	指标	排名	指标	排名	指标	排名	指标	排名	指标	排名
工商银行	2.763	1	2.810	2	2.64	2	2.124	3	3.914	2	2.285	2	1.831	2
中国银行	2.742	2	2.617	3	2.72	1	2.181	2	4.045	1	2.505	1	1.828	3
建设银行	2.469	3	2.926	1	2.12	5	2.060	4	2.380	13	1.696	11	1.697	4
农业银行	2.451	4	2.594	4	2.39	1	2.363	1	3.665	4	2.263	3	1.922	1
华夏银行	2.315	5	2.437	5	2.02	8	1.659	8	3.223	6	1.809	8	1.348	8
兴业银行	2.248	6	2.351	7	2.05	7	1.676	7	3.290	5	1.785	9	1.341	9
交通银行	2.123	7	2.407	6	1.91	9	1.754	6	2.937	7	1.530	13	1.244	13
中信银行	2.077	8	1.650	13	2.24	4	1.611	10	3.701	3	2.045	4	1.339	10

名称	2011 年		2012 年		2013 年		2014 年		2015 年		2016 年		2017 年	
	指标	排名	指标	排名	指标	排名	指标	排名	指标	排名	指标	排名	指标	排名
民生银行	2.073	9	2.068	8	2.08	6	1.792	5	2.861	10	1.956	5	1.575	6
光大银行	1.911	10	1.871	9	1.81	11	1.644	9	3.060	7	1.677	12	1.169	14
宁波银行	1.885	11	1.675	12	1.86	10	1.405	14	3.056	8	1.836	7	1.294	11
南京银行	1.745	12	1.540	14	1.81	12	1.450	13	2.663	11	1.923	6	1.438	7
北京银行	1.721	13	1.859	10	1.75	13	1.532	12	2.505	12	1.497	14	1.293	12
招商银行	1.659	14	1.739	11	1.74	14	1.552	11	1.929	15	1.719	10	1.583	5
浦发银行	1.387	15	1.384	15	1.37	15	1.227	16	2.062	14	1.266	16	1.026	16
平安银行	1.238	16	1.207	16	1.34	16	1.230	15	1.704	16	1.412	15	1.162	15
华泰证券	2.094	1	2.207	1	2.04	1	1.848	1	2.735	3	1.781	3	1.628	1
海通证券	2.017	2	1.857	3	1.93	2	1.583	4	2.961	2	1.825	1	1.285	6
广发证券	1.939	3	2.115	2	1.88	3	1.610	3	2.991	1	1.681	4	1.302	5
山西证券	1.840	4	1.727	6	1.84	4	1.342	10	2.380	6	1.651	6	1.202	9
兴业证券	1.810	5	1.714	8	1.78	5	1.491	7	2.321	7	1.653	5	1.355	3
光大证券	1.767	6	1.718	7	1.58	9	1.274	11	2.493	4	1.304	11	0.881	11
中信证券	1.732	7	1.758	5	1.72	7	1.539	6	2.455	5	1.516	7	1.254	7
东北证券	1.670	8	1.786	4	1.64	8	1.577	5	2.302	8	1.430	9	1.210	8
国元证券	1.579	9	1.471	11	1.75	6	1.663	2	2.189	9	1.802	2	1.512	2
长江证券	1.525	10	1.591	10	1.58	10	1.443	8	1.834	12	1.484	8	1.394	3
国金证券	1.443	11	1.599	9	1.29	12	1.082	12	1.942	11	0.976	13	0.799	13
招商证券	1.312	12	1.305	12	1.35	11	1.344	9	2.053	10	1.378	10	1.060	10
太平洋证券	1.169	13	1.033	13	1.14	13	0.937	13	1.601	13	1.067	12	0.801	12
西南证券	0.911	14	0.886	14	0.77	14	0.638	14	1.002	14	0.636	14	0.505	14
中国平安	2.461	1	2.825	1	2.15	1	1.841	1	3.402	1	1.673	3	1.375	2
中国太保	2.057	2	2.061	2	2.02	2	1.776	2	3.014	2	1.842	1	1.444	1
中国人寿	1.791	3	1.819	3	1.81	3	1.463	3	2.727	3	1.688	2	1.334	3

　　表 3-4 和表 3-5 给出了 33 家金融机构 ΔCoVaR 和 Exposure-ΔCoVaR 的时变特征。其中，指标为每家机构 ΔCoVaR 和 Exposure-ΔCoVaR 在各年度的中值，排名为各机构在部门内的排名。表 3-4 和表 3-5 的结果表明，首先，在 2011—2017 年，四家大型商业银行的系统性风险贡献基本位于部门前列，同时其系统性风险敞口则始终排在部门最后，这说明四家大型商业银行具有较高的系统重要性和较低的系统脆弱性，四大行在维护我国金融安全稳定中发挥了重要作用。其次，在样本期内，全国性股份制银行的系统性风险敞口排在部门前列，同时其中部分银行的系统性风险贡献在部门中也名

列前茅，由于金融机构的风险敞口和风险贡献同时高企将威胁金融系统稳定，这些同时具有较高系统重要性与脆弱性的机构需要监管部门给予特别的关注。再次，证券公司中，国金证券、招商证券、广发证券三家证券公司的系统性风险敞口在2011—2017年始终位于部门前三位，同时国金证券和招商证券的系统性风险贡献较低，处在部门后端；但是广发证券却与华泰证券、海通证券等一起处于部门系统性风险贡献的前列。因此，监管当局应根据每家证券公司在风险敞口与风险贡献方面的特征，对其进行科学有效的分类并实施差异化监管。最后，中国平安的系统性风险敞口在2011—2017年一直位于部门首位，同时其风险贡献有5年都处于部门第一，显示出较高的系统重要性与脆弱性。

表3-5　33家上市金融机构Exposure-ΔCoVaR及其排名的时变特征

名称	2011年		2012年		2013年		2014年		2015年		2016年		2017年	
	指标	排名	指标	排名	指标	排名	指标	排名	指标	排名	指标	排名	指标	排名
华夏银行	4.721	1	4.578	1	4.346	1	3.647	1	7.269	1	3.857	1	3.012	1
民生银行	3.847	2	3.740	2	3.619	2	3.048	2	6.025	2	3.360	2	2.553	2
平安银行	3.808	3	3.665	5	3.545	4	2.920	5	5.995	3	3.263	4	2.369	5
兴业银行	3.797	4	3.702	3	3.566	3	2.989	3	5.871	4	3.278	3	2.478	3
浦发银行	3.657	5	3.697	4	3.458	5	2.984	4	5.486	6	3.077	6	2.444	4
中信银行	3.586	6	3.528	6	3.353	6	2.846	7	5.442	7	2.901	7	2.249	7
招商银行	3.538	7	3.431	7	3.252	7	2.860	6	5.666	5	3.115	5	2.297	6
交通银行	3.481	8	3.298	8	3.208	8	2.707	8	5.429	8	2.838	8	2.211	8
宁波银行	3.163	9	3.081	9	2.922	9	2.475	9	4.902	9	2.643	9	2.034	10
南京银行	3.139	10	3.045	10	2.903	10	2.445	10	4.891	10	2.597	11	2.026	11
北京银行	2.794	11	2.679	12	2.779	11	2.435	11	4.377	11	2.643	10	2.052	9
光大银行	2.704	12	2.608	13	2.449	13	2.067	15	4.102	15	2.198	14	1.716	14
中国银行	2.653	13	2.759	11	2.634	12	2.378	12	4.259	12	2.298	12	1.819	12
农业银行	2.625	14	2.539	14	2.449	13	2.159	13	3.946	14	2.253	13	1.728	13
工商银行	2.271	15	2.181	15	2.277	15	1.886	14	3.560	13	2.100	15	1.581	15
建设银行	1.443	16	1.388	16	1.435	16	1.195	16	2.284	16	1.332	16	1.022	16
国金证券	4.990	1	4.858	1	4.647	1	3.850	1	7.785	1	4.250	1	3.111	1
招商证券	4.411	2	4.302	2	4.049	2	3.429	2	6.654	2	3.655	3	2.818	2
广发证券	4.265	3	4.081	3	3.969	3	3.324	3	6.594	3	3.672	2	2.722	3
光大证券	4.127	4	3.993	4	3.812	4	3.185	4	6.415	4	3.434	4	2.633	4
华泰证券	3.872	5	3.726	5	3.610	5	3.023	5	5.897	5	3.285	5	2.491	5
兴业证券	3.792	6	3.696	6	3.495	6	2.973	6	5.895	6	3.073	6	2.421	6

续表

名称	2011 年		2012 年		2013 年		2014 年		2015 年		2016 年		2017 年	
	指标	排名	指标	排名	指标	排名	指标	排名	指标	排名	指标	排名	指标	排名
长江证券	3.684	7	3.604	7	3.379	7	2.865	7	5.610	7	3.022	7	2.318	7
海通证券	3.515	8	3.405	8	3.250	8	2.722	8	5.430	8	2.921	8	2.254	8
西南证券	3.439	9	3.020	11	3.001	11	2.563	11	4.707	11	2.804	10	2.208	9
中信证券	3.411	10	3.301	9	3.136	9	2.611	10	5.258	9	2.869	9	2.143	10
山西证券	3.303	11	3.241	10	3.008	10	2.716	9	4.838	10	2.592	11	2.051	11
国元证券	2.953	12	2.879	12	2.719	12	2.322	12	4.419	12	2.463	12	1.889	12
东北证券	2.819	13	2.733	13	2.603	13	2.179	13	4.333	13	2.334	13	1.804	13
太平洋证券	2.572	14	2.499	14	2.385	14	1.997	14	4.054	14	2.153	14	1.629	14
中国平安	3.375	1	3.321	1	3.164	1	2.732	1	5.368	1	2.902	1	2.135	1
中国人寿	2.634	2	2.600	2	2.440	2	2.157	2	4.096	2	2.312	2	1.703	2
中国太保	2.559	3	2.489	3	2.372	3	2.008	3	3.995	3	2.173	3	1.639	3

第三节　金融机构系统性风险贡献与敞口的影响因素分析

上文的截面和时序特征分析表明，金融机构的系统性风险贡献与敞口在不同类型的金融机构中呈现完全不同的特征，在同种类型的各机构之间也具有显著差异。那么，这种差异是否与金融机构的类型以及个体特征相关？已有研究表明，金融机构系统性风险与机构自身风险、资产组成、期限错配程度、机构规模和杠杆率、业务构成等存在相关关系（Adrian 和 Brunnermeier，2016；López‐Espinosa 等，2012；Pagano 和 Sedunov，2016；Ellis 等，2014）。有鉴于此，本节尝试以 ΔCoVaR 和 Exposure‐ΔCoVaR 为被解释变量，以机构的在险价值、规模、杠杆率、期限错配和融资融券为解释变量[①]，将上文中的状态变量作为控制变量，研究金融机构系统性风险贡献与敞口的影响因素。

---

①　本节将 ΔCoVaR 和 Exposure‐ΔCoVaR 由周频转化为季频，作为被解释变量。在解释变量中，规模以总资产取自然对数度量；杠杆率以负债/总资产度量；融资融券以证券公司每个季度末融资融券余额/资产度量；期限错配采用 Adrian 和 Brunnermeier（2016）中期限错配（maturity mismatch）的度量方法，通过资产/（短期负债‐现金）测度，该指标越小，表明期限错配越严重，并且由于央行对银行部门的存款准备金制度，银行的现金以现金及存放中央银行款项度量，保险公司和证券公司的现金以货币资金度量。

表 3-6 ΔCoVaR 和 Exposure-ΔCoVaR 的影响因素分析

变量	ΔCoVaR						Exposure-ΔCoVaR					
	(1)	(2)	(3)	(4)	(5)	(6)	(7)	(8)	(9)	(10)	(11)	(12)
机构 VaR	-0.017 (-0.572)	—	—	—	—	0.050* (1.870)	0.204*** (3.973)	—	—	—	—	0.167*** (3.073)
机构规模	—	2.279*** (7.970)	—	—	—	2.566*** (7.982)	—	-0.721 (-1.093)	—	—	—	-1.041 (-1.634)
机构杠杆率	—	—	9.477** (2.131)	—	—	-2.790 (-0.618)	—	—	29.795*** (3.795)	—	—	14.538* (1.764)
机构期限错配	—	—	—	-0.002*** (-8.605)	—	-0.001*** (-6.682)	—	—	—	-0.004*** (-11.126)	—	-0.004*** (-11.372)
机构融资融券	—	—	—	—	10.683 (1.480)	-3.201 (-0.504)	—	—	—	—	61.514*** (4.128)	56.143*** (3.654)
房地产超额收益	0.299 (0.702)	0.433 (1.090)	0.391 (0.915)	0.336 (0.788)	0.451 (1.025)	0.416 (1.021)	-0.121 (-0.160)	-0.195 (-0.249)	0.125 (0.161)	-0.080 (-0.102)	0.707 (0.878)	0.810 (1.049)
收益率变动	0.135 (0.741)	0.205 (1.232)	0.174 (0.972)	0.111 (0.632)	0.138 (0.782)	0.123 (0.708)	0.334 (1.012)	0.579* (1.751)	0.801** (2.337)	0.606* (1.814)	0.757** (2.240)	0.570* (1.674)
TED 利差	3.673*** (4.847)	4.995*** (7.577)	4.006*** (5.283)	3.551*** (4.921)	3.816*** (5.089)	4.626*** (6.711)	5.058*** (4.269)	5.980*** (4.653)	7.841*** (5.917)	6.417*** (5.212)	7.918*** (6.310)	6.677*** (5.238)
期限利差变动	0.358** (2.197)	0.420*** (2.882)	0.388** (2.434)	0.325** (2.036)	0.363** (2.289)	0.333** (2.184)	0.390 (1.281)	0.630** (2.074)	0.820*** (2.651)	0.632** (2.073)	0.808*** (2.649)	0.594* (1.910)

续表

变量	ΔCoVaR						Exposure-ΔCoVaR					
	(1)	(2)	(3)	(4)	(5)	(6)	(7)	(8)	(9)	(10)	(11)	(12)
信用利差变动	-0.122	0.004	-0.118	-0.121	-0.077	-0.015	-1.014***	-0.954***	-0.872***	-0.891***	-0.604*	-0.735**
	(-0.761)	(0.027)	(-0.724)	(-0.752)	(-0.463)	(-0.096)	(-3.273)	(-3.088)	(-2.781)	(-2.857)	(-1.948)	(-2.399)
股票市场波动率	8.067***	7.267***	7.290***	7.478***	7.369***	5.728***	11.604***	18.210***	17.385***	18.026***	17.223***	11.621***
	(6.528)	(11.713)	(10.88)	(11.488)	(10.975)	(5.188)	(6.238)	(15.446)	(14.688)	(15.161)	(14.693)	(5.944)
股票市场收益率	3.216***	3.120***	3.173***	3.278***	3.100***	3.393***	9.300***	8.481***	8.063***	8.406***	7.340***	8.023***
	(7.322)	(7.878)	(7.322)	(7.735)	(6.702)	(7.668)	(11.911)	(10.802)	(10.303)	(10.636)	(9.139)	(10.202)
常数项	12.469***	-8.087***	3.118	12.387***	12.153***	-8.279*	8.567***	16.815***	-18.573***	10.502***	9.395***	3.359
	(10.136)	(-2.919)	(0.689)	(10.173)	(9.934)	(-1.971)	(3.924)	(2.671)	(-2.257)	(4.771)	(4.376)	(0.401)
行业固定效应	Yes	Yes	Yes	Yes	Yes	Yes	Yes	Yes	Yes	Yes	Yes	Yes
观测值个数	887	887	887	887	887	887	887	887	887	887	887	887
调整 R^2	0.390	0.457	0.395	0.393	0.392	0.461	0.453	0.433	0.445	0.435	0.453	0.480

注：括号内为 t 统计量，***、**和*分别表示在 1%、5% 和 10% 的水平下显著，标准误采用考虑最高 3 期自相关的 Newey-West 标准误。

表3-6给出了影响因素的实证分析结果，所有变量均采用季频数据，并且所有解释变量和控制变量均滞后一期。表3-6的前6列为风险贡献的影响因素分析结果，后6列是风险敞口的影响因素分析结果。为了保证实证分析结果的稳健性和可靠性，本节采用逐步回归的方法，先对5个主要解释变量进行单独回归，然后给出考虑所有解释变量的分析结果。

表3-6的结果表明，首先，与上文的相关分析结果一致，资产规模是金融机构系统性风险贡献的重要驱动因素，杠杆率则是机构系统性风险敞口的重要影响因素。虽然在表3-6的列（3）中，杠杆率对机构系统性风险贡献 ΔCoVaR 的影响系数为正且在5%的水平下显著，但是一旦控制机构规模等其他因素，杠杆率的影响系数大幅降低并且不再显著。其次，机构期限错配对 ΔCoVaR 和 Exposure-ΔCoVaR 的影响系数均为负值且在1%的水平下显著，表明金融机构期限错配越严重，其系统性风险贡献与敞口越大；同时表3-6中的列（6）和列（12）显示，机构自身风险对其 ΔCoVaR 和 Exposure-ΔCoVaR 的影响系数分别在10%和1%的水平下显著为正，说明自身风险较大的机构，其系统性风险贡献和敞口也会相对较大，这一结论与 Adrian 和 Brunnermeier（2016）以及 López-Espinosa 等（2012）一致。最后，证券公司融资融券规模与系统性风险敞口 Exposure-ΔCoVaR 显著正相关，而对系统性风险贡献 ΔCoVaR 并无显著影响，这一结论与 Ellis 等（2016）的分析基本一致，即证券公司可能因为持有更多受市场波动影响较大的资产[①]，而更易受到金融市场的冲击，从而拥有更大的系统性风险敞口。此外，其他控制变量的估计结果也基本符合预期，比如 TED 利差的提高，将显著增大系统性风险贡献和敞口；股票市场波动和收益也与系统性风险正相关。

本章小结

金融机构的系统性风险包括两个方面：一是系统性风险贡献，二是系统性风险敞口，两者的风险传导方向恰好相反，其理论和政策意义也存在明显不同。其中，风险贡献反映机构的系统重要性，风险敞口反映机构的

---

① 在2014年7月之前，两市融资余额的规模一直在4000亿元左右徘徊，在2014年11月中旬融资余额增长至7000亿元，随后融资交易开始呈爆发式增长，在2015年6月融资规模的峰值达到天量的2.26万亿元；2015年股市波动爆发后，融资余额规模快速萎缩，股市波动结束的8月26日融资余额已萎缩到1.1万亿元。

系统脆弱性，对单个机构的监管应当综合考虑风险贡献与敞口两个方面的结果，不可偏废其一。本章基于 CoVaR 的统一框架，首次采用 ΔCoVaR 和 Exposure-ΔCoVaR 方法，从风险贡献与敞口两个方面，对我国 33 家上市金融机构的系统性风险进行全面度量，评估其系统重要性与脆弱性，考察金融机构系统性风险贡献与敞口的截面及时序特征，研究影响机构风险贡献与敞口的因素。

　　研究结果表明，首先，保险公司和商业银行的系统性风险贡献高于证券公司，证券公司的系统性风险敞口则高于商业银行和保险公司，同时这种部门差异在时间维度中持续存在。其次，虽然从整体上 33 家机构的系统性风险贡献与敞口在截面维度不存在显著相关关系，但是不同的机构在系统性风险贡献与敞口方面却表现出差异性的特征。其中，四家大型商业银行的系统性风险贡献较高但系统性风险敞口较低，显示出较高的系统重要性与较低的系统脆弱性；少数金融机构却同时具有较高的系统性风险贡献与敞口，表明其系统重要性与脆弱性都非常高。最后，相关分析和回归分析显示，资产规模是金融机构系统性风险贡献的重要影响因素，杠杆率则是机构系统性风险敞口的重要影响因素。此外，证券公司开展融资融券的规模对其系统性风险敞口有显著的正向影响，但对其系统性风险贡献并无显著影响。

　　上述结果的政策含义主要体现在以下三个方面。第一，分机构类型进行监管。本章的度量结果表明，保险公司和商业银行的系统重要性高于证券公司，而证券公司的系统脆弱性则高于商业银行和保险公司。这一结论与不同类型机构的行业特征密切相关，也是中国特色背景下的结果。因此，监管当局需要根据三类机构在系统重要性与脆弱性方面的差异，选择针对性的监管目标和政策工具，进行差别监管。第二，加强对重点金融机构的监管。不同机构在风险贡献与风险敞口方面表现出差异性的特征，对于系统重要性较高但脆弱性较低的机构，监管的关键在于降低这些机构的风险外溢的能力和水平；对于系统脆弱性较高但重要性较低的机构，监管的关键在于增强其自身经营的稳健性和抗风险能力；对于系统重要性与脆弱性都较高的机构，监管部门对这些机构应给予特别的关注，它们是防范化解系统性风险、维护我国金融安全稳定的关键所在。第三，根据机构风险贡献与敞口的主要驱动因素，选择科学有效的监管工具。在对金融机构进行分类后，监管当局可依据影响金融机构风险贡献与敞口的因素，有的放矢地选择政策工具，从而提高监管的科学性和有效性。

第四章　基于尾部风险网络的金融机构
系统性风险度量监管研究

　　伴随着近年来我国金融业综合经营成为大势所趋，银行、证券、保险等不同类型金融机构之间的关联越发紧密，风险传导渠道不断增多，形成了极为复杂的风险传递网络。除了跨机构传递外，金融风险的跨行业、跨市场传递特征日益突出。这不仅使得金融风险交叉传染的可能性大幅上升，而且有可能进一步引发系统性风险，给我国的金融安全稳定带来巨大威胁（李政等，2019a）。因此，构建包含银行、证券、保险等多类型机构的尾部风险网络，对金融机构间风险溢出的强度规模与方向路径进行研究分析，全面准确地考察机构间的网络关联特征，有助于我国金融监管当局科学防范系统性风险、提升金融业监管能力，具有极其重要的现实意义。

　　目前基于市场数据构建金融机构关联网络并通过网络分析方法测度机构关联性以及系统性风险水平已经得到国内学者的关注与认可，并且应用于我国的金融机构。然而现有研究成果仍存在两方面的不足。其一，从研究方法上来说，二元 Granger 因果网络实质上是在孤立环境下考察两两机构之间的关联性，基于方差分解的加权有向网络虽然在整个系统中度量金融机构的关联性，但是该方法建立在 VAR 模型之上，不能应用于机构数量较多的金融系统。更为重要的是，Granger 因果检验和方差分解构建的是金融机构信息溢出网络，而非风险网络。同时，采用 LASSO 分位数回归和 TE-NET 构建金融机构尾部风险网络的研究均采用 CoVaR 而非 ΔCoVaR 作为风险度量指标，无法度量从正常状态到极端状态下风险溢出水平的增量变化，这与 Adrian 和 Brunnermeier（2016）的指标设计相悖。其二，从研究内容上来说，大部分研究仅关注于银行单一类型机构的网络关联，忽视了跨行业、跨市场的风险传染。同时，现有研究重在测度机构间风险溢出的强度规模，即网络关联水平，对风险传递的方向路径等关联结构关注不够，极少有研究同时考虑金融机构的关联水平和关联结构并在风险网络中度量机构的系统性风险贡献。

本章基于 LASSO 分位数回归提出了 LASSO-ΔCoVaR 新指标①，并采用该指标构建我国银行、证券和保险等多类型机构时变的尾部风险网络，有效捕捉金融风险溢出的网络效应和跨行业传染特征。基于时变的尾部风险网络，本章一方面从系统、部门和机构三个层面测度风险溢出的强度规模，衡量其网络关联水平；另一方面还对风险在金融机构间传递的方向路径等关联结构特征进行研究分析，考察风险积累和爆发阶段关联结构的动态变化，并在兼顾关联水平和关联结构的基础上，测度单个金融机构在风险网络中的系统性风险贡献。同时，本章还基于尾部风险网络的研究为我国金融业监管提供了具有可操作性的政策建议。

第一节　金融机构尾部风险网络的构建方法

本章采用 LASSO-ΔCoVaR 指标构建我国金融机构的尾部风险网络，这一风险网络为加权有向网络，各金融机构是网络中的"节点"，机构间的风险溢出关系是网络中的"边"，"边"不仅给出了机构间风险溢出的强度规模，还给出了风险溢出的方向路径。在风险网络中，本章对银行、证券和保险多类型机构风险溢出的强度规模与方向路径进行考察分析，为我国科学防范系统性风险、提升金融监管能力提供依据指导。以往研究重在对金融机构间风险溢出的强度规模进行量化分析，即主要关注于不同层面的关联水平，忽视了风险在机构间传递的方向路径等结构特征。然而，金融监管当局在防范化解系统性风险时，不仅要尽可能地减小跨机构、跨行业的金融风险溢出强度规模，更要掌握风险在机构间传播扩散的方向与路径，以便能够及时切断风险传染链条，避免风险的大规模扩散，对系统性金融风险做到事前防范。因此，本章基于金融机构的尾部风险网络，一方面从系统、部门和机构三个层面测度风险溢出的强度规模，衡量其网络关联水平，另一方面对风险在机构间传递的方向和路径等结构特征进行分析，在风险网络中对单个机构的系统性风险贡献进行度量评估，从关联水平与关

---

① 本章将 Hautsch 等（2015）、Härdle 等（2016）的 LASSO 分位数回归方法与 Adrian 和 Brunnermeier（2016）的系统性风险度量指标 ΔCoVaR 相结合，一方面，解决了 ΔCoVaR 等尾部依赖方法仅测度单个机构与金融系统在极端条件下的尾部关联性，未能识别风险在机构间传递的路径结构以及无法捕捉系统性风险溢出的网络效应的缺陷；另一方面，本章通过 LASSO 这一变量选择和降维技术识别金融机构间的关联结构，并且采用 ΔCoVaR 作为风险度量指标，从而有效度量了从正常状态到极端风险状态下风险溢出水平的增量变化，弥补了 Hautsch 等（2015）、Härdle 等（2016）研究的不足。LASSO-ΔCoVaR 指标的"新"主要体现在以上两点。

联结构两个方面为我国金融业监管提供更为全面科学的政策建议。

一、基于 LASSO-ΔCoVaR 的尾部风险网络

本章首先采用分位数回归计算每家金融机构的在险价值 VaR。

$$X_{j,\iota} = \alpha_j + \gamma_j M_{\iota-1} + \varepsilon_{j,\iota} \qquad (4-1)$$

其中，$X_{j,\iota}$ 是金融机构 j 的股票收益率，$M_{\iota-1}$ 为滞后一期的状态变量。

本章对式（4-1）进行 5% 和 50% 分位数回归，得到 $VaR_{j,\iota}^5$ 和 $VaR_{j,\iota}^{50}$，前者表示机构 j 处于极端状态，后者表示机构 j 处于正常状态。

接下来，本章采用 LASSO 分位数回归，在考虑所有可能的交互影响下度量金融机构间的风险溢出。

$$X_{i,\iota} = \alpha_{i|R_i} + \beta_{i|R_i}^T R_{i,\iota} + \varepsilon_{i,\iota} \qquad (4-2)$$

其中，$\alpha_{i|R_i}$ 为常数项，$R_{i,\iota} = \{X_{-i,\iota}, M_{\iota-1}, B_{i,\iota-1}\}$，$\beta_{i|R_i} = \{\beta_{i|-i}, \beta_{i|M}, \beta_{i|B_i}\}^T$。$X_{-i,\iota} = \{X_{1,\iota}, X_{2,\iota}, \cdots, X_{k,\iota}\}$ 表示除了机构 i 以外其他所有机构的股票收益率，$B_{i,\iota-1}$ 为机构 i 滞后一期的特征变量。如果在两两分位数回归下考察机构 j 对机构 i 的风险溢出，$X_{-i,\iota}$ 则变成 $X_{j,\iota}$，即在孤立环境下考察其风险溢出强度，忽略了系统中其他所有可能的交互影响。

本章采用 LASSO 这一变量选择和降维技术识别金融机构间的风险传递结构，对式（4-2）进行 LASSO 分位数回归，得到 $\hat{\beta}_{i|R_i} = \{\hat{\beta}_{i|-i}, \hat{\beta}_{i|M}, \hat{\beta}_{i|B_i}\}^T$，其中 $\hat{\beta}_{i|-i} = \{\hat{\beta}_{i|1}, \hat{\beta}_{i|2}, \cdots, \hat{\beta}_{i|k}\}$。分位数回归的分位点为 5%。

LASSO-ΔCoVaR 则可以定义为

$$LASSO - \Delta CoVaR_{i|j,\iota} = \hat{\beta}_{i|j} \times (VaR_{j,\iota}^{50} - VaR_{j,\iota}^5) \qquad (4-3)$$

其中，$LASSO - \Delta CoVaR_{i|j,\iota}$ 给出了尾部风险网络中机构 j 对机构 i 的风险溢出强度，衡量机构间的关联水平；$\hat{\beta}_{i|j}$ 来自 $\hat{\beta}_{i|-i}$，$VaR_{j,\iota}^5$ 和 $VaR_{j,\iota}^{50}$ 由式（4-1）计算得到。如果机构 j 对机构 i 不存在直接的风险溢出，则 $\hat{\beta}_{i|j} = 0$。

通过对式（4-2）进行 LASSO 分位数回归，再根据式（4-3）进行相应计算，可以得到机构 $j(j = 1, \cdots, k; j \neq i)$ 对机构 i 风险溢出的强度规模，然后对每个机构 $i(i = 1, \cdots, k)$ 重复上述过程，则可以构建起机构间的尾部风险网络。该网络为加权有向网络，对于包含 k 家机构的金融系统，这一网络可以采用 $k \times k$ 的邻接矩阵 A 表示：

$$
A = \begin{array}{c} \\ I_1 \\ I_2 \\ I_3 \\ \vdots \\ I_k \end{array}
\begin{array}{ccccc}
I_1 & I_2 & I_3 & \cdots & I_k \\
\left(\begin{array}{ccccc}
0 & D_{1|2} & D_{1|3} & \cdots & D_{1|k} \\
D_{2|1} & 0 & D_{2|3} & \cdots & D_{2|k} \\
D_{3|1} & D_{3|2} & 0 & \cdots & D_{3|k} \\
\vdots & \vdots & \vdots & \ddots & \vdots \\
D_{k|1} & D_{k|2} & D_{k|3} & \cdots & 0
\end{array} \right)
\end{array}
\tag{4-4}
$$

其中，$D_{i|j} = LASSO - \Delta CoVaR_{i|j} \times I(LASSO - \Delta CoVaR_{i|j} > 0)$，$I(\cdot)$ 为指示函数，表示机构 j 对机构 i 存在正的风险溢出。A_k 的第 i 行给出了机构 i 受其他机构的风险溢出水平，第 i 列给出了机构 i 对其他机构的风险溢出水平。

为了对金融机构间风险溢出的强度规模和路径方向进行实时监测，明确每家机构在尾部风险网络中扮演角色和地位的动态变化，本章采用滚动分析方法，即在每一个时点 t，采用 51 周（约 1 年的交易观测数据）的固定滚动窗口进行估计，构建时变的风险网络，从而实现上述目的。

二、基于风险网络的关联水平及机构系统性风险贡献

基于时变的尾部风险网络，本章从系统、部门和机构三个层面测度其网络关联水平，从而有效反映不同层面上风险溢出效应的强度规模；关联结构则主要体现为机构间风险溢出的方向与路径，从而给出哪些金融机构之间较强的尾部关联性。此外，本章还在充分考虑金融机构关联水平和关联结构的基础上，度量单个机构在风险网络中的系统性风险贡献。

首先，系统关联水平 TC 可通过金融机构间风险溢出的总体水平来衡量：

$$
TC = TC^{in} = TC^{out} = \frac{\sum_{i=1}^{k} \sum_{j=1}^{k} D_{j|i}}{k \times (k-1)}
\tag{4-5}
$$

TC 等于对邻接矩阵 A 进行行加总（in）或者列加总（out），然后除以矩阵 A 的非对角元素个数。

其次，本章利用金融部门的风险溢出强度衡量部门整体关联水平。基于加权有向风险网络，g 部门有风险输入关联水平 GC_g^{in} 和风险输出关联水平 GC_g^{out}，指标构建方法如下：

$$
GC_g^{in} = \frac{\sum_{j=1}^{k} \sum_{i \in g} D_{i|j}}{(k-1) \times k_g} \qquad GC_g^{out} = \frac{\sum_{j=1}^{k} \sum_{i \in g} D_{j|i}}{(k-1) \times k_g}
\tag{4-6}
$$

其中，$g = 1$，2，3，1代表银行部门，2代表证券部门，3代表保险部门；k_g 为金融部门 g 中的金融机构数量。GC_g^{in} 指标度量部门接收的风险溢出水平，GC_g^{out} 指标度量部门释放的风险溢出水平。

最后，金融机构 i 在风险网络中的关联水平可由 FC_i^{in} 和 FC_i^{out} 度量。其中，FC_i^{in} 衡量金融机构接收的风险溢出，FC_i^{out} 衡量金融机构释放的风险溢出。

$$FC_i^{in} = \frac{\sum_{j=1}^{k} D_{i|j}}{k-1} \quad FC_i^{out} = \frac{\sum_{j=1}^{k} D_{j|i}}{k-1} \quad (4-7)$$

上述指标是从三个层面测度风险溢出的强度规模，衡量其网络关联水平。本章还将测度单个机构在风险网络中的系统性风险贡献，评估其系统重要性，进而识别系统重要性机构。系统重要性金融机构应该同时满足以下三个条件：①机构的规模足够大；②该机构与其他机构高度关联；③与其关联机构的规模也相对较大（Härdle et al.，2016）。式（4-7）中的 FC_i^{in} 和 FC_i^{out} 分别度量机构 i 受其他机构和对其他机构的风险溢出，实际上仅反映了机构 i 在系统中的关联水平，即条件②。条件③实质上要求系统性风险贡献的度量评估必须考虑金融机构间的关联结构特征。因此，本章借鉴 Härdle 等（2016）的研究，采用 SRR（Systemic Risk Receiver）和 SRE（Systemic Risk Emitter）指数来度量机构的系统性风险贡献，评估其系统重要性。

$$SRR_i = MC_i \times \frac{\sum_{j=1}^{k} (D_{i|j} \times MC_j)}{k-1} \quad SRE_i = MC_i \times \frac{\sum_{j=1}^{k} (D_{j|i} \times MC_j)}{k-1}$$

$$(4-8)$$

其中，MC_i 和 MC_j 分别为机构 i 和 j 的权益市值，反映了机构的规模，对于任一滚动估计窗口，MC_i 和 MC_j 都取窗口起点时的市值规模。

三、样本与数据

本章的研究对象为我国上市金融机构，鉴于各机构的上市时间不一，本章综合考虑了上市机构的数目以及上市时间，将研究样本确定为在2011年之前已经上市的金融机构，样本区间为2011年1月1日至2017年12月31日，数据频率为周频。本章剔除了不满足以下条件的金融机构：一是在样本期间内，机构股票需要在上海或深圳证券交易所持续交易；二是样本期间机构股票连续停牌时间不能超过 10 周。由此,最终得到满足条件的 31 家金融机构,其中商业银行 16 家、证券公司 12 家以及保险公司 3 家,没有一家信托公司满足上述条件,故本研究未包含信托部门。

与第三章相同,状态变量 M_{t-1} 延续 Adrian 和 Brunnermeier(2016)、李政等(2019d)的研究,包含了股票市场收益率(Market return)、股票市场波动率(Equity volatility)、TED 利差(TED Spread)、收益率变动(Yield change)、信用利差变动(Credit spread change)、期限利差变动(Term spread change)、房地产超额收益(Real estate excess return)7 个变量。

机构特征变量 $B_{i,t-1}$ 则借鉴 Härdle 等(2016)的研究,包括金融机构的规模(Size)、杠杆率(Leverage)、期限错配(Maturity Mismatch)和账面市值比(Market to Book),本章采用三次线条插值法将季频的机构特征变量转化为周频。上述所有数据均来自 Wind 数据库。表 4-1 给出了 7 个状态变量和 4 个机构特征变量的计算方法。

表 4-1　状态变量与机构特征变量的计算方法

变量	计算方法
股票市场收益率	先计算上证综指的周平均收盘价,再计算对数收益率
股票市场波动率	计算上证综指日收益率 22 个交易日的滚动标准差得到日波动,再求周平均
TED 利差	1 年期 SHIBOR 利率与 1 年期国债即期收益率的利差
收益率变动	1 年期国债即期收益率的变动水平
信用利差变动	计算 10 年期企业债即期收益率(AAA)与 10 年期国债即期收益率的利差,再求其变动水平
期限利差变动	计算 10 年期国债即期收益率和 1 年期国债即期收益率的利差,再求其变动水平
房地产超额收益率	沪深 300 地产指数周收益率减去股票市场收益率
机构的规模	机构的权益面值取自然对数
机构的杠杆率	机构的资产面值除以权益面值
期限错配	机构的短期负债先减去现金再除以机构总负债
账面市值比	机构权益市值除以权益面值

第二节　基于尾部风险网络的系统性风险度量监管研究

一、关联水平的度量

首先，本节利用 TC 指标测度各时点金融机构间风险溢出的总体水平，进而考察系统关联水平的时序特征，其动态变化趋势见图4-1。

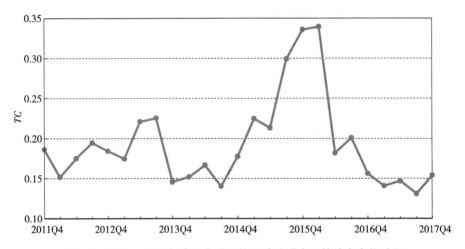

图4-1　2011—2017 年我国金融机构系统关联水平的动态变化过程

由图4-1可知，我国金融机构的系统关联水平呈现明显的周期性变化特征，即在风险积累阶段系统关联水平迅速攀升，直至风险爆发阶段达到阶段性高点，而后随着风险释放逐步回落[①]。其中，在风险积累阶段，较低的波动率和较好的市场行情诱导经济主体的冒险行为，加杠杆、风险偏好上升和过度风险承担系统性风险不断积聚；在风险爆发阶段，风险积累阶段的过度风险承担遭遇波动率提高、市场行情变差以及负向冲击，经济主体的风险偏好骤然降低，通过去杠杆降价抛售相关资产和流动性囤积来保

---

① 这一结论与系统性风险在时间维度上"累积—爆发—放大"的周期性演化特征相符。在风险累积阶段，金融机构的债权债务直接关联和持有共同资产间接关联上升，潜在的金融风险不断积聚；在风险爆发阶段，积累的潜在风险遭遇负向冲击，风险爆发，而风险一旦爆发，会通过前期形成的直接和间接关联渠道传染，并且还会由投资者和金融机构行为的改变，通过"羊群效应""恐慌心理""信心丧失"等信息关联渠道传染，即表现为风险的溢出效应。而且，金融机构间的风险溢出会进一步推高风险水平，风险与风险溢出呈一种螺旋式的放大，风险通过直接关联、间接关联和信息关联的传染放大正是系统性风险的核心所在。

证自身的安全，价格效应和"流动性螺旋"使风险迅速传染放大，并且在极端情形下以金融危机爆发的形式呈现出来（Brunnermeier 和 Sannikov，2014；Bhattacharya 等，2015；Danielsson 等，2018；方意和陈敏，2019；李政等，2019a）。

本章样本区间内共包含两个周期，分别是：2011 年第四季度至 2014 年第三季度、2014 年第三季度至 2017 年第四季度。在第一个周期中，受欧债危机风险外溢效应的影响，我国金融系统潜在风险上升。与此同时，我国以创新型同业业务为代表的影子银行规模快速扩大，银行、证券、保险等不同类型的机构通过这一业务链条联系起来，成为交易对手，金融机构间的直接关联水平大幅提高，而且大量资金通过影子银行最终流向房地产和地方融资平台等高风险项目，机构间的共同风险敞口扩大，间接关联水平也明显上升。在此期间，TC 指标从 2012 年第一季度的 0.152 快速上升到 2012 年第三季度的 0.195，潜在的金融风险不断积聚，金融机构总体关联水平提高。2013 年 6 月，我国银行业爆发了"钱荒"事件，风险迅速通过前期形成的直接和间接关联渠道进行传播扩散，并且危机爆发时，风险还通过"羊群效应""恐慌心理""信心丧失"等信息关联渠道进行传染放大，此时机构间的风险溢出效应显著增强，金融机构总体关联水平也在 2013 年第三季度达到了阶段性高点 0.226。在第二个周期中，伴随着中国经济步入"新常态"，宏观经济下行压力导致金融机构的资产质量普遍恶化，共同风险敞口不断放大。同时，为了应对盈利下降和激烈的行业内部竞争，金融机构加速融合渗透，金融业综合经营的趋势越发明显，影子银行业务继续膨胀，直接关联水平不断提高；更为重要的是，银行、证券、保险等机构的大规模资金通过参与场外高杠杆配资进入股票市场，不同类型的机构在股票市场中的过度风险承担行为导致间接关联水平大幅提升。金融机构的总体关联水平从 2014 年第三季度的 0.140 快速上升到 2015 年第一季度的 0.225。随后 2015 年的股市波动和 2016 年初的股市剧烈震荡，股票市场风险通过风险承担渠道和信息溢出渠道迅速传递至金融机构，并在机构间传染扩散，机构间的风险溢出效应显著增强，总体关联水平在 2016 年第一季度达到历史峰值 0.340。

其次，本节通过测度部门尾部风险溢出强度来衡量部门关联水平。其中，GC^{out} 指标测度了部门风险输出关联水平，GC^{in} 指标测度了部门风险输入关联水平。表 4-2 为 2011—2017 年各部门 GC^{out} 和 GC^{in} 指标的描述性统计量。

表 4-2 2011—2017 年三个部门关联水平的描述性统计

部门	GC^{out}					GC^{in}				
	均值	中值	标准差	最小值	最大值	均值	中值	标准差	最小值	最大值
银行	0.156	0.142	0.075	0.022	0.530	0.181	0.165	0.078	0.035	0.651
证券	0.245	0.222	0.126	0.029	1.037	0.213	0.191	0.100	0.056	0.833
保险	0.186	0.172	0.092	0.017	0.582	0.179	0.162	0.077	0.025	0.622

由表 4-2 可知，证券部门 GC^{out} 和 GC^{in} 指标均值分别是 0.245 和 0.213，均高于银行和保险部门，因此，证券部门的风险溢出最显著，部门关联水平最高。主要原因包括以下两点。(1) 证券公司的经纪业务、承销与保荐等投资银行业务、融资融券等信用业务受到市场行情和监管政策的影响较为明显，证券公司之间通过金融市场形成了较高水平的间接关联，证券机构之间的风险溢出效应非常显著。(2) 相比银行和保险部门，证券部门的系统脆弱性较高（李政等，2019d）。证券公司对外部冲击非常敏感，抗风险能力较弱，金融风险更容易在证券部门形成，而且风险一旦爆发，将通过直接关联、间接关联和信息关联等多种渠道迅速形成跨机构、跨行业的传染扩散。

图 4-2 和图 4-3 进一步分别展示了三个部门风险输出关联水平和风险输入关联水平的动态变化过程。由图 4-2 可知，在 2013 年和 2015 年风险爆发阶段，银行和证券部门风险输出关联水平呈显著上升趋势，尤其是在 2015 年 6 月至 2016 年 3 月，证券部门对外风险溢出水平提升较为明显，这也是推动金融机构系统关联水平在此阶段上升的主要原因。而保险部门对外风险溢出起伏较大，没有明显趋势特征。

对比图 4-2 和图 4-3 可知，银行、证券与保险三部门风险输出和输入关联水平的动态变化特征存在明显差异。从截面维度来看，各部门所受的风险冲击不尽相同，抵御风险冲击的能力也有所差异，导致不同时点上的风险输出部门具有异质性，但当某部门风险爆发后，由于金融机构间存在直接关联、间接关联和信息关联的风险传染渠道（李政等，2019a），风险会快速传递至各个部门，导致不同时点上各部门接收的风险溢出具有极高的相似性。因此，从时间维度来看，各部门风险输出关联水平的动态变化过程差异较大，而风险输入关联水平的动态变化过程基本一致。各部门风险输出和输入关联水平在时间维度的差异恰好反映了金融部门间确实存在风险传染，单一部门出现异常波动往往会通过多种关联渠道引发共振，使各个部门的风险输入关联水平同步上升。

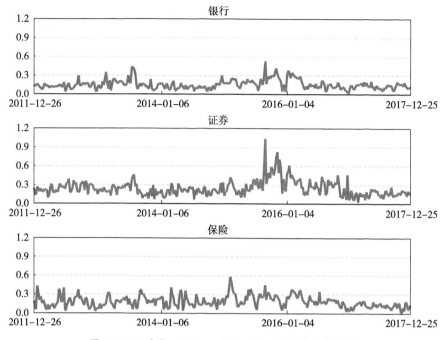

图4-2　三个部门风险输出关联水平的动态变化过程

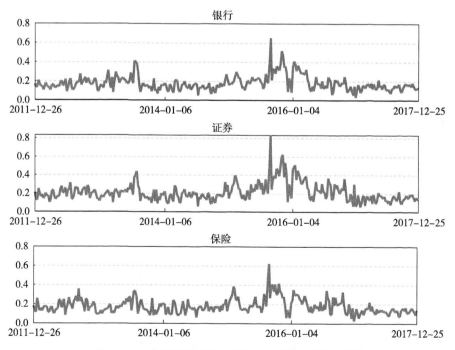

图4-3　三个部门风险输入关联水平的动态变化过程

最后，本节利用 FC^{in} 和 FC^{out} 指标测度金融机构的风险溢出强度，探究风险网络中的机构关联水平。其中，FC^{in} 是金融机构接收的风险溢出，FC^{out} 是金融机构释放的风险溢出。图4-4为金融机构关联水平散点图，其横坐标是金融机构对其他机构的风险溢出水平，纵坐标是金融机构受其他机构的风险溢出水平。

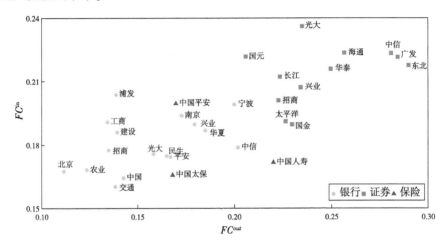

图4-4 31家金融机构关联水平散点图

由图4-4可知，中信证券、海通证券、广发证券、东北证券、光大证券等证券机构的 FC^{in} 和 FC^{out} 数值普遍较高，表明证券机构在风险网络中具有较高的关联水平。而中国银行、农业银行、交通银行、北京银行等银行机构的 FC^{in} 和 FC^{out} 普遍较低，表明银行机构在风险网络中关联水平较低。在银行部门内，中国银行、农业银行、交通银行等大型商业银行的关联水平较低，而宁波银行、南京银行等城市商业银行和华夏银行、兴业银行等股份制商业银行在风险网络中关联水平较高。大型商业银行关联水平较低，可能是因为它们被监管部门认定为"太大而不能倒"（too big to fail）的机构，从而受到更为严格的监管（杨坚等，2017），并且大型商业银行的国有股权较高，国有股权会使商业银行内部偏好谨慎、稳健的商业模式和风险文化，在经营和投资选择时更加谨慎，银行经营总体上比较稳健（梁琪和余峰燕，2014）。在保险部门内，中国人寿释放的风险溢出水平最高，中国平安接收的风险溢出水平最高，而中国太保释放和接收的风险溢出都最低。

基于关联水平视角，上文研究发现：无论是在部门层面还是机构层面，证券公司的关联水平较高而商业银行较低，并且大型商业银行的关联水平在整个金融系统中位于较低位置。但是，关联水平仅为评估机构系统重要性的一个方面，要想全面衡量机构的系统重要性，还需纳入关联结构，充分考虑到机构间风险溢出的方向路径等结构因素。为此，本节接下来考察风险网络中金融机构的关联结构及其动态变化，并在兼顾关联水平和关联结构的基础上，测度机构的系统性风险贡献，评价其系统重要性。

二、关联结构与机构系统重要性评估

为简明清晰地揭示金融机构间风险溢出的方向与路径等关联结构特征，本节将风险网络中机构 i 受其他机构的风险溢出水平 $D_{i|j}(j \in k, j \neq i)$ 从大到小依次排名，取 $D_{i|j}$ 最大的三家机构作为机构 i 的风险来源机构；将机构 i 对其他机构的风险溢出水平 $D_{j|i}(j \in k, j \neq i)$ 从大到小依次排名，取 $D_{j|i}$ 最大的三家机构作为机构 i 的风险目标机构，识别金融机构间的关联结构，并将风险来源机构和风险目标机构定义为强关联机构，见图4-5。

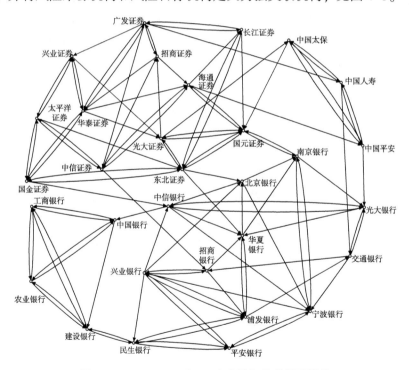

图4-5　2011—2017年31家金融机构的关联结构

图4-5展示了2011—2017年31家金融机构的关联结构。以工商银行为例，工商银行对建设银行、农业银行和中国银行的风险溢出水平最高，受

农业银行、建设银行和中国银行的风险溢出水平最高，其他机构依此类推。由图4-5可知，在银行部门内，对于工建中农四家大型商业银行，其强关联机构多为这四家商业银行；对于浦发银行、中信银行、民生银行等股份制商业银行，其强关联机构也是兴业银行、光大银行、平安银行等股份制商业银行；对于北京银行、南京银行和宁波银行等城市商业银行，其强关联机构也多是这三家城市商业银行。不同类型的商业银行通常意味着不同的商业模式。比如，大型商业银行采取稳健的经营策略，在决策和投资时更加谨慎，偏好于资质好、还款能力强的大企业提供贷款服务；城市商业银行主要依托地方经济，坚守服务小微企业和城乡居民的定位。因此，商业模式相似的银行，由于面临着相似的风险敞口，机构间的风险溢出效应较为显著。由此可知，规模相近、商业模式（机构类型）相似的银行间风险溢出水平较高。对于证券部门，样本中12家证券公司的强关联机构均是证券公司，并且规模相似的机构间关联水平较高。比如，中信证券与海通证券、广发证券与华泰证券、东北证券与国元证券互为强关联机构，光大证券对招商证券的风险溢出水平也较高。除此之外，业务同质性高的证券机构间，风险溢出水平也较高。例如，中信证券和太平洋证券的主营业务中，证券经纪业务收入占比均不足50%，而投资证券业务和投行业务占比较高，合计超过30%，远高于其他证券机构；同样的情况还出现在海通证券和国元证券之间。业务同质性较高的机构，其业绩易受共同的经济基本面、风险事件、监管政策等因素的影响，相互之间风险溢出效应较强。对于保险部门，各保险公司关联水平最高的机构均来自保险部门。因此，金融机构在风险网络中的关联结构呈现如下特征：同一部门内且规模相近、商业模式相似、业务同质性较高的机构间风险溢出水平更高。值得一提的是，五家大型商业银行中，交通银行规模最小，且更与招商银行、浦发银行等股份制商业银行相近，其关联结构也与其他四家大型商业银行存在明显差异，而与股份制商业银行相似。

上文依据全样本结果考察了尾部风险网络中金融机构间风险传递的关联结构，但是监管部门也需要掌握金融机构关联结构的动态特征，特别是危机爆发前后金融机构关联结构的变化。本节将2015年股市波动和2016年初股市剧烈震荡作为重大风险事件，考察在风险积累阶段（2014年6月30日—2015年6月15日）和风险爆发阶段（2015年6月15日—2016年6月30日）金融机构的关联结构，以此探究关联结构的动态变化特征，见图4-6和图4-7。

对比图 4-5 和图 4-6 可知，在风险积累阶段，金融机构间关联结构特征有所改变。基于全样本结果，在相同的金融部门内，规模相近、商业模式相似、业务同质性较高的机构间关联水平更高。但在风险积累阶段，这一特征出现松动：第一，同一部门中规模差距较大、商业模式不同的机构之间也表现出较高的关联水平。例如，在银行部门内，浦发银行和光大银行对中国银行具有较强的风险溢出效应，股份制商业银行的强关联机构中大型商业银行的数量增多。第二，跨部门风险溢出效应有所增强。在图 4-5 银行、证券、保险部门的强关联机构中，来自其他部门的机构数量占比①分别是 8.3%、0% 和 33.3%②。在风险积累阶段，这个数量占比上升至 19.8%、25% 和 55.6%。导致这一现象的原因是，在风险积累阶段，通常市场较为繁荣，金融机构间的合作意愿加强，交叉金融业务不断增多（陈建青等，2015），致使跨部门、差异较大的机构间风险溢出效应增强，关联水平提高。

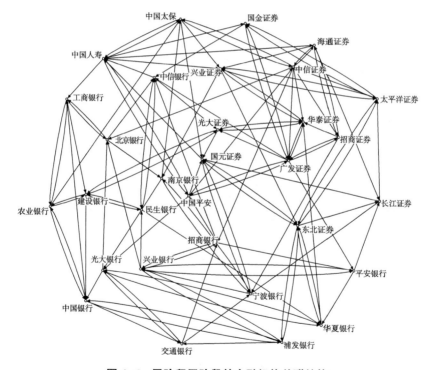

图4-6　风险积累阶段的金融机构关联结构

---

①　数量占比=强关联机构中其他部门的机构数量/强关联机构的数量。以图 4-5 的银行部门为例，图 4-5 中银行部门的强关联机构共 96 家，其中有 8 家证券公司和保险公司，所以数量占比为：8/96×100%=8.3%。

②　样本中包括三家保险公司，保险业来自其他部门的关联机构数量占比最低为 33.3%。

对比图4-6和图4-7可知，在风险爆发阶段，同部门中规模、商业模式差异较大的机构间依然保持较高关联水平，但是跨部门风险溢出效应却存在部门差异。对于证券部门，跨部门的强关联机构数量占比下降至15.3%，对于保险部门，该数量占比保持不变为55.6%，但是对于银行部门，该数量占比上升至21.9%，且该数量占比上升主要是由证券机构数量增多导致的。造成部门差异的原因可能是：一方面，由于证券业务的特殊性，市场风险爆发对证券机构的冲击最大；另一方面，证券公司的高关联水平导致自身"既稳健又脆弱"（robust-yet-fragile），当市场风险爆发后，由于证券部门内部的高关联水平，证券机构间的风险溢出效应会显著增强，这导致来自其他部门的强关联机构数目占比下降；而且此时证券部门作为风险来源部门，对其他部门的风险溢出水平也有所增强。

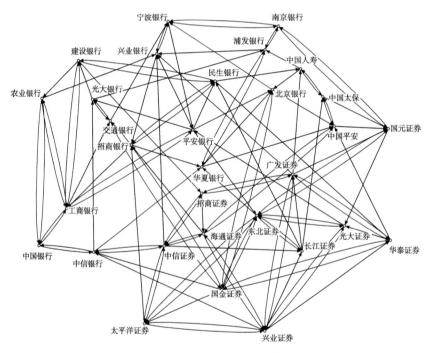

图4-7 风险爆发阶段的金融机构关联结构

基于以上分析可知，金融机构在风险网络中的关联结构呈现以下特征：总体上，同部门且规模相近、商业模式相似、业务同质性高的机构间关联水平更高；但在风险积累和爆发阶段，跨部门的风险溢出效应有所加强，并且部门内规模、商业模式差异较大的机构也会出现较高的风险溢出。接下来，本节在厘清机构间风险溢出水平和风险传递结构的基础上，进一步

采用 *SRR* 和 *SRE* 指数来度量机构的系统性风险贡献，评估其系统重要性。各机构 *SRR* 和 *SRE* 指数见图 4-8。

图 4-8 展示了 2011—2017 年 31 家金融机构的 *SRR* 和 *SRE* 指数散点图。由图 4-8 可知，在兼顾关联水平和关联结构的基础上，银行机构的系统性风险贡献较大。其中，工商银行的 *SRR* 和 *SRE* 数值最高，即工商银行对金融系统的风险贡献最大，其次是建设银行、农业银行和中国银行，并且这四家银行的系统重要性远高于其他金融机构，应被视为系统重要性机构，这也与金融稳定委员会（FSB）所选定的全球系统重要性银行名单一致。证券部门整体对金融系统的风险贡献较低。在证券部门内部，中信证券、海通证券以及广发证券的风险贡献程度相对较高，而东北证券、太平洋证券、国元证券、国金证券的风险贡献程度相对较低。对于保险部门，三家保险机构的风险贡献较高，且中国人寿和中国平安已成为超过交通银行，仅次于工建农中四家大型商业银行的系统重要性金融机构。相比于交通银行，中国人寿和中国平安规模较小，但是随着银保、多重嵌套等影子银行模式的出现，保险公司越来越多地参与到高风险业务中，与更多的金融机构发生业务关联，这使其系统重要性不断提高。

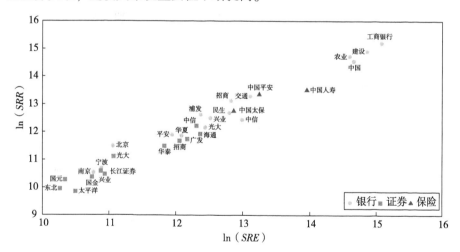

图 4-8　31 家金融机构 *SRR* 和 *SRE* 指数散点图

SRR 和 *SRE* 指数除了考虑机构的规模和关联水平，还纳入了关联结构，可以更好地评估金融机构的系统重要性。依据 *SRR* 和 *SRE* 的度量结果，中国人寿、中国平安已成为仅次于工建农中四家大型商业银行的系统重要性机构。其中，中国平安是融保险、银行、投资等金融业务为一体的综合金融服务集团，其资产规模仅次于工建农中交这五家大型商业银行，中国平

安自 2013 年入选金融稳定理事会（FSB）的全球系统重要性保险机构（G-SII）名单后一直榜上有名，而且是新兴市场国家与发展中国家中唯一入选的保险机构，其对我国金融体系的系统重要性不言而喻。中国人寿的资产规模虽然低于大型商业银行和部分全国性股份制银行，但是由图 4-4 可知，中国人寿的风险输出关联水平在银行保险类机构中最高，甚至高于部分证券公司。在样本区间内，中国人寿除了与中国平安和中国太保等保险机构，还与众多商业银行、证券公司存在较强的风险溢出关系，中国人寿是跨行业风险传染的重要链条，中国人寿凭借其较强的跨行业关联，也具有较高的系统重要性。因此，除了工建农中等系统重要性银行，监管部门对以中国人寿、中国平安为代表的系统重要性保险机构的监管也应加强。

除此之外，对比图 4-4 和图 4-8 可知，当考虑到关联结构时，金融机构位次发生较大变化。以东北证券为例，东北证券在风险网络中关联水平很高，但是受其影响的强关联机构均是长江证券、国元证券、国金证券、光大证券这些规模较小的证券公司，所以其风险贡献较小。这一结果印证了金融机构的关联水平难以准确衡量其系统重要性，监管层在识别系统重要性金融机构、加强宏观审慎监管时，需同时关注机构关联水平和关联结构，做到在预防风险冲击的同时，加强对潜在风险传染路径的识别和控制，强化风险防控能力建设。

三、基于风险网络的金融业监管

基于尾部风险网络，上文从关联水平与关联结构两个方面对我国银行、证券和保险多类型金融机构的网络关联特征进行了全面考察，并在兼顾关联水平和关联结构的基础上度量了单个机构的系统性风险贡献，评估其系统重要性。接下来，本节对上文研究结果的政策含义进行深入探讨，基于尾部风险网络为我国金融监管当局防范系统性风险和提升金融监管能力提供全面科学的政策建议。

在关联水平方面，首先，我国金融机构系统关联水平呈周期性变化趋势，风险积累阶段系统关联水平的大幅攀升是危机爆发的重要前提，当部分机构遭受负向冲击时，风险会通过风险积累阶段形成的直接和间接关联渠道迅速蔓延，并在信息关联作用下进一步传染放大。因此，完善逆周期监管政策、做好前瞻性风险防控措施是防范化解重大风险的关键所在，监管当局应当对跨机构、跨行业的经营业务严格把关，及时控制银行、证券和保险等金融机构的直接和间接关联水平，有效降低风险在前期中的积聚累积程度，把握主动防范化解系统性风险的时机。

其次，在三个部门中证券部门的关联水平最高，且在风险积累和爆发阶段风险外溢最为显著，监管部门应当对其予以特别关注，一方面增强证券部门的抗风险冲击能力，提高其经营的稳定性，有效降低行业脆弱性；另一方面要做好前瞻性调控，尽量避免大规模的风险外溢，降低金融风险溢出的强度规模。

最后，银行、证券和保险三个部门风险输出关联水平的时序变化差异较大，但风险输入关联水平的时序变化基本一致，表明我国金融系统各部门间存在较强的风险联动性，单一部门异常波动会引发整个金融系统共振，即金融部门间的风险传染是真实存在的。因此，监管部门应当加强对各部门风险溢出的实时监控，找准风险源头部门，及时阻断风险跨机构、跨行业传导，尽可能地避免大规模风险传染扩散，降低风险事件的实际损失水平。

在关联结构方面，其一，总体上同一部门且规模相近、商业模式相似、业务同质性较高的机构间关联水平更高。监管当局应根据这一关联结构特征，加强对潜在风险传染路径的识别和控制，以便在风险传导初期及时地、有针对性地切断风险传染路径，遏制风险大规模蔓延。当个别金融机构异常波动时，监管部门应及时对与其同部门且规模相近、商业模式相似、业务同质性较高的机构做好事前防范工作，降低该冲击带来的实际损失水平。

其二，在风险积累和爆发阶段，关联结构特征有所改变，跨部门、同部门中规模和商业模式差异较大的机构间关联水平也有所上升，表明机构间的间接关联和信息关联是风险传染的重要渠道。因此，风险积聚和爆发时期关联结构的变化值得监管当局的密切关注，需要警惕该时期间接关联和信息关联作为主要传染渠道对金融风险的加速放大，做好恰当的应对工作。一方面，监管当局应当鼓励不同类型的金融机构积极创新，开创多样化的产品和模式，实行差异化经营，从而减少共同资产持有，降低金融系统的间接关联程度。另一方面，在风险爆发阶段，监管部门应当要求金融机构通过加强信息披露来降低信息不对称，从而合理有效地引导市场预期、稳定投资者情绪，避免因心理恐慌和羊群效应等非理性因素造成大范围风险传染。

此外，单个金融机构在风险网络中的系统性风险贡献结果表明，除了考虑机构规模和关联水平等因素，系统重要性评估还需纳入关联结构，充分考虑到机构间风险溢出的方向与路径等结构因素。而且，监管部门在对传统系统重要性金融机构——四家大型商业银行加强监管的同时，也应当加强对中国人寿和中国平安这两家系统重要性保险机构的风险管控。

本章小结

基于 LASSO 分位数回归，本章提出系统性风险度量新指标 LASSO-ΔCoVaR，并以此构建 2011—2017 年我国银行、证券和保险多类型金融机构时变的尾部风险网络，有效捕捉风险溢出的网络效应和跨行业传染特征。基于时变的尾部风险网络，本章从关联水平与关联结构两个方面对我国金融机构的网络关联特征进行全面考察，测度单个机构在风险网络中的系统性风险贡献，并为我国金融业监管提供了全面科学的政策建议。

研究发现，其一，在关联水平方面，首先，我国金融机构系统关联水平呈周期性变化趋势，即在风险积累阶段系统关联水平迅速攀升，直至风险爆发阶段达到阶段性高点，而后随着风险释放逐步回落。其次，银行、证券和保险三个部门风险输出关联水平的时序变化差异较大，但风险输入关联水平的时序变化基本一致，风险在部门间的传染是真实存在的。最后，证券机构的关联水平较高而银行机构的关联水平较低，并且大型商业银行的关联水平在整个金融系统中处于较低位置。其二，在关联结构方面，总体上，同一部门且规模相近、商业模式相似、业务同质性较高的机构间关联水平更高；但在风险积累和爆发阶段，关联结构特征有所改变，跨部门、同部门中规模和商业模式差异较大的机构间关联水平也有所上升。其三，在同时考虑关联水平和关联结构时，本研究发现证券部门在风险网络中的系统性风险贡献较低，银行部门的风险贡献较高，其中四家大型商业银行的风险贡献最高且远高于其他金融机构。与此同时，保险部门风险贡献也较高，并且中国人寿、中国平安已成为仅次于四家大型商业银行的系统重要性机构。

基于此，本章提出如下政策建议。第一，监管当局应实时监测系统关联水平的动态变化，适时推出逆周期监管措施，在风险积累阶段前瞻性地对风险溢出予以调控，抓住主动防范化解系统性风险的时机。第二，监管部门应将监管的焦点集中于各部门风险输出关联水平的动态变化上，有效识别各时点的风险源头部门，对其做好及时适当的调控，降低对其他部门的负向冲击。第三，监管当局需要掌握机构间风险溢出的方向路径等关联结构特征，根据关联结构加强对风险传染路径的识别和控制，以便在风险传导初期及时地、有针对性地切断风险传染路径，遏制风险大规模蔓延。第四，除了直接关联，机构间的间接关联和信息关联也应得到监管当局的重视，它们是金融风险跨机构、跨行业传染更为重要的渠道，应对其实施具有针对性的监管措施。第五，监管部门应当依据金融机构在风险网络中的系统性风险贡献对其实行差异化监管，而且除了四家大型商业银行，对中国人寿和中国平安的风险管控也应加强。

第五章　金融部门间系统性风险溢出的监测预警研究

伴随着我国金融改革的全面深化、金融开放水平的不断提高以及金融科技的快速发展，银行、证券、保险等金融机构加速融合渗透，交叉性金融业务和产品不断推出，金融混业经营的趋势越发明显。这不仅加剧了风险的跨行业、跨市场传递，金融风险交叉传染的可能性大幅上升，而且当某一子行业发生危机时，风险的交叉传染和叠加共振有可能进一步诱发系统性金融风险，给我国的金融安全造成巨大威胁。因此，对我国金融部门间的系统性风险溢出进行监测预警具有极其重要的现实意义。这不仅有助于防控跨行业、跨市场的交叉性金融风险，而且有利于防范和化解系统性金融风险，维护整个金融系统的安全稳定。

目前，学术界一般认为系统性风险包含三个元素：冲击、传染放大机制和宏观经济损失后果。其中，冲击是系统性风险爆发的诱因，对实体经济产生负外部性是系统性风险爆发的结果，风险通过金融机构之间、不同的金融部门之间以及金融系统与实体经济之间关联网络的传染放大机制才是系统性风险爆发的核心所在，表现为系统性金融风险的溢出效应。而且，风险可以通过直接关联、间接关联和信息关联等多种渠道传导扩散①。传统的金融网络模型虽然能够捕捉风险的传染和溢出效应，但是它们都建立在某一特定的关联形式之上，比如银行间市场直接关联或者持有共同资产间接关联，只能捕捉金融机构实际关联网络全景的一小部分，而且金融网络模型所依赖的金融机构经营数据，频率较低，具有一定的滞后性。

---

① 直接关联主要指金融机构通过资产负债业务、支付结算系统等形成直接联系；间接关联则更加复杂多样，包括持有相同或相近的资产（比如对某个行业的贷款），负债来源相同或相似（比如都依赖于批发融资或者面对同样的客户），使用类似的管理模式（风险管理模型、盯市计价会计制度）以及发行的股票、债券、CDS面对同样的金融资产价格机制等，这些均形成了金融机构的间接关联。不管是直接关联还是间接关联，它们都属于业务关联因素，均基于金融机构的业务而形成；但是风险还会通过信息传染、羊群效应和恐慌心理等信息关联因素进行传导扩散。

与此相对，金融市场数据高频且时效性、可获性强，基于市场数据的度量方法能够对系统性风险进行实时度量监测，并且它不拘泥于金融机构间某一特定的关联形式，综合考虑了各种潜在的风险传导渠道，对系统性风险进行全局性多渠道的度量研究（Benoit 等，2017）。因此，2007—2008 年国际金融危机爆发后，国外学者基于市场数据提出了 $\Delta CoVaR$、$Exposure-\Delta CoVaR$、$Forward-\Delta CoVaR$、SES、MES、$LRMES$、$SRISK$ 等众多系统性风险度量指标（Adrian 和 Brunnermeier，2016；Acharya 等，2017；Acharya 等，2012；Brownlees 和 Engle，2017），受到国内外学术界的广泛关注及应用。然而，除了 $Forward-\Delta CoVaR$，其他指标均是系统性风险的同期度量，具有较强的顺周期性，测度结果难以为逆周期的宏观审慎监管提供依据指导。因此，在统一的框架下，构建系统性风险的同期度量指标和前瞻性预警指标具有十分重要的理论价值和应用价值。

为了对我国金融部门间的系统性风险溢出进行实时监测和有效预警，本章一方面基于 Adrian 和 Brunnermeier（2016）的 $CoES$ 指标构想，在传统左尾（lower/left tail）视角的基础上，进一步引入右尾（upper/right tail）视角，在 $CoES$ 的统一框架下，构建下行 $\Delta CoES$ 和上行 $\Delta CoES$ 分别作为系统性风险的同期度量指标和前瞻预警指标。而且，在汲取 $CoVaR$ 和 $LRMES$ 等方法优势的基础上，提出了一种更为有效合理的 $CoES$ 计算方法，且该方法同时适用于下行 $\Delta CoES$ 和上行 $\Delta CoES$ 指标。另一方面，采用构建的 $CoES$ 指标对我国银行、保险和证券三个金融部门间的系统性风险溢出进行监测预警研究，并基于我国的经验数据考察上行 $\Delta CoES$ 指标的前瞻性、预警性以及下行 $\Delta CoES$ 指标的实时性。

第一节　下行与上行 ΔCoES 的实现与优化

一、CoES 的定义

$CoVaR$ 和 MES 本质上都是一种条件风险度量方法，前者采用 VaR 作为风险度量指标，后者采用 ES 作为风险度量指标。其中，$CoVaR$ 的定义如下：

$$\Pr(X^j \leqslant CoVaR_q^{j\,|\,i} \,|\, X^i = VaR_p^i) = q\% \tag{5-1}$$

式（5-1）给出了 i 处于 $X^i = VaR_p^i$ 条件下 j 的 $CoVaR$。$X^i = VaR_5^i$ 和 $X^i = VaR_{50}^i$ 分别表示 i 处于困境状态和正常状态，可通过 i 处于两种状态下 j 的

$CoVaR$ 之差 $\Delta CoVaR$ 测度系统性风险。当 i 是机构，j 是系统时，$\Delta CoVaR$ 度量了机构 i 对系统 j 的系统性风险贡献（systemic risk contribution）；当 i 是系统，j 是机构时，$\Delta CoVaR$ 度量了机构 j 对系统 i 的系统性风险敞口（systemic risk exposure），Adrian 和 Brunnermeier（2016）将其称为 $Exposure - \Delta CoVaR$；当 i 和 j 都是机构时，$\Delta CoVaR$ 测度了两个机构之间的风险溢出，Adrian 和 Brunnermeier（2016）将其称为 $Network - \Delta CoVaR$。$CoVaR$ 的衍生指标包括 $\Delta CoVaR$、$Exposure - \Delta CoVaR$、$Network - \Delta CoVaR$ 以及解决 $\Delta CoVaR$ 顺周期的 $Forward - \Delta CoVaR$。

MES 的定义如下：

$$E(X^j \mid X^{system} \leqslant VaR_q^{system}) \qquad (5-2)$$

式（5-2）的 MES 只考虑式（5-1）中 i 是系统、j 是机构的情形，即 MES 只度量机构 j 的系统性风险敞口。MES 的衍生指标有 $LRMES$、SES 和 $SRISK$。

$CoVaR$ 和 MES 方法各有优劣势。其中，$CoVaR$ 的优势是包容性强，考虑了风险传导的方向，能够捕捉系统性风险贡献与敞口两个方面[①]，$Forward - \Delta CoVaR$ 解决同期风险度量指标的顺周期问题。$CoVaR$ 的劣势是 VaR 仅度量了一个分位点的信息，但是监管者对超过 VaR 门限值的期望损失也应予以关注（Acharya et al.，2017），而且 Adrian 和 Brunnermeier（2016）的 $CoVaR$ 只关注于短期的压力情景。MES 的优势是期望损失 ES 比分位数 VaR 包含的信息更多，且 ES 是一致的风险测度；同时，$LRMES$ 考察长期的压力情景，而且估计方法是基于每个时点可获得信息的动态算法。但是 MES 只考虑了系统对机构的影响，仅度量系统性风险敞口，而且 MES 重在从截面维度进行度量评估，没有解决由同期风险度量导致的顺周期问题（Adrian 和 Brunnermeier，2016）。因此，Adrian 和 Brunnermeier（2016）在给出 $CoVaR$ 方法的同时还提出了 $CoES$ 这一指标名称和构想（下文简称 $AB\text{-}CoES$），他们将 $CoES$ 定义为：

$$E(X^{system} \mid X^i \leqslant VaR_q^i) \qquad (5-3)$$

相比于式（5-1）的 $CoVaR$，式（5-3）的 $AB\text{-}CoES$ 仅度量机构的系统性风险贡献，即式（5-1）中 i 是机构、j 是系统的情形，同时其做了两个改进：其一，将风险度量指标由 VaR 改成 ES，从而能够捕捉超过 VaR 门限值的尾部损失；其二，将条件事件由 $X^i = VaR_p^i$ 改成 $X^i \leqslant VaR_p^i$，从等于某个

---

① MES 与 $Exposure\text{-}\Delta CoVaR$ 的思想是一致的，都是测度机构的系统性风险敞口。

分位点变成小于等于某个分位点，即处于收益率分布的尾部，从而能够考虑更加严重的困境事件。这两个改进之处恰好是汲取了 *MES* 方法的优势，有效弥补了 *CoVaR* 方法自身的不足。式（5-3）的 *AB-CoES* 与式（5-2）的 *MES* 在构建思想上是一致的，但是考虑的风险传导方向恰好相反，*AB-CoES* 度量机构的系统性风险贡献，*MES* 度量机构的系统性风险敞口。

目前，*AB-CoES* 对 *CoVaR* 方法的两个改进之处已经得到国内外部分学者的认同与应用。比如，Girardi 和 Tolga Ergün（2013）将金融困境的定义从机构的收益率等于其风险价值 *VaR* 变成小于等于其 *VaR*，就是采用了第二个改进之处，将条件事件从 $X^i = VaR_p^i$ 改成 $X^i \leqslant VaR_p^i$；张冰洁等（2018）采用 *CoES* 这一指标名称，提出了自己的 *CoES* 指标，将风险度量指标由 *VaR* 改成了 *ES*，实际上是采纳了 *AB-CoES* 的第一个改进之处。但遗憾的是，Girardi 和 Tolga Ergün（2013）仍采用 *VaR* 作为风险度量指标，张冰洁等（2018）中 *CoES* 的条件事件仍然是 $X^i = VaR_p^i$ [1]。

在现有研究的基础上，本章一方面完整采纳 *AB-CoES* 对 *CoVaR* 方法的两个改进之处，另一方面汲取 $\Delta CoVaR$ 和 $Exposure - \Delta CoVaR$ 分别考虑不同风险传导方向的优势，借鉴参考 *LRMES* 考察长期压力情景的动态估计方法，对 *AB-CoES* 做进一步的改进和优化。总的来看，通过汲取上述方法的优势，本章提出了一种更为有效合理的 *CoES* 计算方法[2]，本章的 *CoES* 比 *CoVaR* 包含的信息量大且基于长期压力情景，更符合现实，同时 *LRMES* 变成本章构建的 *CoES* 的特例。

更为重要的是，$\Delta CoVaR$、$Exposure-\Delta CoVaR$、*MES*、*LRMES* 以及 *AB-CoES* 都着眼于系统性风险的实现和释放，度量下行的风险溢出（downside risk spillover）和左尾部依赖性（lower/left tail dependence），它们都是系统性风险的同期度量指标，具有较强的顺周期性。在金融周期的上行区间，系统性风险处于累积积聚阶段，此时同期风险度量指标值较小；在金融周期的下行区间，系统性风险处于实现释放阶段，并且在极端情形下以金融危机爆发的形式呈现出来，此时同期风险度量指标值较大。然而，不管是 Brunnermeier 和 Sannikov（2014）的波动性悖论（volatility paradox）、Bhatta-

---

[1] 张冰洁等（2018）将 $\Delta CoES$ 定义为 $\Delta CoES_q^{system \mid i} = \Delta CoES_q^{system \mid X^i = VaR_q^i} - \Delta CoES_q^{system \mid X^i = VaR_{50}^i}$，从中可以看出其 *CoES* 的条件事件仍然是 $X^i = VaR_p^i$。

[2] 值得指出的一点是，张冰洁等（2018）采用估计 *CoVaR* 的分位数回归方法计算该文的 *CoES* 指标。

charya 等（2015）对明斯基金融不稳定假说的再考察，还是 Danielsson 等（2018）的低波动渠道（low volatility channel），这些研究均表明低波动环境诱导经济主体的冒险行为，系统性风险不断积聚，进而内生地影响了金融危机在未来发生的可能性。系统性风险在时间维度上"积聚—爆发—传染放大"的过程表明，风险的积聚累积是其爆发释放的前提，但是上述指标方法以刻画系统性风险的实现为目标，无法捕捉到系统性风险的积聚过程，测度结果难以为逆周期的宏观审慎监管提供依据指导。Adrian 和 Brunnermeier（2016）指出：任何依赖于同期风险度量的监管在不平衡累积时期会过于宽松，在危机时期则太紧，换句话说，这种监管会加剧不利冲击的负面影响，同时在扩张时期放大资产负债表增长和风险承担。为了解决同期风险度量的顺周期问题，Adrian 和 Brunnermeier（2016）引入滞后的机构特征变量，将 $\Delta CoVaR$ 对其进行回归分析，进而间接得到系统性风险的前瞻性度量 $Forward - \Delta CoVaR$。

与其通过回归方法间接获得系统性风险的前瞻性度量，不如从理论上直接构建具有前瞻性、预警性的系统性风险度量指标。本章引入周期性分析视角，度量上行的风险溢出（upside risk spillover）和右尾部依赖性（upper/right tail dependence），通过上行周期金融机构的冒险行为和系统性风险的积聚累积，预测下行周期金融危机的爆发和系统性风险的实现释放。从理论上讲，上行的风险溢出和右尾部依赖性是下行的风险溢出和左尾部依赖性的前瞻预警指标。因此，除了传统的左尾视角，本章还引入右尾视角，基于 $CoES$ 的统一框架，构建下行 $\Delta CoES$ 指标作为系统性风险的同期度量，构建上行 $\Delta CoES$ 指标作为系统性风险的前瞻度量，上行 $\Delta CoES$ 指标对下行 $\Delta CoES$ 指标具有引导性、预测性。并且，本章借鉴 $LRMES$ 的动态估计方法，提出的 $CoES$ 计算方法同时适用于下行和上行 $\Delta CoES$ 指标的估计。

本章的下行和上行 $\Delta CoES$ 的定义如下：

$$\Delta CoESL^{j\,|\,i} = E(X^j \,|\, X^i \leqslant VaR^i_{50}) - E(X^j \,|\, X^i \leqslant VaR^i_5)$$
$$\Delta CoESU^{j\,|\,i} = E(X^j \,|\, X^i \geqslant VaR^i_{95}) - E(X^j \,|\, X^i \geqslant VaR^i_{50}) \tag{5-4}$$

其中，$\Delta CoESL^{j\,|\,i}$ 为 i 对 j 下行的风险溢出，$\Delta CoESU^{j\,|\,i}$ 为 i 对 j 上行的风险溢出，$\Delta CoES^{j\,|\,i}$ 等于 i 处于两种状态下 j 的条件期望损失 $CoES$ 之差。与 $\Delta CoVaR$ 相同，$\Delta CoES$ 考虑了风险传导的方向，也可以计算 j 对 i 下行和上行的风险溢出，$\Delta CoESL^{i\,|\,j}$ 和 $\Delta CoESU^{i\,|\,j}$ 的定义如下：

$$\Delta CoESL^{i\,|\,j} = E(X^i \,|\, X^j \leqslant VaR^j_{50}) - E(X^i \,|\, X^j \leqslant VaR^j_5)$$
$$\Delta CoESU^{i\,|\,j} = E(X^i \,|\, X^j \geqslant VaR^i_{95}) - E(X^i \,|\, X^j \geqslant VaR^i_{50}) \tag{5-5}$$

二、CoES 的估计

本章借鉴 Brownlees 和 Engle（2017）中 *LRMES* 的计算方法来估计 *CoES*，采用 BEKK-MGARCH 模型[1]和基于残差自举（residual bootstrap）的模拟算法得到 *CoES*，以未来一个月的收益率为条件，考虑了长期的压力情景。

r_{it} 是 i 的对数日收益率，R_{it} 是 i 的算术日收益率，同理 r_{jt} 和 R_{jt} 是 j 的对数收益率和算术收益率。$r_{it} = \ln(1 + R_{it})$，$r_{jt} = \ln(1 + R_{jt})$。基于 T 时期的信息，以未来一个月（$h = 22$）的算术收益率为条件，下行 $\Delta CoES$ 的具体设定如下：

$$\Delta CoESL_T^{j\,|\,i} = E_T(R_{j,\,T+1:\,T+h} \mid R_{i,\,T+1:\,T+h} \leqslant VaR_{50}^i) - E_T(R_{j,\,T+1:\,T+h} \mid R_{i,\,T+1:\,T+h} \leqslant VaR_5^i)$$

$$\Delta CoESL_T^{i\,|\,j} = E_T(R_{i,\,T+1:\,T+h} \mid R_{j,\,T+1:\,T+h} \leqslant VaR_{50}^j) - E_T(R_{i,\,T+1:\,T+h} \mid R_{j,\,T+1:\,T+h} \leqslant VaR_q^j)$$

$$(5-6)$$

其中，$R_{T+1:\,T+h} \leqslant VaR_5$ 表示下行（即左尾）极端状态，$R_{T+1:\,T+h} \leqslant VaR_{50}$ 表示下行正常状态。

上行 $\Delta CoES$ 的具体设定如下：

$$\Delta CoESU_T^{j\,|\,i} = E_T(R_{j,\,T+1:\,T+h} \mid R_{i,\,T+1:\,T+h} \geqslant VaR_{95}^i) - E_T(R_{j,\,T+1:\,T+h} \mid R_{i,\,T+1:\,T+h} \geqslant VaR_{50}^i)$$

$$\Delta CoESU_T^{i\,|\,j} = E_T(R_{i,\,T+1:\,T+h} \mid R_{j,\,T+1:\,T+h} \geqslant VaR_{95}^j) - E_T(R_{i,\,T+1:\,T+h} \mid R_{j,\,T+1:\,T+h} \geqslant VaR_{50}^j)$$

$$(5-7)$$

其中，$R_{T+1:\,T+h} \geqslant VaR_{95}$ 表示上行（即右尾）极端状态，$R_{T+1:\,T+h} \geqslant VaR_{50}$ 表示上行正常状态。

本章采用二元 GARCH 模型来刻画 i 和 j 对数收益率的动态性：

$$r_{it} = \alpha_i + u_{it}, \quad r_{jt} = \alpha_j + u_{jt}$$

$$\begin{bmatrix} r_{it} \\ r_{jt} \end{bmatrix} \middle| \Omega_{t-1} \sim D\left(\begin{pmatrix} \alpha_i \\ \alpha_j \end{pmatrix} \begin{bmatrix} \sigma_{it}^2 & \rho_{ijt}\sigma_{it}\sigma_{jt} \\ \rho_{ijt}\sigma_{it}\sigma_{jt} & \sigma_{jt}^2 \end{bmatrix}\right) \qquad (5-8)$$

其中，α_i 和 α_j 为 i 和 j 对数收益率的条件均值，u_{it} 和 u_{jt} 为残差，σ_{it}^2 和 σ_{jt}^2 为条

---

[1]　本章采用 BEKK-MGARCH 模型来估计方差方程，有别于 Brownlees 和 Engle（2017）采用的 DCC-MGARCH 模型。这两类模型均属于多元 GARCH 模型且都得到广泛的运用。选择 BEKK-MGARCH 模型的原因是本章基于每个时点可获得的信息，通过滚动算法来计算 $\Delta CoES$ 指标，这要求在每次滚动估计中模型的估计参数应该是收敛的，然后才能进行后续的计算。相比 DCC-MGARCH 模型，BEKK-MGARCH 模型的收敛性更好。

件方差，ρ_{ijt} 是动态相关系数，本章采用 BEKK-MGARCH 模型来估计方差方程。

基于 T 时期的数据信息，先对式（5-8）进行估计，然后采用残差自举法，模拟得到未来一个月收益率的分布，预测期 h 等于 22，模拟次数 S 等于十万次。其步骤如下：

①采用乔利斯基正交因子，得到正交化新息（残差）：

$$\varepsilon_{it} = \frac{u_{it}}{\sigma_{it}}, \; \xi_{jt} = \left(\frac{u_{jt}}{\sigma_{jt}} - \rho_{ijt}\frac{u_{it}}{\sigma_{it}}\right) \Big/ \sqrt{1 - \rho_{ijt}^2}, \; t = 1, \ldots, T \quad (5-9)$$

②在一次模拟中，通过自举抽样方法从 $[\varepsilon_{it} \quad \xi_{jt}]$，$t = 1, \ldots, T$ 中抽取 h 对正交化新息，构成 $T+1$ 到 $T+h$ 的正交化新息。

③将 BEKK 参数和 T 期的方差协方差矩阵 H_T 作为初始条件，抽取的 $T+1$ 至 $T+h$ 期正交化新息作为投入变量，通过迭代，依次得到 $T+1$ 至 $T+h$ 期的方差协方差矩阵和新息：H_{T+1}、$[u_{i,\,T+1} \quad u_{j,\,T+1}]'$、$H_{T+2}$、$[u_{i,\,T+2} \quad u_{j,\,T+2}]' \cdots H_{T+h}$、$[u_{i,\,T+h} \quad u_{j,\,T+h}]'$，然后结合条件均值方程的参数，得到 $[r_{i,\,T+t} \quad r_{j,\,T+t}]'_{t=1,\,\ldots,\,h} | \Omega_T$。

④计算一个月（22 个交易日）的算术收益率：

$$R_{i,\,T+1;\,T+h} = \exp\left(\sum_{t=1}^{h} r_{i,\,T+t}\right) - 1; \; R_{j,\,T+1;\,T+h} = \exp\left(\sum_{t=1}^{h} r_{j,\,T+t}\right) - 1$$

$$(5-10)$$

⑤将步骤②、③、④重复十万次，得到十万对 $[R_{i,\,T+1;\,T+h} \quad R_{j,\,T+1;\,T+h}]$ 的模拟值。

⑥基于式（5-6）下行 $\Delta CoES$ 和式（5-7）上行 $\Delta CoES$ 的定义，计算相应指标。

三、变量与数据选择

接下来，本章将采用下行和上行 $\Delta CoES$ 对我国金融部门间的系统性风险溢出进行监测预警研究。本章基于金融市场数据来测度金融部门间的系统性风险溢出，选取的金融行业包括银行业、证券业和保险业，同时选择申万二级行业指数中的银行、证券和保险行业指数来代表三个金融行业[1]，分别采用 b、s 和 i 来表示。鉴于申万保险二级行业指数从 2007 年 1 月 17 日开始有统计数据[2]，本章将样本区间范围确定为 2007 年 1 月 17 日至 2018 年 3 月 30 日，计算了三个金融行业的对数日收益率 r_b、r_s 和 r_i。数据来源为 Wind 数据库。

基于每个时点可获得的信息，本章采用滚动算法来计算 $\Delta CoES$ 指标。考虑到 bootstrap 方法计算量较大，本章选择在每个月的最后一个交易日计算上行和下行的 $\Delta CoES$ 指标，滚动窗口为 12 个月，即在 T 时点，式（5-8）中条件均值和条件方差方程中的参数是基于 T 时点（含）之前 12 个月的对数日收益率计算得到。结合选取的样本区间，本章最终测度了 2007 年 12 月至 2018 年 3 月每个月月末银行业、证券业和保险业两两之间的系统性风险溢出水平，即下行和上行的 $\Delta CoES$ 指标。其中，下行 $\Delta CoES$ 是系统性风险溢出水平的同期度量，上行 $\Delta CoES$ 是系统性风险溢出水平的前瞻性度量。

需要说明的是，由于申万多元金融二级行业指数包含了信托、租赁、典当、创投、资产管理、互联网金融等多种类型的公司，而且每家公司的主营业务比较分散，各公司之间也具有很强的异质性，同时每种类型的上市机构相对较少，代表性不强。因此，与陈建青等（2015）研究一致，本章的研究未纳入申万多元金融二级行业指数。此外，虽然房地产业也具备一定的金融属性，但其主营业务多是房地产开发和园区开发，而本章主要关注金融部门间的系统性风险溢出，因此也未将其包含在内。

---

① 截止到本章样本区间的终点，申万银行二级行业指数囊括了在我国沪深股票市场上市的 26 家商业银行，申万证券二级行业指数包含 36 家证券公司（仅缺了 2018 年 6 月上市的南京证券和中信建投），申万保险二级行业指数囊括了全部的 6 家上市保险公司。因此，三个行业指数基本包含了上市的商业银行、证券公司和保险公司，样本具有一定的代表性。

② 《申银万国股价系列指数编制说明书 4.0》指出新股上市视为新股票计入成分股，但由于最初几日股价波动幅度较大会对指数造成异常影响，因此新股在上市的第 6 个交易日才纳入指数的计算。在上市保险公司中，中国人寿于 2007 年 1 月 9 日上市，上市时间最早，剔除新股发行后的前 5 个交易日，因此申万保险二级行业指数从 2007 年 1 月 17 日开始有统计数据。鉴于申万行业指数的编制过程中已经剔除了新股上市初期波动幅度较大的前几个交易日，同时为了尽可能包含更长的时间范围，且保持三个行业指数的样本区间一致，本章将研究样本的开始时点确定为 2007 年 1 月 17 日。

第二节　金融部门间系统性风险溢出水平的截面及时序特征

一、金融部门间系统性风险溢出水平的截面特征

本节采用 $\Delta CoES$ 指标测度我国银行业、证券业和保险业三个行业两两之间的系统性风险溢出水平。表 5-1 给出了行业间系统性风险溢出水平的截面特征。其一，下行和上行的系统性风险度量指标 $\Delta CoESL$ 和 $\Delta CoESU$，其均值和中位数均为正值。这说明不管是从传统的风险实现释放视角，还是从风险的积聚累积视角，当一个行业从正常状态向极端状态变化时，该行业对其他行业的风险溢出将会显著增强，我国银、证、保三个金融部门间存在着系统性风险溢出效应。

表 5-1　金融部门间系统性风险溢出水平的截面特征

变量	均值	标准差	中值	最小值	最大值	偏度	峰度
$\Delta CoESL^{i\,|\,b}$	0.0872	0.0403	0.0755	-0.0184	0.1790	0.3324	2.5267
$\Delta CoESL^{b\,|\,i}$	0.0749	0.0387	0.0586	0.0248	0.1950	0.7656	2.5430
$\Delta CoESL^{s\,|\,b}$	0.0986	0.0499	0.0884	0.0029	0.2603	0.4157	2.9816
$\Delta CoESL^{b\,|\,s}$	0.0724	0.0425	0.0637	-0.0065	0.2000	0.3257	2.6298
$\Delta CoESL^{i\,|\,s}$	0.0838	0.0488	0.0808	-0.0683	0.2343	-0.0132	4.7926
$\Delta CoESL^{s\,|\,i}$	0.1004	0.0495	0.0919	0.0045	0.2734	0.7418	4.5022
$\Delta CoESU^{i\,|\,b}$	0.1217	0.0551	0.1052	0.0397	0.2434	0.6465	2.3595
$\Delta CoESU^{b\,|\,i}$	0.0999	0.0578	0.0823	0.0132	0.2941	0.7897	3.0050
$\Delta CoESU^{s\,|\,b}$	0.1291	0.0674	0.1232	-0.0122	0.2726	0.0233	2.4050
$\Delta CoESU^{b\,|\,s}$	0.0923	0.0541	0.0859	0.0064	0.3038	0.9986	4.8893
$\Delta CoESU^{i\,|\,s}$	0.1131	0.0542	0.1033	0.0246	0.2743	0.7129	3.4515
$\Delta CoESU^{s\,|\,i}$	0.1305	0.0683	0.1213	-0.0135	0.3387	0.2562	3.3925

其二，金融部门间的系统性风险溢出存在显著的非对称性，银行对保险、银行对证券和保险对证券的风险溢出水平均大于反方向的溢出，银行业是系统性风险的主要发送者（prime senders），证券业是系统性风险的主要接收者（prime receivers）。下行 $\Delta CoES$ 指标结果表明，银行对保险和证券系统性风险溢出的均值分别是 0.0872 和 0.0986，而银行接受保险和证券

系统性风险溢出的均值是 0.0749 和 0.0724，银行业的系统性风险净溢出水平为正；同时证券对保险系统性风险溢出的均值是 0.0838，小于保险对证券系统性风险溢出的均值 0.1004，证券业的系统性风险净溢出水平为负。就 $\Delta CoESL$ 的中位数而言，上述研究结论仍然成立。

更为重要的是，表 5-1 中上行 $\Delta CoES$ 指标显示了相同的截面特征，这说明风险在积聚累积过程中的溢出水平决定了风险爆发释放时的溢出水平。因此，当系统性风险处于积聚阶段时，监管当局采用逆周期的宏观审慎政策，降低不同金融部门间的右尾部依赖性和风险溢出水平，可以有效减弱系统性风险释放阶段的风险外溢效应，抑制其在各个金融部门间的传染扩散。

二、金融部门间系统性风险溢出水平的时序特征

接下来，本节考察三个金融部门间系统性风险溢出水平的时序特征，图 5-1 给出下行系统性风险溢出水平的变动趋势。

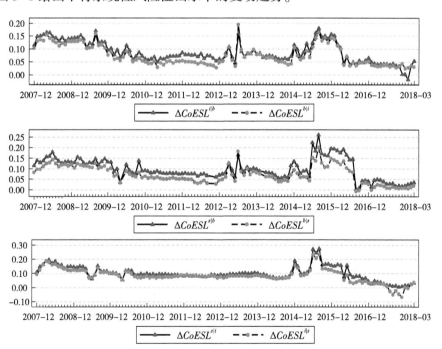

图 5-1　2007 年 12 月—2018 年 3 月下行系统性风险溢出水平的时序变化

图 5-1 的结果表明，其一，银行、证券、保险三个行业两两之间系统性风险溢出水平的变动趋势大体趋同，表现出明显的协同性和周期性，而

且在 2008 年国际金融危机、2010 年欧元区主权债务危机、2013 年 6 月"钱荒"、2015 年股市异常波动、2016 年年初中国股市"熔断"和全球股市剧烈震荡等时期，金融部门间的风险溢出强度出现了明显上升。首先，图 5-1 中 2007 年 12 月至 2008 年上半年金融部门间的系统性风险溢出具有明显的上升趋势，随后虽有所下降但直到 2009 年第一季度其风险溢出水平都一直处于高位。2008 年 1 月至 2009 年 3 月三个行业两两之间风险溢出水平[①]的均值分别为 0.1464、0.1307、0.1429、0.1174、0.1423 和 0.1589，相比表 5-1 中整个样本区间的均值高出 44.97%～74.40%。其次，从 2009 年中期开始三个行业两两之间的系统性风险溢出强度呈震荡下降的态势[②]，但由于受到欧元区主权债务危机等负面因素的影响，2010 年年中我国金融行业系统性风险溢出水平出现了短暂的上升[③]，随后才逐步回落。再次，2013 年 6 月"钱荒"事件发生，银行间市场利率飙升，银行业流动性不足引发整个金融系统的流动性趋紧，流动性危机导致银行与保险、银行与证券的系统性风险溢出水平骤然提高，6 月银行对证券和保险的风险溢出水平为 0.1651 和 0.1597，同时银行接受证券和保险的风险溢出水平达到 0.1819 和 0.1950。最后，受 2015 年股市异常波动的影响，金融部门间的系统性风险溢出水平大幅攀升。2014 年 10 月三个行业两两之间的风险溢出水平分别为 0.0601、0.0386、0.0590、0.0405、0.0723 和 0.0758，2015 年 8 月三个金融部门间的系统性风险溢出强度已上升至 0.1790、0.1634、0.2603、0.2000、0.2343 和 0.2734，而且银行与证券、保险与证券之间的风险溢出在 2015 年 8 月达到整个样本区间的最高点。此外，2015 年"8·11 汇改"后，人民币汇率波动剧烈，汇率贬值和资本外流压力加大，同时 2016 年年初我国股市与全球股市均出现暴跌，这些因素导致金融部门间的系统性风险溢出强度从 2015 年中至 2016 年上半年一直保持在高位。

其二，金融部门间系统性风险溢出的非对称性在时间维度上持续存在。在图 5-1 中，2007—2018 年，银行业对保险业的系统性风险溢出在绝大多数时期都高于保险业对银行业的风险溢出；同时除了个别时段，银行业对

---

① $\Delta CoESL^{i|b}$、$\Delta CoESL^{b|i}$、$\Delta CoESL^{s|b}$、$\Delta CoESL^{b|s}$、$\Delta CoESL^{i|s}$ 和 $\Delta CoESL^{s|i}$ 6 个指标给出了三个行业两两之间下行的系统性风险溢出水平。

② 比如，银行对证券的风险溢出从 2009 年 3 月的 0.1474 降至 2010 年 4 月的 0.0346，证券对银行的风险溢出也由 0.1174 降至 0.0337，下降幅度均超过 70%。

③ 2010 年 6 月三个行业两两之间的风险溢出水平上升至 0.1135、0.0910、0.1199、0.0884、0.1096 和 0.1214。

证券业的风险溢出效应都强于反方向的溢出效应。此外，在大多数时点，保险业对证券业的风险溢出也都大于证券业对保险业的风险溢出。值得指出的一点是，2013年"钱荒"期间，银行业流动性紧张，银行系统脆弱性急剧上升，银行业接受保险业和证券业的风险溢出水平反超银行业对这两个行业的风险溢出。但是，"钱荒"期间，证券业与保险业之间的系统性风险溢出水平保持稳定，并未出现明显上升。

图5-2进一步给出了三个金融部门间上行系统性风险溢出的时序变化特征。比较图5-2与图5-1可知，首先，与下行系统性风险溢出相同，银行业、证券业和保险业两两之间上行系统性风险溢出的时序变化也表现出明显的协同性与周期性。其次，上行系统性风险溢出指标 $\Delta CoESU$ 与对应的下行系统性风险溢出指标 $\Delta CoESL$ 的变动趋势大体一致。因此，除了截面特征相同外，上行的 $\Delta CoES$ 指标与下行的 $\Delta CoES$ 指标也具有相似的时序特征。最后，上行的风险溢出和右尾部依赖性高于下行的风险溢出和左尾部依赖性。表5-1中 $\Delta CoESU$ 指标均值大于对应的 $\Delta CoESL$ 指标均值，而且图5-2与表5-1也显示，在绝大多数时点上行的风险溢出水平也高于对应的下行的风险溢出水平。

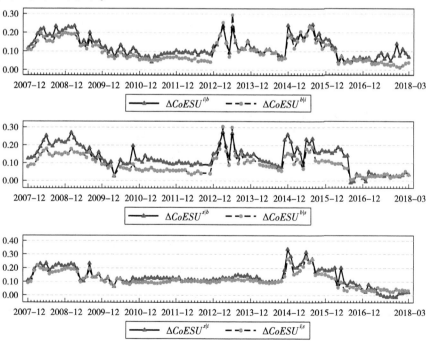

图5-2 2007年12月—2018年3月上行系统性风险溢出水平的时序变化

第三节　上行 ΔCoES 的前瞻性与下行 ΔCoES 的实时性

一、上行 ΔCoES 的前瞻性

本章的研究贡献之一是引入周期性分析视角，试图通过构建上行 ΔCoES 指标作为系统性风险的前瞻性度量，对系统性风险的同期度量指标下行 ΔCoES 进行预测。上文的结果已经表明上行 ΔCoES 与下行 ΔCoES 具有相同的截面特征、相似的时序变化特征，那么，时间维度上两者的领先滞后关系如何呢？上行 ΔCoES 能否引导下行 ΔCoES？上行 ΔCoES 可以作为系统性金融风险的前瞻预警指标吗？接下来，本节进一步采用交叉相关（cross correlation）系数、全样本和递归样本 Granger 因果关系检验、脉冲响应函数以及预测能力评价分析等方法考察上行与下行 ΔCoES 的关系，探讨上行 ΔCoES 指标的前瞻性。

首先，通过交叉相关系数分析上行与下行 ΔCoES 的同期和跨期相关关系。表 5-2 给出了 $\Delta CoESU_t$ 与 $\Delta CoESL_{t+k}$ 的交叉相关系数。当 k 为正数时，表示上行 ΔCoES 与未来的下行 ΔCoES 的跨期相关；当 k 为负数时，表示上行 ΔCoES 与滞后的下行 ΔCoES 的跨期相关，即下行 ΔCoES 与未来的上行 ΔCoES 的跨期相关[1]；当 k 等于 0 时，表示上行 ΔCoES 与下行 ΔCoES 的同期相关。

表 5-2 的结果表明，对于 6 对上行与下行 ΔCoES 指标，当 k 等于 0 时，其相关性最高，相关系数均在 0.8 以上，即上行 ΔCoES 与下行 ΔCoES 同期高度相关。但是，上行 ΔCoES 与未来下行 ΔCoES 的跨期相关和下行 ΔCoES 与未来上行 ΔCoES 的跨期相关存在显著差异。一方面，对于 6 对指标，在领先期为 1~6 个月时，上行 ΔCoES 与未来下行 ΔCoES 的相关性都远大于下行 ΔCoES 与未来上行 ΔCoES 的相关性。比如，$\Delta CoESU_t^{i|b}$ 与 $\Delta CoESL_{t+6}^{i|b}$ 的相关系数为 0.6061，而 $\Delta CoESL_t^{i|b}$ 与 $\Delta CoESU_{t+6}^{i|b}$ 的相关系数仅为 0.3024。另一方面，随着期限的延长，从 $k=1$ 到 $k=6$，下行 ΔCoES 与未来上行 ΔCoES 的相关系数快速衰减，但是上行 ΔCoES 与未来下行 ΔCoES 相关系数的衰减速度较慢。因此，从上行与下行 ΔCoES 的跨期相关系数来看，上行

---

[1]　比如，$\Delta CoESU_t$ 与 $\Delta CoESL_{t-6}$ 的相关系数，实际上也是 $\Delta CoESU_t$ 与 $\Delta CoESL_{t+6}$ 的相关系数。

$\Delta CoES$ 与未来的下行 $\Delta CoES$ 具有稳定且相对较高的相关关系，上行 $\Delta CoES$ 提供了预测未来下行 $\Delta CoES$ 一定的价值信息。

表 5-2　上行与下行 $\Delta CoES$ 指标的交叉相关性

k	$b \rightarrow i$	$i \rightarrow b$	$b \rightarrow s$	$s \rightarrow b$	$s \rightarrow i$	$i \rightarrow s$
-6	0.3024	0.2794	0.2293	0.2549	0.4493	0.4639
-5	0.3779	0.3541	0.3150	0.3027	0.4965	0.5112
-4	0.4676	0.4360	0.3882	0.3428	0.5464	0.5499
-3	0.5353	0.5129	0.4696	0.4695	0.5978	0.5983
-2	0.5909	0.5355	0.5305	0.4862	0.6905	0.6646
-1	0.6741	0.6482	0.6117	0.5674	0.7845	0.7535
0	0.8266	0.8649	0.8224	0.8265	0.8958	0.9096
1	0.6973	0.6954	0.6580	0.6401	0.8112	0.7990
2	0.6665	0.6795	0.6009	0.6095	0.7265	0.7298
3	0.6991	0.7231	0.5603	0.6490	0.6549	0.6531
4	0.6946	0.6864	0.5225	0.5640	0.6175	0.6174
5	0.6409	0.6455	0.5299	0.5738	0.6063	0.6054
6	0.6061	0.5933	0.5153	0.5667	0.6032	0.6146

注：表中的数值为 $\Delta CoESU_t$ 与 $\Delta CoESL_{t+k}$ 的相关系数，$b \rightarrow i$ 代表风险溢出的方向，表示 $\Delta CoESU_t^{i \mid b}$ 与 $\Delta CoESL_{t+k}^{i \mid b}$ 的相关系数，其他依此类推。

其次，本节通过 Granger 因果关系检验对上行与下行 $\Delta CoES$ 的领先滞后性质进行研究，表 5-3 给出了检验结果。笔者先对上行与下行 $\Delta CoES$ 指标构建二元 VAR 模型，并采用 AIC 信息准则确定其最优滞后阶数，然后通过卡方统计量考察两者之间的领先滞后关系。

表 5-3 的结果表明，在 5% 的显著性水平下，除了证券业对保险业系统性风险溢出的上行与下行指标，即 $\Delta CoESU^{i \mid s}$ 与 $\Delta CoESL^{i \mid s}$ 之间不存在 Granger 因果关系外，其他 5 个系统性风险溢出的上行指标都是下行指标的单向 Granger 原因，上行 $\Delta CoES$ 单向引导下行 $\Delta CoES$。因此，加入上行 $\Delta CoES$ 的滞后信息有助于对下行 $\Delta CoES$ 的预测，再次表明上行 $\Delta CoES$ 对未来的下行 $\Delta CoES$ 具有良好的引导性和预测力。这说明本章基于理论逻辑构建的系统性风险前瞻度量指标——上行 $\Delta CoES$，在实践中确实具有前瞻性，在时间维度上系统性风险的积聚累积能够有效预测风险的实现释放。这不仅佐证了 Brunnermeier 和 Sannikov（2014）、Bhattacharya 等（2015）和 Danielsson 等（2018）的理论研究，而且为监管当局的逆周期监管提供了有

力的工具，能够帮助其预测不同金融部门间未来的系统性风险溢出水平。

表 5-3　上行与下行 $\Delta CoES$ 指标的 Granger 因果关系检验

项目	滞后阶数	卡方统计量	p 值
$\Delta CoESU^{i\,|\,b} \rightarrow \Delta CoESL^{i\,|\,b}$	3	12.7846	0.0051
$\Delta CoESL^{i\,|\,b} \rightarrow \Delta CoESU^{i\,|\,b}$	3	0.1972	0.9780
$\Delta CoESU^{b\,|\,i} \rightarrow \Delta CoESL^{b\,|\,i}$	4	18.5474	0.0010
$\Delta CoESU^{b\,|\,i} \rightarrow \Delta CoESU^{b\,|\,i}$	4	9.3888	0.0521
$\Delta CoESU^{s\,|\,b} \rightarrow \Delta CoESL^{s\,|\,b}$	5	13.8046	0.0169
$\Delta CoESL^{s\,|\,b} \rightarrow \Delta CoESU^{s\,|\,b}$	5	7.5032	0.1858
$\Delta CoESU^{b\,|\,s} \rightarrow \Delta CoESL^{b\,|\,s}$	3	11.5955	0.0089
$\Delta CoESL^{b\,|\,s} \rightarrow \Delta CoESU^{b\,|\,s}$	3	5.0582	0.1676
$\Delta CoESU^{i\,|\,s} \rightarrow \Delta CoESL^{i\,|\,s}$	1	1.4254	0.2325
$\Delta CoESL^{i\,|\,s} \rightarrow \Delta CoESU^{i\,|\,s}$	1	0.1657	0.6840
$\Delta CoESU^{s\,|\,i} \rightarrow \Delta CoESL^{s\,|\,i}$	6	19.6276	0.0032
$\Delta CoESL^{s\,|\,i} \rightarrow \Delta CoESU^{s\,|\,i}$	6	9.5080	0.1470

注：滞后阶数通过 AIC 信息准则确定。

考虑到 Granger 因果关系检验结果容易受到滞后阶数选择的影响，本节同时还考察了在滞后 1~6 期情形下，上行与下行 $\Delta CoES$ 的领先滞后关系，表 5-4 给出了实证分析结果。表 5-4 中的数值为各个滞后期下 Granger 因果关系检验的 p 值，6 对上行与下行 $\Delta CoES$ 指标在滞后 1~6 期情形下有 36 组检验结果。

表 5-4 的结果显示，在 5% 的显著性水平下，在 18 组结果中上行与下行 $\Delta CoES$ 存在单向或者双向 Granger 因果关系。其中，上行 $\Delta CoES$ 单向引导下行 $\Delta CoES$ 有 15 组，两者存在双向 Granger 因果关系有 3 组，下行 $\Delta CoES$ 单向引导上行 $\Delta CoES$ 却从未出现。在 10% 的显著性水平下，在 25 组结果中上行与下行 $\Delta CoES$ 存在单向或者双向 Granger 因果关系。其中，上行 $\Delta CoES$ 单向引导下行 $\Delta CoES$ 有 19 组，存在双向因果关系有 6 组，下行 $\Delta CoES$ 单向引导上行 $\Delta CoES$ 仍未出现。这进一步表明，上行 $\Delta CoES$ 对下行 $\Delta CoES$ 具有显著的先导性、前瞻性。因此，把握系统性风险水平的周期性变化特征，通过上行周期风险的积聚累积来预测下行周期风险的实现释放，能够有效避免同期风险度量的顺周期问题，为时间维度上逆周期宏观审慎政策的实施提供指导。

表 5-4　上行与下行 ΔCoES 指标在滞后 1~6 期下的 Granger 因果关系

项目	1	2	3	4	5	6
$\Delta CoESU^{i\mid b} \to \Delta CoESL^{i\mid b}$	0.9000	0.3891	0.0051*	0.0030	0.0025	0.0007
$\Delta CoESL^{i\mid b} \to \Delta CoESU^{i\mid b}$	0.3795	0.7830	0.9780*	0.9629	0.6658	0.7230
$\Delta CoESU^{b\mid i} \to \Delta CoESL^{b\mid i}$	0.6108	0.0328	0.0007	0.0010*	0.0000	0.0000
$\Delta CoESL^{b\mid i} \to \Delta CoESU^{b\mid i}$	0.2780	0.3949	0.0556	0.0521*	0.0043	0.0107
$\Delta CoESU^{s\mid b} \to \Delta CoESL^{s\mid b}$	0.4327	0.4890	0.0759	0.1292	0.0169*	0.0039
$\Delta CoESL^{s\mid b} \to \Delta CoESU^{s\mid b}$	0.2282	0.2092	0.1423	0.1405	0.1858*	0.0186
$\Delta CoESU^{b\mid s} \to \Delta CoESL^{b\mid s}$	0.8770	0.4770	0.0089*	0.0057	0.0047	0.0092
$\Delta CoESL^{b\mid s} \to \Delta CoESU^{b\mid s}$	0.5091	0.6092	0.1676*	0.0866	0.2702	0.2724
$\Delta CoESU^{i\mid s} \to \Delta CoESL^{i\mid s}$	0.2325*	0.2579	0.0843	0.1342	0.0626	0.0394
$\Delta CoESL^{i\mid s} \to \Delta CoESU^{i\mid s}$	0.6840*	0.8758	0.3593	0.1012	0.1279	0.2237
$\Delta CoESU^{s\mid i} \to \Delta CoESL^{s\mid i}$	0.0938	0.0858	0.0876	0.0787	0.0234	0.0032*
$\Delta CoESL^{s\mid i} \to \Delta CoESU^{s\mid i}$	0.3890	0.4052	0.2304	0.3382	0.2731	0.1470*

注：表中的数值为 Granger 因果关系检验的 p 值；加粗的 p 值表示在 5% 显著性水平下存在单向或者双向 Granger 因果关系；右上角有星号的 p 值为 AIC 信息准则确定的滞后期下 Granger 因果关系检验结果。

表 5-3 和表 5-4 给出了全样本中上行与下行 ΔCoES 的领先滞后关系，表明上行 ΔCoES 确实能够引领下行 ΔCoES ，前者对后者具有先导性和前瞻性。那么，这一性质在其他样本中是否仍然成立？在动态监管实践中能否采用上行 ΔCoES 作为系统性风险的前瞻预警指标？本节还采用递归 Granger 因果关系检验考察上行与下行 ΔCoES 在动态递归子样本中的领先滞后性质。

为了确保递归子样本的样本容量足够大，本节选择的递归基础子样本为 2007 年 12 月—2016 年 4 月，然后将基础子样本的窗口逐步扩大，直至包含全部样本观测，共得到 24 个递归子样本。在每个递归子样本中，均通过 AIC 信息准则确定 VAR 模型的滞后阶数，然后进行 Granger 因果关系检验。图 5-3 给出了上行与下行 ΔCoES 指标在动态样本中的 Granger 因果关系检验结果。图 5-3 的横轴为递归子样本的结束时点，图中的数值为 Granger 因果关系检验的 p 值，每个子图中的两条虚线代表 5% 和 10% 的显著性水平。

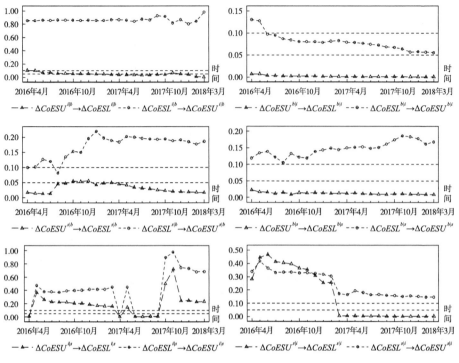

图5-3 上行与下行 $\Delta CoES$ 指标在动态样本中的领先滞后关系

图5-3表明，无论是采用5%还是10%作为检验的显著性水平，在动态样本中上行 $\Delta CoES$ 在绝大多数情形下单向引导下行 $\Delta CoES$，在部分情形下两者存在双向因果关系，但是下行 $\Delta CoES$ 单向引导上行 $\Delta CoES$ 从未出现。而且，从检验的 p 值来看，当上行与下行 $\Delta CoES$ 具有双向因果关系时，前者的引导力量更强。因此，上行风险溢出指标引导下行风险溢出指标在不同的样本中仍然成立，在动态监管实践中可以采用上行 $\Delta CoES$ 作为系统性金融风险的前瞻预警指标。此外，对于银行与保险、银行与证券，AIC 信息准则在动态样本中确定的滞后阶数保持不变，且上行与下行 $\Delta CoES$ 的领先滞后关系比较稳定；对于证券与保险，AIC 信息准则在动态样本中确定的滞后阶数出现了跳跃，故 Granger 因果关系检验的 p 值也有明显的跳跃且波动幅度相对较大。

再次，Granger 因果关系检验从统计显著性的角度判断了上行与下行 $\Delta CoES$ 之间的引导方向。接下来，本节进一步采用脉冲响应函数从经济显著性的角度考察上行与下行 $\Delta CoES$ 互动的强度规模，从而回答"是否更大的上行风险溢出意味着更大的下行风险溢出"问题。VAR 模型的最优滞后阶数仍通过 AIC 准则来确定，对于这一双变量 VAR 模型，本节采用乔利斯基正交分解识别结构冲击，顺序为上行 $\Delta CoES$ 在前、下行 $\Delta CoES$ 在后。图 5-4 给出了对上行 $\Delta CoES$ 的随机误差项施加一个标准差的新息冲击，下行 $\Delta CoES$ 的脉冲响应函数及其 95%的置信区间。

图 5-4 的结果表明，对于 6 对上行与下行 $\Delta CoES$ 指标，在上行 $\Delta CoES$ 一个标准差新息的冲击下，下行 $\Delta CoES$ 都有显著的正向反应，并且直到 12 期左右这一影响才逐渐变得不再显著。同时，除了 $\Delta CoESL^{i|s}$ 对 $\Delta CoESU^{i|s}$ 的脉冲响应，其他下行 $\Delta CoES$ 对上行 $\Delta CoES$ 的响应均具有先下降—再上升—然后缓慢下降的时序变化特征。因此，基于脉冲响应分析，本节发现下行 $\Delta CoES$ 对上行 $\Delta CoES$ 具有显著且持续的正向响应，即更大的上行风险溢出意味着更大的下行风险溢出。

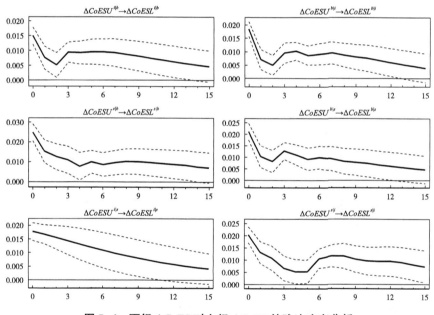

图 5-4　下行 $\Delta CoES$ 对上行 $\Delta CoES$ 的脉冲响应分析

最后，本节借鉴 Gauthier 等（2004）已有研究中评估金融状况指数（Financial Conditions Index，FCI）对 CPI 预测能力的方法，构建循环式预测方程，通过均方根误差（RMSE）和平均绝对误差（MAE）等指标对上行 $\Delta CoES$ 预测下行 $\Delta CoES$ 的能力与效果进行评估。

$$\Delta CoESL_t = \alpha + \beta\Delta CoESU_{t-l} + \varepsilon_t \qquad (5\text{-}11)$$

其中，$\Delta CoESL_t$ 表示 t 时期的下行 $\Delta CoES$，$\Delta CoESU_{t-l}$ 表示提前 l 期的上行

$\Delta CoES$。本节对不同领先期的上行 $\Delta CoES$ 对下行 $\Delta CoES$ 的预测能力进行了计算，结果见表 5-5。

表 5-5　上行 $\Delta CoES$ 对下行 $\Delta CoES$ 的预测能力评价

被预测变量	评价指标	$l=1$	$l=2$	$l=3$	$l=4$	$l=5$	$l=6$
$\Delta CoESL^{i\mid b}$	RMSE	0.0273	0.0278	0.0257	**0.0253**	0.0275	0.0288
	MAE	0.0193	0.0191	**0.0184**	0.0193	0.0209	0.0217
$\Delta CoESL^{b\mid i}$	RMSE	0.0262	0.0260	**0.0233**	0.0243	0.0258	0.0275
	MAE	0.0176	0.0174	**0.0164**	0.0181	0.0187	0.0200
$\Delta CoESL^{s\mid b}$	RMSE	**0.0368**	0.0394	0.0406	0.0417	0.0408	0.0413
	MAE	**0.0252**	0.0280	0.0292	0.0306	0.0293	0.0301
$\Delta CoESL^{b\mid s}$	RMSE	0.0321	0.0331	**0.0313**	0.0344	0.0332	0.0335
	MAE	0.0225	0.0233	**0.0221**	0.0252	0.0237	0.0241
$\Delta CoESL^{i\mid s}$	RMSE	**0.0262**	0.0299	0.0325	0.0335	0.0340	0.0341
	MAE	**0.0170**	0.0187	0.0202	0.0216	0.0223	0.0232
$\Delta CoESL^{s\mid i}$	RMSE	**0.0278**	0.0308	0.0337	0.0347	0.0347	0.0336
	MAE	**0.0178**	0.0191	0.0214	0.0226	0.0235	0.0238

注：被预测变量为 $\Delta CoESL$，预测变量为对应的提前 l 期的 $\Delta CoESU$；表中加粗的数值表示在该领先期下预测评价指标 RMSE 或者 MAE 最小。

表 5-5 的结果表明，对于不同的风险溢出方向，上行 $\Delta CoES$ 对下行 $\Delta CoES$ 的预测能力存在一定的差异。比如，对于 $\Delta CoESL^{i\mid b}$，采用 RMSE 作为评价指标时，领先 4 期的预测效果最好；采用 MAE 作为评价指标时，领先 3 期的预测效果最好。但是对于 $\Delta CoESL^{i\mid s}$，RMSE 和 MAE 均表明领先 1 期时的预测效果最好、预测能力最强。表 5-5 同时也从预测的视角给出了上行 $\Delta CoES$ 对下行 $\Delta CoES$ 的引导时间，领先期在 1~4 个月，上行风险溢出可以对下行风险溢出进行短期预测，这意味着监管当局可采用滞后的风险累积指标来预测风险释放指标，从而对我国金融部门间的系统性风险传导进行有效监控和防范。

二、下行 $\Delta CoES$ 的实时性

本章的 $CoES$ 计算方法汲取了 $CoVaR$ 和 $LRMES$ 等方法的优势，不仅采用一致的风险测度 ES 作为度量指标，考虑了 VaR 门限值以下的信息，而且借鉴 $LRMES$ 的估计方法，采用 BEKK-MGARCH 模型和基于残差自举的模

拟算法计算 $CoES$ ，以未来一个月的收益率为条件，考虑了长期压力情景。因此，从理论上说，相比 $\Delta CoVaR$ 和 MES ，本章构建的系统性风险同期度量指标下行 $\Delta CoES$ 实时性更强。

接下来，本节基于中国的经验数据检验下行 $\Delta CoES$ 的实时性。本节将基于 Acharya 等（2017）中 MES 估计方法计算的下行系统性风险度量指标 $\Delta CoES$[①]称为短期 $\Delta CoES$ ，考察下行 $\Delta CoES$ 、$\Delta CoVaR$ 和短期 $\Delta CoES$ 哪个指标的实时性更强？

本节采用 Adrian 和 Brunnermeier（2016）的分位数回归方法计算 $\Delta CoVaR$ ，采用 Acharya 等（2017）中 MES 的估计方法计算短期 $\Delta CoES$ 。与上文 $\Delta CoES$ 指标相同，本节也选择在每一个月的最后一个交易日计算 $\Delta CoVaR$ 和短期 $\Delta CoES$ ，滚动窗口为 12 个月。因此，每一个时点的 $\Delta CoVaR$ 、短期 $\Delta CoES$ 与下行 $\Delta CoES$ 均基于相同的信息集计算得到。

表5-6 给出了下行 $\Delta CoES$ 与 $\Delta CoVaR$ 、短期 $\Delta CoES$ 的相关系数。由表5-6可知，对于我国银行、证券、保险三个金融行业，下行 $\Delta CoES$ 和 $\Delta CoVaR$ 度量的系统性风险溢出水平高度相关，这进一步佐证了 $\Delta CoES$ 指标的有效性。同时，下行 $\Delta CoES$ 与短期 $\Delta CoES$ 高度相关，且在大部分情形下，下行 $\Delta CoES$ 与短期 $\Delta CoES$ 的相关系数高于下行 $\Delta CoES$ 与 $\Delta CoVaR$ 的相关系数。

表5-6　下行 $\Delta CoES$ 与 $\Delta CoVaR$、短期 $\Delta CoES$ 的相关系数

溢出方向	下行 $\Delta CoES$ 与 $\Delta CoVaR$	下行 $\Delta CoES$ 与短期 $\Delta CoES$
$b \rightarrow i$	0.7718[***]	0.7938[***]
$i \rightarrow b$	0.7282[***]	0.7565[***]
$b \rightarrow s$	0.6118[***]	0.6852[***]
$s \rightarrow b$	0.8253[***]	0.8222[***]
$s \rightarrow i$	0.6948[***]	0.7458[***]
$i \rightarrow s$	0.5944[***]	0.7249[***]

注：***、**、*分别表示在1%、5%和10%的水平下显著。

本节进一步借鉴 Brownlees 和 Engle（2017）的研究方法，通过考察不同指标的引导关系检验其实时性。以下行 $\Delta CoES$ 与 $\Delta CoVaR$ 为例，如果式（5-12）中 γ_{1i} ，$i = 1$ ，$\cdots$ ，k 显著异于零，则表明 $\Delta CoVaR$ 能够引导下行

---

① 　与 Acharya 等（2017）中 MES 的计算方法相同，$CoESL_q^{j\,|\,i}$ 为在 i 的日收益率小于其 $q\%$ 分位数条件下，j 的日收益率均值。

$\Delta CoES$；如果 β_{2i}，$i = 1$，$\cdots$，k 显著异于零，则表明下行 $\Delta CoES$ 能够引导 $\Delta CoVaR$。

$$\Delta CoES_t = \alpha_1 + \sum_{i=1}^{k} \beta_{1i} \Delta CoES_{t-i} + \sum_{i=1}^{k} \gamma_{1i} \Delta CoVaR_{t-i} + \varepsilon_{1t}$$

$$\Delta CoVaR_t = \alpha_2 + \sum_{i=1}^{k} \beta_{2i} \Delta CoES_{t-i} + \sum_{i=1}^{k} \gamma_{2i} \Delta CoVaR_{t-i} + \varepsilon_{2t}$$

$$(5-12)$$

与 Brownlees 和 Engle（2017）一致，本节采用 Newey-West 方法估计式（5-12）的系数和 HAC 标准误，采用 F 统计量检验系数的联合显著性。表 5-7 给出了下行 $\Delta CoES$ 与 $\Delta CoVaR$ 的实时性检验结果。其中，括号上面的数值为联合显著性检验的 F 统计量，括号中的数值为相应的 p 值。

表 5-7 表明，在 5% 的显著性水平下，下行 $\Delta CoES$ 在 6 种情形下均单向引导 $\Delta CoVaR$；在 10% 的显著性水平下，下行 $\Delta CoES$ 在 2 种情形下单向引导 $\Delta CoVaR$，在 4 种情形下两者存在双向引导关系，但是由检验的 p 值可知，下行 $\Delta CoES$ 的引导力量更强。因此，相比 $\Delta CoVaR$，本章构建的系统性风险同期度量指标下行 $\Delta CoES$ 实时性更强，更适合作为系统性金融风险的实时监测指标。

表 5-7　下行 $\Delta CoES$ 与 $\Delta CoVaR$ 的实时性检验

项目	$b \rightarrow i$		$i \rightarrow b$		$b \rightarrow s$	
解释变量	$\Delta CoES$	$\Delta CoVaR$	$\Delta CoES$	$\Delta CoVaR$	$\Delta CoES$	$\Delta CoVaR$
滞后的 $\Delta CoES$	41.8609***	12.3800***	29.0275***	2.8857**	64.0420***	3.3595**
	(0.0000)	(0.0006)	(0.0000)	(0.0257)	(0.0000)	(0.0383)
滞后的 $\Delta CoVaR$	2.8762*	549.3485***	1.5128	152.0635***	2.5044*	793.4355***
	(0.0925)	(0.0000)	(0.2033)	(0.0000)	(0.0862)	(0.0000)
滞后阶数 k	1	1	4	4	2	2
	$s \rightarrow b$		$s \rightarrow i$		$i \rightarrow s$	
解释变量	$\Delta CoES$	$\Delta CoVaR$	$\Delta CoES$	$\Delta CoVaR$	$\Delta CoES$	$\Delta CoVaR$
滞后的 $\Delta CoES$	7.1982***	4.0256**	260.4436***	7.6881***	55.8862***	13.5952***
	(0.0011)	(0.0205)	(0.0000)	(0.0064)	(0.0000)	(0.0000)
滞后的 $\Delta CoVaR$	2.7000*	76.9127***	0.0333	388.7188***	2.0691*	386.0325***
	(0.0715)	(0.0000)	(0.8556)	(0.0000)	(0.0748)	(0.0000)
滞后阶数 k	2	2	1	1	5	5

注：滞后阶数 k 通过 AIC 信息准则确定；***、**、*分别表示在 1%、5% 和 10% 的水平下显著。

表 5-8 则给出了下行 $\Delta CoES$ 与短期 $\Delta CoES$ 的实时性检验结果。结果显示，在 5% 的显著性水平下，下行 $\Delta CoES$ 在 4 种情形下单向引导短期 $\Delta CoES$，在保险对银行（$i \to b$）情形下两者不存在引导关系，在保险对证券（$i \to s$）情形下两者具有双向引导关系，短期 $\Delta CoES$ 单向引导下行 $\Delta CoES$ 从未出现。同时，在 10% 的显著性水平下，下行 $\Delta CoES$ 与短期 $\Delta CoES$ 除了在银行对保险（$b \to i$）情形下变为双向引导，其余结论均未发生变化。此外，从检验的 p 值可知，下行 $\Delta CoES$ 的引导力量更强。因此，相比基于 MES 估计方法计算的短期 $\Delta CoES$，采用 BEKK-MGARCH 模型和基于残差自举的模拟算法得到的 $\Delta CoES$ 指标实时性更强。

表 5-8 下行 $\Delta CoES$ 与短期 $\Delta CoES$ 的实时性检验

项目	$b \to i$		$i \to b$		$b \to s$	
解释变量	$\Delta CoES$	短期 $\Delta CoES$	$\Delta CoES$	短期 $\Delta CoES$	$\Delta CoES$	短期 $\Delta CoES$
滞后的 $\Delta CoES$	27.7388 ***	3.4055 **	28.0401 ***	1.6340	27.8892 ***	4.3826 ***
	(0.0000)	(0.0115)	(0.0000)	(0.1854)	(0.0000)	(0.0006)
滞后的短期 $\Delta CoES$	2.3946 *	171.2710 ***	0.6287	177.9116 ***	1.1283	99.2334 ***
	(0.0547)	(0.0000)	(0.5979)	(0.0000)	(0.3514)	(0.0000)
滞后阶数 k	4	4	3	3	6	6
	$s \to b$		$s \to i$		$i \to s$	
解释变量	$\Delta CoES$	短期 $\Delta CoES$	$\Delta CoES$	短期 $\Delta CoES$	$\Delta CoES$	短期 $\Delta CoES$
滞后的 $\Delta CoES$	15.4007 ***	11.4998 ***	258.2065 ***	12.1610 ***	28.1970 ***	4.4299 ***
	(0.0000)	(0.0000)	(0.0000)	(0.0007)	(0.0000)	(0.0005)
滞后的短期 $\Delta CoES$	0.8162	79.8180 ***	0.1628	323.5483 ***	2.5828 **	98.4062 ***
	(0.4447)	(0.0000)	(0.6873)	(0.0000)	(0.0225)	(0.0000)
滞后阶数 k	2	2	1	1	6	6

注：滞后阶数 k 通过 AIC 信息准则确定；***、**、* 分别表示在 1%、5% 和 10% 的水平下显著。

本章小结

为了对我国金融部门间的系统性风险溢出进行实时监测和有效预警，一方面，本章基于 Adrian 和 Brunnermeier（2016）的 $CoES$ 指标构想，在传统左尾视角的基础上，进一步引入右尾视角，通过上行的风险溢出和右尾部依赖性预测下行的风险溢出和左尾部依赖性，构建下行 $\Delta CoES$ 和上行 $\Delta CoES$ 分别作为系统性风险的同期度量指标和前瞻预警指标，并且汲取 Co-

VaR 和 $LRMES$ 等方法的优势，提出了更为有效合理且同时适用于下行和上行 $\Delta CoES$ 的计算方法；另一方面，本章采用下行和上行 $\Delta CoES$ 对我国银行业、证券业和保险业三个行业间的系统性风险溢出水平进行监测预警研究，同时基于我国的经验证据检验上行 $\Delta CoES$ 指标的前瞻性、预警性以及下行 $\Delta CoES$ 指标的实时性。

本章研究发现，第一，我国银行、证券、保险三个金融部门间具有显著的系统性风险溢出效应，而且三个行业间的系统性风险溢出存在显著的非对称性，银行对保险、银行对证券和保险对证券的风险溢出水平均大于反方向的溢出，银行业是系统性风险的主要发送者，证券业是系统性风险的主要接收者，同时这种非对称性在时间维度上持续存在。第二，无论是下行还是上行的风险溢出，三个行业两两之间系统性风险溢出水平的变动趋势大体相同，表现出明显的协同性和周期性，且上行的风险溢出和右尾部依赖性高于下行的风险溢出和左尾部依赖性。第三，上行 $\Delta CoES$ 与未来的下行 $\Delta CoES$ 具有稳定且相对较高的相关关系，而且从两者之间的引导方向来看，无论是在全样本还是在动态递归样本中，上行 $\Delta CoES$ 在大部分情形下单向引导下行 $\Delta CoES$，在少数情形下两者存在双向因果关系，但下行 $\Delta CoES$ 单向引导上行 $\Delta CoES$ 却从未出现。同时，从两者互动的强度规模来说，下行 $\Delta CoES$ 对上行 $\Delta CoES$ 具有显著且持续的正向响应，更大的上行风险溢出意味着更大的下行风险溢出。此外，基于上行 $\Delta CoES$ 对下行 $\Delta CoES$ 的预测能力分析，上行风险溢出可以对下行风险溢出进行短期预测，领先期在 1~4 个月。因此，上行 $\Delta CoES$ 对下行 $\Delta CoES$ 具有显著的先导性、前瞻性，上行 $\Delta CoES$ 可以作为系统性风险的前瞻预警指标。第四，下行 $\Delta CoES$ 能够引领 $\Delta CoVaR$ 和基于 MES 估计方法计算的短期 $\Delta CoES$，下行 $\Delta CoES$ 实时性更强，更适合作为系统性风险的实时监测指标。

上述结论的政策含义主要体现在以下两个方面：在截面维度上，监管当局需要根据不同金融行业在系统性风险传导中扮演的角色和地位，选择针对性的监管目标和政策工具，进行差异化监控和防范。银行业是系统性风险的主要发送者，证券业是系统性风险的主要接收者。因此，我国系统性风险防范的重点应该是银行业，降低银行业的风险溢出水平是防范与化解我国系统性金融风险、维护金融系统安全稳定的关键；对于证券业，风险防范的重点则是提高行业的抗风险能力，降低行业脆弱性。在时间维度上，监管当局不仅需要实时监测系统性风险溢出水平的动态变化，更要对系统性风险进行有效预警，健全风险监测预警和早期干预机制。本章的研

究表明相比 $\Delta CoVaR$ 和短期 $\Delta CoES$，下行 $\Delta CoES$ 的实时性更强，而且上行 $\Delta CoES$ 对下行 $\Delta CoES$ 具有显著的先导性、前瞻性，因此，监管当局可以采用本章构建的下行和上行 $\Delta CoES$ 作为系统性风险的同期度量指标和前瞻预警指标，进一步完善我国系统性风险的监测预警体系。

第六章 系统性风险管理视角下金融压力跨市场溢出研究

当前，我国经济已由高速增长阶段转向高质量发展阶段，伴随着经济增速换挡、产业结构调整以及经济发展模式的转变，高速增长时期所掩盖的金融风险正在逐步显现，系统性金融风险在部分行业、区域积聚和释放（张勇等，2017）。相应地，国家治理也越发重视对系统性金融风险的把控。这是因为，一方面，作为金融工作的永恒主题和根本性任务，防止发生系统性金融风险对于维护国家金融安全与稳定至关重要；另一方面，守住不发生系统性金融风险底线，是增强金融服务实体经济能力、建设现代化经济体系、实现高质量发展的必然要求。

那么，如何及时有效地度量和监测系统性金融风险呢？加拿大经济学家Illing和Liu（2003）首次提出通过构建金融压力指数（FSI）度量一国的金融风险状况。他们认为，金融压力是反映整个金融体系由于不确定性和预期变化所承受的总体风险水平的综合性指标，当压力达到极限时，会引发系统性金融危机。金融压力指数基于市场交易类指标构建，具有频率高、时效性好等特点，该方法的提出为世界各国监管机构和学者们提供了实时度量和监测系统性风险的重要思路（刘晓星等，2021）。

与此同时，伴随着近年来跨市场金融工具的涌现以及信息传递机制的日臻完善，市场间资金流动规模不断增大，各金融子市场联动效应明显增强。在这一背景下，越来越多的学者开始致力于研究金融市场内部各子市场间的风险溢出效应，分析风险溢出的联动性（宫晓莉和熊熊，2020）。就金融市场内部而言，某一子市场发生的风险会基于市场关联不断传染和放大，尤其是在危机时期，市场间的风险关联及风险传染程度显著增强，这表明风险的跨市场传染是引发系统性风险的重要因素之一。因此，研究金融子市场的自身风险以及风险的跨市场溢出效应就变得十分必要。

目前国内外学者针对金融压力指数构建的相关研究颇多，相比之下，对于金融压力溢出效应的研究仍较少，且已有研究多集中于金融压力的跨区域溢出，有关一国之内金融压力跨市场溢出的研究甚是匮乏。与此同时，虽然针对金融风险跨市场溢出的研究较多，但在这部分研究中多数学者仅采用单一的市场波动率指标表征其风险，无法准确评估市场真实的风险状况，具有一定的局限性。此外，值得注意的是，金融压力依靠长、短期因素共同驱动，且金融压力溢出表现为压力基于市场关联在不同市场间进行传递，因此压力溢出效应也将由不同周期成分组成。然而遗憾的是，目前学术界还鲜有文献对不同周期下金融压力在各子市场之间的溢出效应展开研究。

有鉴于此，本章选择货币市场、股票市场、债券市场和外汇市场作为研究对象，选取涵盖以上 4 个金融子市场的 10 个相关指标，构建各子市场金融压力指数，综合反映各子市场的金融风险状况，并从时域和频域两个维度考察金融压力跨市场溢出的动态演变过程及结构特征。本章从总溢出水平、方向性溢出水平和溢出结构三个方面展开分析，探讨了金融压力溢出效应的传导过程及产生原因，以期为我国监管部门制定差异化的风险防范和监管政策提供借鉴。

本章的创新与贡献主要体现在以下两个方面：第一，基于系统性风险管理视角，构建了货币、股票、债券、外汇四个子市场的金融压力指数，以综合测度各子市场的金融风险状况，并从风险传染角度出发，研究金融压力的跨市场溢出效应；第二，将 DY 溢出指数方法（Diebold 和 Yilmaz，2014）与 BK 溢出指数方法（Baruník 和 Křehlík，2018）相结合①，首次从时域和频域两个维度考察金融压力跨市场溢出的动态演变过程及结构特征，以揭示其周期性差异。

第一节　四个子市场金融压力指数的构建

选取合适的指标构建子市场金融压力指数，进而有效度量其金融压力，是全面分析金融市场风险状况的重要前提。Hakkio 和 Keeton（2009）指出，金融压力增大时，金融市场往往会表现出以下特征：一是资产价值的不确定性增加；二是投资者行为的不确定性增加；三是信息不对称加剧；四是持有风险资产的意愿降低（转向优质资产）；五是持有非流动性资产的意愿降低（转向流动性资产）。由此可以看出，金融压力往往与价格波动风险、

---

① 目前国内外学术界通常将 Diebold 和 Yilmaz（2014）提出的溢出指数方法称为"DY 溢出指数"。借鉴这一命名方式，本章将 Baruník 和 Křehlík（2018）提出的溢出指数方法称为"BK 溢出指数"。

投资者情绪、信用风险和流动性风险相关。因此，本章结合中国金融市场实际情况与金融压力事件的特征，选取了能够及时反映各子市场金融压力状况变化的指标，如表6-1所示。本章采用CDF转换方法①对原始指标进行标准化处理并赋予其相应的权重，最终采用加权平均合成法构建我国货币市场、股票市场、债券市场、外汇市场的金融压力指数。

（1）货币市场。货币市场是短期资金融通的重要场所，具有期限短、流动性强、风险小的特点。对于货币市场的监测，重点关注流动性风险和信用风险。①波动率，选取SHIBOR利率与银行间质押式回购利率的已实现波动率②。本章采用最具代表性的1天、7天SHIBOR利率与1天、7天银行间质押式回购利率的波动率刻画货币市场的利率波动水平。将1天SHIBOR利率波动率与1天银行间质押式回购利率波动率进行平均，7天SHIBOR利率波动率与7天银行间质押式回购利率波动率进行平均，分别构建货币市场利率波动的度量指标，指标越大，货币市场流动性风险越大。②TED利差，即1年期SHIBOR利率与1年期中债国债即期收益率之差。TED利差是银行间同业市场利率与无风险利率之差，是衡量货币市场信用风险的重要指标。当货币市场压力增大时，市场流动性趋紧，银行间同业拆借成本上升，推动风险溢价提升，利差扩大；反之，货币资金充裕时，利差收窄。在权重分配方面，对1天波动率、7天波动率和TED利差三个指标赋予相等权重，加权合成货币市场金融压力指数。

（2）股票市场。股票市场是我国金融市场的重要组成部分，在监测股票市场风险时，除重点关注价格波动风险外，还应考虑股市泡沫化问题，因而本章选取如下指标综合测度股票市场的压力状况：①股指波动率，选取沪深300指数的已实现波动率。股指波动越大，股市的不确定性越强。②股指下跌变量，$CMAX\_STOCK_t = 1 - P_t / \max\{P \in (P_{t-j} \mid j = 0, 1, \cdots, T)\}$。其中，$P_t$为沪深300指数日收盘价，时间跨度$T$为240天，表示在240天滚动时间窗口内的最大跌幅。该指标反映了股市价格的下跌风险，指标越大，表明股市承压越大。③估值泡沫风险，即A股市场静态市盈率倒

---

① 本章将原始指标通过CDF进行转换，用CDF求取的百分位值替代相应的原始指标。计算公式为：$X'_i = rank(X_i)/N$，N为样本量大小。该方法下，每个指标数据均落于（0，1］之间。不同类型指标经过转换处理后成为无量纲指标，能够进行加总合成。

② 本章中已实现波动率（Realized Variance）的计算方法为$RV_i = \sum_{i=1}^{n_i} r_{i,t}^2$。其中，$RV_i$表示第$i$周的已实现波动率，$r_{i,t}$为第$i$周第$t$天的对数收益率，$n_i$为第$i$周所包含的天数。

数与 1 年期中债国债即期收益率之差，该指标表征股市泡沫化程度。股市泡沫在形成时期可能会营造出繁荣乐观的假象，可从长远来看，泡沫破灭是必然的，并且其破灭的速度和方式均会影响我国金融体系遭受冲击的程度。因此，金融监管部门和市场投资者需高度警惕估值泡沫风险，估值泡沫也成为评估股市压力状况的重要指标之一。值得注意的是，该指标为负向指标，指标越小，股市泡沫风险越大。在风险权重选择方面，价格波动风险权重为 50%，下跌风险权重为 25%，估值泡沫风险权重为 25%，采用加权平均法合成股票市场金融压力指数。

（3）债券市场。近年来中国债券市场飞速发展，逐渐成为我国金融体系中不可或缺的一部分。在监测债券市场风险时，除常用的期限利差指标外，本章还从债券市场波动风险以及信用风险两个方面选取指标度量债券市场的压力状况。①债指波动率，选取中债新综合净价（总值）指数的已实现波动率，该指标越大，债市波动风险越大。②信用利差，即 10 年期AAA 级中债企业债即期收益率与 10 年期中债国债即期收益率之差，该指标反映了企业债券的违约风险和信用风险，指标越大，债券市场承压越大。③期限利差，即 10 年期中债国债即期收益率与 1 年期中债国债即期收益率之差。1 年期国债即期收益率作为短期无风险利率，代表了当前市场的流动性水平，长期国债即期收益率则反映了投资者对宏观经济的预期。具体而言，当投资者对宏观经济预期较乐观时，为获取更高的收益，投资者在投资长期债券时青睐于选择收益率较高的信用类债券，此时长期国债即期收益率会上升；当投资者对宏观经济持悲观预期时，受避险情绪影响，投资者青睐于选择长期国债，从而压低长期国债的即期收益率。可以看出，该指标越小，投资者悲观预期越强烈。在权重分配方面，本章对上述三种风险因素等权重加权，合成债券市场金融压力指数。

（4）外汇市场。随着人民币汇率市场化改革的不断推进，外汇市场在金融市场中发挥着日益重要的作用。就外汇市场而言，汇率的异常波动是外汇市场风险的主要来源，人民币汇率的大幅动荡将引发资产价格异常波动，这是市场风险释放的重要信号。本章主要从波动率和扭曲程度两方面选取指标衡量我国外汇市场压力状况。①波动率，选取人民币兑美元在岸即期汇率（CNY）、离岸即期汇率（CNH）、在岸远期汇率（CNYDF）、离岸远期汇率（CNHDF）、无本金交割远期汇率（NDF）的已实现波动率刻画外汇市场价格波动，波动越大，外汇市场压力越大。其中，远期汇率采用12 个月的远期汇率。②扭曲程度，选取人民币兑美元在岸汇率和离岸汇率的差值（在岸汇率减去离岸汇率除以在岸汇率并取绝对值）作为衡量我国外汇市场扭曲程度的代理变量，扭曲程度越高，外汇市场压力越大。在权重选择方面，价格波动指标包含两个即期子指标和三个远期子指标，分别进行等权重加权；扭曲程度指标包含的三个子指标同样进行等权重加权。在合成外汇市场金融压力指数时，赋予即期汇率波动指标 20%权重，远期汇率波动指标 40%权重，扭曲程度指标 40%权重。

综合上述指标的可获得性，本章选取的样本区间为 2006 年 3 月至 2020 年 10 月。为科学合理地构建各子市场金融压力指数，本章选用周度数据，原因在于金融压力指数需要满足高频率以实现跟踪和监测金融市场的压力状况，但日度数据噪声太大不利于监管机构进行判断，而周度数据能够较好地平衡这种需求，故本章将各子市场的日度数据全部转化为周度平均值。数据来源为 Wind 和 Bloomberg 数据库。

表 6-1　构建子市场金融压力指数的基础指标

市场	指标名称	指标解释
货币市场	波动率	SHIBOR 利率的已实现波动率（1 天、7 天） 银行间质押式回购利率的已实现波动率（1 天、7 天）
	TED 利差	1 年期 SHIBOR 利率与 1 年期中债国债即期收益率之差
股票市场	股指波动率	沪深 300 股指指数的已实现波动率
	股指下跌变量	$CMAX\_STOCK_t = 1 - P_t / \max\{P \in (P_{t-j} \mid j = 0, 1, \cdots, T)\}$，表示 240 天滚动时间窗口内沪深 300 股指指数的最大跌幅，其中 P_t 为沪深 300 指数日收盘价，时间跨度 T 为 240 天
	估值泡沫风险	A 股市场静态市盈率倒数与 1 年期中债国债即期收益率之差
债券市场	债指波动率	中债新综合净价（总值）指数的已实现波动率
	信用利差	10 年期 AAA 级中债企业债即期收益率与 10 年期中债国债即期收益率之差
	期限利差	10 年期中债国债即期收益率与 1 年期中债国债即期收益率之差
外汇市场	波动率	即期：人民币兑美元在岸即期汇率（CNY）、离岸即期汇率（CNH）的已实现波动率 远期：人民币兑美元在岸远期汇率（12 个月 CNYDF）、离岸远期汇率（12 个月 CNHDF）、无本金交割远期汇率（12 个月 NDF）的已实现波动率
	扭曲程度	$\left\lvert \dfrac{CNY - CNH}{CNY} \right\rvert$、$\left\lvert \dfrac{CNYDF - NDF}{CNYDF} \right\rvert$、$\left\lvert \dfrac{CNYDF - CNHDF}{CNYDF} \right\rvert$

第二节　时域和频域下的溢出指数

Diebold 和 Yilmaz（2014）基于广义方差分解提出了溢出指数方法，测度时域下的总溢出、方向性溢出以及两两之间的溢出水平，受到国内学者的广泛关注（梁琪等，2015；尹力博和柳依依，2016；杨子晖和周颖刚，2018）。基于 Diebold 和 Yilmaz（2014）的研究，Baruník 和 Křehlík（2018）进一步提出了广义方差分解的谱表示，将时域下的溢出分解到不同的频率带，考察不同周期长度下的溢出效应（Liang et al.，2020；李政等，2021）。本章采用 DY 溢出指数和 BK 溢出指数，考察时域和频域下中国金融压力跨市场溢出的动态演变过程及结构特征。

一、DY 溢出指数

对于如下 VAR 过程：

$$X_t = \mu + \Phi_1 X_{t-1} + \cdots + \Phi_p X_{t-p} + \varepsilon_t \tag{6-1}$$

其中，$X_t = (x_{1,t}, \cdots, x_{N,t})'$ 为 N 维列向量，$x_{i,t}$ 代表 t 时期 i 市场的金融压力；μ 为 $N \times 1$ 维列向量，Φ_i 为 $N \times N$ 维系数矩阵，$\varepsilon_t \sim (0, \sum)$。对于式（6-1）的 VAR 模型，当其满足稳定性条件时，可将其改写为 VMA(∞) 形式：$X_t = \sum_{i=0}^{\infty} \Psi_i \varepsilon_{t-i}$。并且，$\Psi_i$ 服从如下递归表达式：$\Psi_i = \sum_{j=1}^{i} \Phi_j \Psi_{i-j}$，$\Psi_0$ 为单位矩阵，当 $j > p$ 时，$\Phi_j = 0$。

与 Diebold 和 Yilmaz（2014）相同，本章采用广义方差分解来构建信息溢出表、总溢出指数和方向性溢出指数，考察时域下中国金融压力的跨市场溢出效应。

在广义方差分解下，x_i 的 H 步预测误差方差中由 x_j 解释的比例为 $(\theta_H)_{ij}$：

$$(\theta_H)_{ij} = \frac{\sigma_{jj}^{-1} \sum_{h=0}^{H-1} (e'_i \Psi_h \sum e_j)^2}{\sum_{h=0}^{H-1} (e'_i \Psi_h \sum \Psi'_h e_i)}, \quad H = 1, 2, 3, \cdots \tag{6-2}$$

其中，$\sum$ 为 ε_t 的方差协方差矩阵，σ_{jj} 为 $\sum$ 的第 j 个对角元素，e_i 为选择列向量，第 i 个元素为 1，其余元素为 0。由于在广义方差分解下，$\sum_{j=1}^{N} (\theta_H)_{ij} \neq$

1, 一般通过行加总的方式将 $(\theta_H)_{ij}$ 标准化为

$$(\tilde{\theta}_H)_{ij} = \frac{(\theta_H)_{ij}}{\sum_{j=1}^{N}(\theta_H)_{ij}}, \quad H = 1, 2, 3, \cdots \qquad (6-3)$$

$(\tilde{\theta}_H)_{ij}$ 可以测度在预测期 H 下 j 市场对 i 市场的溢出水平，$\tilde{\theta}_H$ 可以帮助我们识别四个子市场间金融压力溢出的结构。

总溢出指数 $S(H)$ 衡量了金融压力的总溢出水平：

$$S(H) = \frac{\sum_{j, i=1, j \neq i}^{N}(\tilde{\theta}_H)_{ij}}{\sum_{j, i=1}^{N}(\tilde{\theta}_H)_{ij}} \times 100 = \frac{\sum_{j, i=1, j \neq i}^{N}(\tilde{\theta}_H)_{ij}}{N} \times 100 \quad (6-4)$$

方向性溢出指数 $S_{i\cdot}(H)$ 和 $S_{\cdot i}(H)$ 分别衡量了 i 市场接受其他市场的溢出和对其他市场溢出的水平：

$$S_{i\cdot}(H) = \sum_{j=1, j \neq i}^{N}(\tilde{\theta}_H)_{ij} \times 100, \quad S_{\cdot i}(H) = \sum_{j=1, j \neq i}^{N}(\tilde{\theta}_H)_{ji} \times 100$$

$$(6-5)$$

二、BK 溢出指数

本章进一步采用 Baruník 和 Křehlík（2018）提出的 BK 溢出指数，考察频域下中国金融压力的跨市场溢出效应。根据广义方差分解的谱表示，时域下的广义方差分解 $(\theta_H)_{ij}$ 可由各频率下的广义因果谱加权求和得到：

$$\lim_{H \to \infty}(\theta_H)_{ij} = \frac{1}{2\pi}\int_{-\pi}^{\pi}\Gamma_i(\omega)(f(\omega))_{ij}d\omega \qquad (6-6)$$

其中，$(f(\omega))_{ij}$ 为广义因果谱，表示在 x_i 频率为 ω 的成分分量中，由 x_j 的冲击而引起的比例；$\Gamma_i(\omega)$ 为权数。

根据积分的线性可加性，进一步有

$$(\theta_{d_s})_{ij} = \frac{1}{2\pi}\int_{d_s}\Gamma_i(\omega)(f(\omega))_{ij}d\omega \ \text{且} \ (\theta_\infty)_{ij} = \sum_{d_s \in D}(\theta_{d_s})_{ij} \qquad (6-7)$$

其中，频率带 d_s 满足 $\cap_{d_s \in D}d_s = \varphi$ 且 $\cup_{d_s \in D}d_s = (-\pi, \pi)$。同样，为了使 $\sum_{j=1}^{N}\sum_{d_s \in D}(\theta_{d_s})_{ij} = 1$，需将 $(\theta_{d_s})_{ij}$ 进行标准化处理：$(\tilde{\theta}_{d_s})_{ij} = (\theta_{d_s})_{ij}/\sum_{j=1}^{N}\sum_{d_s \in D}(\theta_{d_s})_{ij}$。$(\tilde{\theta}_{d_s})_{ij}$ 可用来度量在频率带 d_s 下 j 市场对 i 市场的溢出水平。

最后，利用 $(\tilde{\theta}_{d_s})_{ij}$ 来定义频域下的总溢出指数 $S(d_s)$ 与方向性溢出指数 $S_{i\cdot}(d_s)$ 和 $S_{\cdot i}(d_s)$：

$$S(d_s) = \frac{\sum_{j,\,i=1;\,j\neq i}^{N} (\tilde{\theta}_{d_s})_{ij}}{\sum_{d_s \in D} \left[\sum_{j,\,i=1}^{N} (\tilde{\theta}_{d_s})_{ij} \right]} \times 100 = \frac{\sum_{j,\,i=1;\,j\neq i}^{N} (\tilde{\theta}_{d_s})_{ij}}{N} \times 100$$

$$S_{i\cdot}(d_s) = \sum_{j=1,\,j\neq i}^{N} (\tilde{\theta}_{d_s})_{ij} \times 100, \quad S_{\cdot i}(d_s) = \sum_{j=1,\,j\neq i}^{N} (\tilde{\theta}_{d_s})_{ji} \times 100$$

$$(6\text{-}8)$$

其中，$S(d_s)$ 是频率带 d_s 上的总体溢出，$S_{i\cdot}(d_s)$ 和 $S_{\cdot i}(d_s)$ 是频率带 d_s 上的方向性溢出，$S(d_s)$、$S_{i\cdot}(d_s)$ 和 $S_{\cdot i}(d_s)$ 给出了不同周期上溢出水平的大小。

此外，为了衡量在频率带 d_s 上金融压力的变动在多大程度上是由跨市场溢出引起的，还可以计算不同频率带上溢出的相对占比 S^{d_s}：

$$S^{d_s} = \frac{\sum_{j,\,i=1,\,j\neq i}^{N} (\tilde{\theta}_{d_s})_{ij}}{\sum_{j,\,i=1}^{N} (\tilde{\theta}_{d_s})_{ij}} \times 100 \tag{6-9}$$

S^{d_s} 忽略了其他频率带，仅关注频率带 d_s 上溢出的相对占比。

三、模型参数设定

本章采用 AIC 信息准则确定 VAR 模型的滞后阶数，并设为 4。本章通过滚动的 DY 溢出指数和 BK 溢出指数考察中国金融压力跨市场溢出效应的动态演变过程，滚动窗口设为 102 周，即约 2 年的观测。与李政等（2020）研究相同，本章划分了两个不同的频率带，考察短期和长期下的溢出效应。其中，$d_1 = \left(\frac{\pi}{4},\ \pi \right)$ 为高频率带，周期长度是 1 周至 4 周，代表短期；$d_2 = \left(0,\ \frac{\pi}{4} \right)$ 为低频率带，周期长度是 4 周以上，代表长期。根据 Baruník 和 Křehlík（2018）的研究，广义方差分解的谱表示在理论上需要令 $H \to \infty$，但在实际计算中只需将 H 设的足够大即可，故本章将其设为 102。

第三节　金融压力跨市场溢出效应的实证分析

一、四个子市场金融压力指数的识别

本章构建的各子市场金融压力指数如图 6-1 所示，通过观察该指数能否较好地识别中国金融市场的重大历史事件，可以判断本章的金融压力指数构建方法是否合理。下面结合图 6-1 对各子市场金融压力指数的识别效果进行分析。

首先，就货币市场而言，其金融压力指数能较好地反映货币政策调整、欧债危机、"钱荒"等事件。由图 6-1 可知，2006 年至 2008 年，货币市场压力总体波动不大，直至 2008 年 11 月，压力水平出现大幅下降。这是因为，为应对 2008 年国际金融危机，同年 11 月我国出台了四万亿元的刺激计划，实施宽松的货币政策，为金融系统注入了充足的流动性，使得市场利率下降，货币市场压力减轻。2009 年 6 月，货币市场压力触底反弹，自此呈波动上升态势，并在 2011 年 4 月达到高点 0.94。原因在于，此前宽松的货币政策诱发了结构性的通货膨胀，为此央行启动紧缩性货币政策[1]，市场流动性逐渐趋紧，投资者对金融市场信心不足，风险溢价升高，市场压力上升。此外，2011 年欧债危机发生后，货币市场压力始终保持高位震荡。2013 年 6 月 "钱荒" 时期，市场短期利率快速飙升，银行间流动性趋于紧张，货币市场承压增大。2014 年之后，央行降息力度加大，企业融资成本降低，货币市场压力略有缓和（年底压力水平有小幅上升，但随后迅速回落）。进入 2016 年后，货币市场利率稳中有升，压力指数呈上升趋势，此时货币市场承受了较大的流动性压力。

其次，就股票市场而言，股市压力的变动受次贷危机、股市异常波动、"熔断机制" 推行等事件影响较大。2007 年 8 月美国爆发次贷危机，引发全球金融海啸，造成国际股市震荡。在此期间，我国股市压力急剧上升并维持在高位，具体表现为总市值急剧缩水，其中沪深 300 指数从历史最高点5891 点持续下跌至 2008 年 11 月的最低点 1606 点。2015 年 6 月至 8 月，中

---

[1]　央行为调控通胀，于 2010 年 1 月 18 日、2 月 25 日、5 月 10 日、11 月 16 日、11 月 29 日和 12 月 20 日 6 次上调存款类金融机构人民币存款准备金率，每次 0.5 个百分点，累计上调 3 个百分点。

国股市经历了两轮断崖式下跌。6月15日至6月26日期间，沪深300指数跌幅超19.57%，创下双周跌幅纪录的历史第一；6月26日当天，沪深300指数跌幅为7.87%，创下单日跌幅的历史第三[①]。2015年股市异常波动期间股市市值迅速蒸发，市场压力骤增，在2015年8月末股市压力指数达到峰值0.85。2016年1月1日A股市场"熔断机制"正式实施，截至1月4日A股四天内共出现四次熔断，使得小幅下降的压力指数再次攀升。具体来看，1月4日沪深300指数在下午开盘后持续下跌，并于13点12分超过5%，引发熔断，两市暂停交易15分钟；恢复交易后，沪深300指数继续下跌，并于13点33分触及7%的关口，暂停交易至收市。由图6-1可以看出，2016年1月4日股市压力指数攀升至峰值0.86。

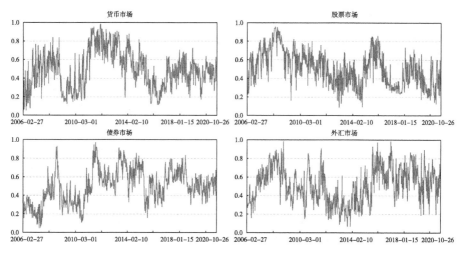

图6-1　四个子市场金融压力指数

再次，就债券市场而言，债市压力总体波动幅度较大且频率较高，压力增大时期与2008年国际金融危机、债券违约事件及"钱荒"事件等发生时间吻合。由图6-1可知，次贷危机爆发后，债券市场压力呈波动上升趋势；2008年9月国际金融危机爆发，此时债券市场信用风险持续增加，10月初压力指数上升至峰值0.93。2011年6月，继云南城投拉开违约风险的序幕后，多地信用违约事件频发，债市承压不断增加，8月底攀升至峰值0.97。2013年6月，受资金外流、央行加强非标业务监管以及美国退出QE预期等因素影响，债市出现新一轮"钱荒"，压力指数急剧上升。2014年第

---

① 沪深300指数单日跌幅纪录的历史第一为2007年2月27日的9.24%，历史第二为2008年6月10日的8.11%。

四季度至 2015 年第一季度，中国利率市场化及美联储加息预期等因素引发债市压力出现小幅波动并持续保持在较高水平。2017 年至 2018 年上半年，我国债券市场违约事件频发并呈逐年递增趋势，具体表现为 2017 年以来新一轮债券违约规模增速明显超过前两年[①]，债券市场压力在此期间保持阶段性高位。

最后，就外汇市场而言，压力波动时期与 2008 年国际金融危机、2010 年重启汇改、"8·11 汇改"以及中美贸易战等事件发生时间吻合。2008 年国际金融危机前，人民币汇率经历了剧烈波动，汇市压力持续处于高位；危机爆发后，央行及时采取措施应对危机，人民币汇率得以保持稳定，此时汇市承压下降。2010 年 6 月，央行宣布重启汇改以增强人民币汇率弹性，汇率出现大幅波动，随后压力指数达到高点 0.86。2015 年"8·11 汇改"，改变了以往人民币汇率单边升、贬值的情况，汇率双向浮动弹性明显增强，汇率波动幅度增大引发汇市压力出现跳跃式上升。2017 年 1 月 4 日，离岸人民币兑美元汇率当日连续升破八大关口，日内涨幅超过 700 个基点，随后汇率暴涨三天，持续三日的连续暴涨使外汇市场压力增加至峰值 0.93。2018 年以来，中美贸易摩擦不断加剧汇市恐慌。2018 年 6 月美联储宣布加息后，不仅人民币在岸汇率自 6 月 14 日至 7 月 2 日连续贬值，离岸市场下跌幅度更是达到了 5.2%，汇市扭曲程度加重，压力增大。由图 6-1 可知，2018 年 6 月至 8 月，外汇市场压力持续处于高位。2020 年年初新冠疫情冲击我国外汇市场，人民币汇率走势一波三折，汇市压力出现大幅波动。

综上可知，相较于仅采用单一的市场波动率指标表征其风险，本章编制的金融压力指数能够更加全面、准确地测度各子市场的金融风险状况，并且该指数能够对国内外风险事件进行有效识别，有助于监测和评估金融市场的压力。

二、金融压力的总溢出水平

图 6-2 描绘了时域和频域下金融压力总体溢出水平的动态变化过程，表 6-2 则进一步给出了金融压力总溢出水平的描述性统计结果。

由图 6-2 和表 6-2 可知，首先，四个子市场间金融压力溢出效应较为

---

① 受金融去杠杆政策影响，非标融资受限，实体企业融资渠道变窄、融资成本上升，导致部分投资激进、杠杆率过高的企业频繁出现债券违约。

显著，时域下总溢出水平的均值为 27.03%，并在 14.01% ~ 66.46% 范围内波动。这表明各金融子市场间具有较强的联动性，当极端事件发生时，金融压力会基于市场关联进行传递和溢出。而且，我国金融市场的压力溢出效应具有显著的时变特征。金融压力溢出水平在 2008 年国际金融危机、2011 年欧债危机、2013 年"钱荒"、2015 年股市异常波动等国内外重要金融事件发生期间出现大幅上升，说明极端事件的爆发会显著影响我国金融市场总体的压力溢出水平。

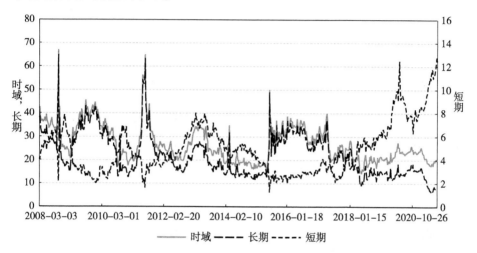

图 6-2　时域和不同周期下金融压力总溢出水平的时序特征

其次，从时间维度上看，时域和长期的总溢出水平有着相似的趋势变化，并且长期溢出水平远高于短期。其中，金融压力长期溢出水平的均值为 22.11%，短期溢出水平的均值为 4.92%，表明时域下的总溢出主要由长期溢出驱动，市场间的溢出效应主要发生在长期。特别是，时域和长期的总溢出水平均出现了三次急剧上升时期——2008 年国际金融危机、2011 年欧债危机以及 2015 年"股灾"，充分说明了这三次极端事件的发生在很大程度上加大了金融压力跨市场溢出的规模，且这一效应主要体现在长期。同时，由短期和长期下溢出的相对占比发现，长期中金融压力的变动有 31.79% 是由跨市场溢出效应引起的，而短期中这一比例仅为 14.87%。

同样地，在极端事件发生期间，长期溢出水平大幅增加，并进一步推动总溢出水平急剧上升。这意味着，随着跨市场金融工具的涌现以及信息传播机制的日益完善，金融系统中各子市场间联动性显著增强并逐渐成为一个整体。因而，当极端事件发生后，长期下金融压力在各子市场间传染，造成总溢出水平大幅提升。此外，由图 6-2 可知，金融压力短期溢出水平在样本期内呈现出明显的波动性和时变性。比如，在 2008 年国际金融危机及 2011 年欧债危机期间，短期溢出水平与时域及长期溢出水平变动趋势相反，而在 2012 年至 2015 年上半年及 2018 年之后，与时域及长期溢出水平趋势变化一致。

表 6-2 金融压力总溢出水平的描述性统计

变量	均值	标准差	中位数	最小值	最大值	偏度	峰度
时域总溢出	27.0294	7.8236	24.6752	14.0149	66.4629	1.0679	4.6397
短期总溢出	4.9204	2.2025	4.5539	1.2897	13.2525	1.1216	4.1986
长期总溢出	22.1090	8.9695	19.7781	6.8566	64.2492	0.9346	4.0683
短期溢出相对占比	14.8719	3.5747	14.4353	7.9993	27.5269	0.4698	2.6143
长期溢出相对占比	31.7921	9.3229	29.6297	14.4596	69.9208	0.5985	2.9486

最后，由图 6-2 可以看出，在 2008 年国际金融危机、2011 年欧债危机以及 2015 年股市异常波动等极端事件发生后，短期总溢出水平下降，而长期总溢出水平上升。这是因为，危机爆发后，为最大限度地抑制风险扩散，我国政府会及时采取宏观调控政策以应对危机，旨在将风险维持在可控范围内，加之此时显性风险已释放，因而短期溢出水平有所下降。但是，压力（隐性风险）仍在不断积聚累积，其释放过程需要一个更长的周期，因而长期总溢出水平呈上升趋势。

三、金融压力的方向性溢出水平

（一）时域下的方向性溢出

图 6-3 描绘了时域下四个子市场金融压力溢入和溢出水平的动态变化过程。可以发现：其一，四个子市场的方向性溢出水平呈现出明显的波动性和不确定性，结合金融压力指数的动态演变特征可知，各子市场金融压力溢入溢出水平受极端事件影响较大。其二，各子市场金融压力溢入水平与溢出水平大致呈相反的变动趋势①，且这一特征在受到极端事件冲击时表现得更为明显。

就单个市场而言，首先，货币市场在金融市场中处于风险主导地位，

---

① 时域下货币市场、股票市场、债券市场、外汇市场的金融压力溢入水平和溢出水平的相关系数分别为-0.17、-0.13、-0.12、-0.02。

是金融市场中压力溢出的主要贡献者。货币市场在样本期内压力溢入水平的均值为23.54%，低于其他三个市场（股票市场为24.81%，债券市场为28.73%，外汇市场为31.03%），而溢出水平的均值为30.75%，远高于其他三个市场（股票市场为27.53%，债券市场为25.99%，外汇市场为23.85%）。由此可以看出，相比其他三个市场，货币市场金融压力的对外溢出水平显著高于其接收水平，其接收其他市场压力溢出的敏感度较低，在市场间压力传递中主要扮演输出者角色。同时由图6-3可知，货币市场金融压力溢出水平在2008年国际金融危机及2011年欧债危机发生后出现大幅增长，这是因为国际性金融危机的发生对我国货币币值及货币政策产生了巨大冲击，造成货币市场自身压力增大，溢出水平上升。具体而言，为了应对危机，各国央行尤其是美联储为刺激需求不断印钞，在全球范围内造成流动性过剩，人民币面临"被动升值"。此外，危机爆发后，我国实施宽松的货币政策，追求经济增长速度的同时，在一定程度上忽视了经济增长的质量问题，过度释放的流动性对我国货币政策体系产生了长期负面影响，导致货币政策实施的有效性和规范性有所降低。

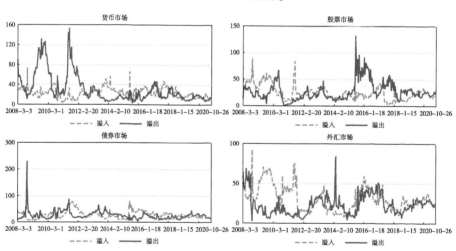

图6-3　时域下四个子市场金融压力方向性溢出水平的时序特征

其次，股票市场在金融压力跨市场传递中主要扮演输出者角色，同时其溢入溢出水平受国内外极端事件影响较大。从溢出均值来看，股票市场压力溢出水平仅低于货币市场，溢入水平仅高于货币市场，由此看出股票市场主要扮演压力输出者角色，是金融市场中主要的压力溢出源头。从风险接收方面来看，股票市场压力溢入水平在2008年国际金融危机及2011年欧债危机时期出现了两次攀升，这说明全球性极端事件爆发时，我国股票市场因受外来冲击而引发市场风险的可能性较大。从风险输出方面来看，股票市场自身压力上升导致其溢出水平在 2015 年 6 月至 2016 年初以及 2018 年出现了两次较大幅度增长。具体而言，2015 年 6 月至 2016 年 1 月我国股票市场先后经历三次跳水式暴跌，股市总市值迅速蒸发。此次股市危机是由资金杠杆而引发的流动性危机，这一时期过度运用杠杆使股市压力急剧上升并遭受剧烈震荡。2018 年股市崩盘被称为"股灾 4.0"[①]，中美贸易战的持续升级是此次 A 股股市连续下跌的主要原因之一。与此同时，市场资金面不足、人民币持续贬值以及没有政策利好刺激等，极大地压制了 A 股的上涨空间，造成股市实际资金水位大幅下降，资本链断裂，股市崩盘。

最后，债券市场和外汇市场是我国金融市场的压力接收中心，受其他市场压力溢出效应影响显著。就债券市场而言，2011 年欧债危机及 2015 年股市异常波动时期金融压力溢入水平明显上升，这是因为在极端事件发生时，各子市场间联动效应明显增强。进一步地，由四个子市场两两间压力溢出水平时序图[②]可知，欧债危机时期货币市场对债券市场压力溢出水平上升，股市异常波动时期股票市场对债券市场压力溢出效应显著，期间债券市场压力溢入水平骤增至 81.04%。就外汇市场而言，2013 年之前金融压力溢入水平均显著高于溢出水平。其间，2008 年国际金融危机时期外汇市场压力溢出水平出现"断崖式"下降，而溢入水平急剧上升，表明该时期汇市自身压力水平较高，市场更加敏感，易遭受外来风险冲击。2009 年至 2013 年，外汇市场压力溢入水平波动较大且持续位于高位，而对外溢出则稳定保持在较低水平。此外，汇市压力溢入和溢出水平在 2015 年"8·11 汇改"之前呈相反的变动趋势（溢入水平和溢出水平相关系数为 -0.15），汇改之后溢入和溢出水平走势趋于一致（溢入水平和溢出水平相关系数为 0.55），这表明"8·11"汇改是该时期外汇市场压力溢入溢出水平变动的主要驱动因素。

（二）频域下的方向性溢出

图 6-4 和图 6-5 分别给出了不同周期下四个子市场金融压力溢入和溢出水平的动态变化过程。可以看出，第一，无论是溢入还是溢出，四个子

---

① 2015 年 7 月股灾 1.0 清场外配资，2015 年 8 月股灾 2.0 清场内融资，2016 年 1 月股灾 3.0 清盘私募，2018 年股灾 4.0 清大股东股权质押。

② 限于篇幅，四个子市场两两之间压力溢出水平时序图未在正文中列出。

市场短期与长期的方向性溢出水平在动态路径上存在显著差异。其中，货币市场、股票市场、债券市场、外汇市场短期与长期溢入水平的相关系数分别为-0.28、-0.38、-0.46、-0.46，短期与长期溢出水平的相关系数分别为-0.39、-0.24、-0.02、-0.18。这种差异性表明不同类型的事件冲击和市场关联所产生的压力溢出效应具有特定的周期长度。

第二，四个子市场金融压力长期溢入和溢出水平的均值均远高于短期。影响金融市场压力溢入溢出水平的因素主要是极端事件冲击和市场关联所决定的传递渠道，这两点在一定程度上会影响压力溢出效应的反应周期。结合图 6-4 和图 6-5 给出的四个子市场金融压力溢入溢出水平的动态变化过程，可以发现极端事件冲击侧重于对各子市场产生长期负面影响，并且压力在市场之间的传递具有时滞性特点，故金融压力溢入溢出水平在短期内不会出现大幅增长。相反，长周期能够满足市场间金融压力传递发生及作用的条件，且长期下不确定性因素较多，极端事件能够通过多个渠道对各子市场金融压力溢入溢出水平产生影响。

第三，四个子市场金融压力在长期下的方向性溢出表现出明显的差异性，而在短期下的方向性溢出则具有一定的相似性。其中，四个子市场短期溢入水平的平均相关系数是 0.36，短期溢出水平的平均相关系数是 0.39，均高于长期溢入和溢出水平的平均相关系数（溢入和溢出分别为 0.20 和 -0.07）。产生上述现象的主要原因在于：一方面，从短期来看，随着金融市场间关联程度的日益加深，极端事件爆发时，金融压力在市场之间传染和溢出，各子市场均会遭受不同程度的冲击，故在同一时间段内呈现出相似的时序变化；另一方面，从长期来看，面对外来风险冲击，政府部门会依据各子市场遭受风险冲击程度及经济发展的实际情况，适时地采取具体的应对措施，并且金融市场在一定程度上具有自我更新及修复的特点，故在长期下各子市场金融压力会表现出不同程度的分散态势。

第四，进一步地，长期下货币市场的金融压力溢入水平均值最低，溢出水平均值最高，外汇市场的金融压力溢入水平均值最高，溢出水平均值最低。这是因为，货币政策是央行进行宏观调控的重要经济手段，对保证金融市场健康稳定发展具有重要作用，且政策见效需要一个较长的反应周期，故货币市场在长期下处于主导地位，是金融市场中主要的压力输出者。就外汇市场而言，金融压力长期溢入水平在 2008 年国际金融危机、2011 年欧债危机及"8·11汇改"时期涨幅较大，由此可以看出我国外汇市场在面对极端事件冲击时，市场自身越发脆弱，抵抗外来风险冲击的能力有限，主要扮演压力接收者角色。这是因为，在极端情形下，人民币汇率波动风险、跨境资本流动风险以及外汇储备变动风险同时上升，共同加剧外汇市场自身脆弱性，此时汇市更容易遭受外来风险冲击。

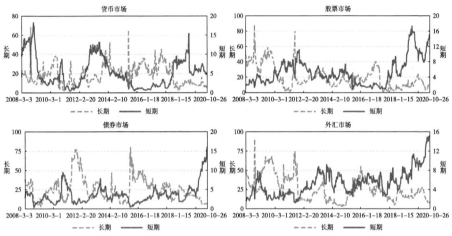

图6-4 不同周期下四个子市场金融压力溢入水平的时序特征

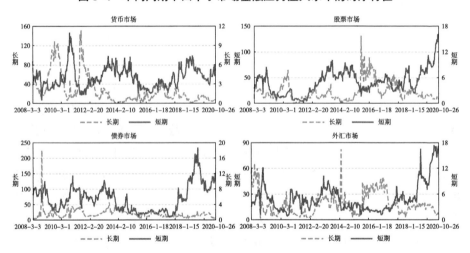

图6-5 不同周期下四个子市场金融压力溢出水平的时序特征

图6-6给出了不同周期下四个子市场金融压力净溢出水平的动态变化过程，下面依据净溢出水平分析各子市场在短期和长期金融压力传递中扮演的不同角色。货币市场、股票市场、债券市场、外汇市场的短期净溢出水平均值分别是-1.29%、-0.38%、1.95%、-0.28%，长期净溢出水平均值分别是8.50%、3.10%、-4.70%、-6.90%。可以得出，货币市场和股票市场的短期净溢出水平为负，而长期净溢出水平为正，说明它们短期内充

当净接收者，长期内充当净输出者；债券市场的短期净溢出水平为正，而长期净溢出水平为负，说明债券市场短期内充当净输出者，长期内充当净接收者；外汇市场的短期净溢出水平和长期净溢出水平均为负，说明外汇市场短期和长期内都充当净接收者。

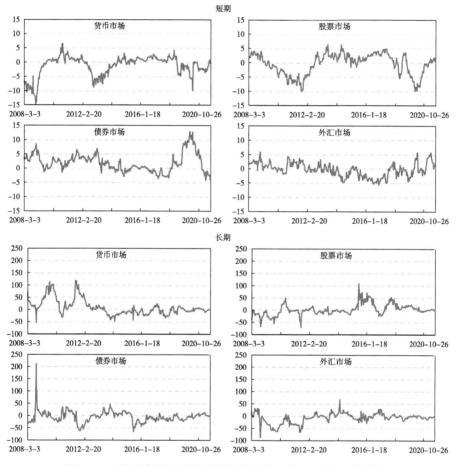

图 6-6　不同周期下四个子市场金融压力净溢出水平的时序特征

厘清不同时期各子市场在金融压力传递中扮演的角色及时变特征，有利于金融监管部门及时准确地捕捉各时期主要的风险溢出源头，制定并实施相关政策以强化金融风险防控。由图 6-6 可以看出，短期下各子市场金融压力净溢出水平较小，而长期下净溢出水平较大，这意味着金融压力跨市场传递主要是受长周期驱动。接下来，本章就部分时期的长期风险溢出源头进行具体分析。比如，2008 年 9 月国际金融危机爆发，债券市场作为传统的避险市场，受极端事件冲击影响较大，其自身压力水平在该时期攀升至峰值 0.93，对其他市场的长期净溢出水平也同样达到样本期内的最大值 212.28%，成为该时期主要的长期风险溢出源头。

2009 年至 2010 年上半年货币市场的长期净溢出水平普遍较高，说明该时期货币市场自身压力水平较大，且在很大程度上对其他市场及整个金融体系产生冲击。2008 年国际金融危机爆发后，为应对危机带来的压力和挑战，央行自 2009 年实施了宽松的货币政策，使得货币供应量和银行信贷出现了跳跃式增长。货币和信贷的高速增长，在为中国经济摆脱国际金融危机阴影、恢复正常增长提供充足资金的同时，也带来了通货膨胀预期上升、资本市场泡沫加速膨胀等负面影响，这一时期货币市场压力急剧上升，是该时期主要的长期风险溢出源头。

2015 年 7 月以来，股票市场的长期净溢出水平普遍较高，是这一时期主要的风险净输出者。2015 年中国资本市场发生异常波动，短短几个月内股市出现三次"崩盘"，上证综指在 53 个交易日内跌幅超过 45%，沪深两市总市值蒸发约 33 万亿元。股市震荡期间，投资者情绪悲观，导致股票市场资金大量流出，股市压力急剧上升，成为该时期主要的长期风险溢出源头。

四、金融压力溢出的结构

为了更清晰地呈现不同周期下压力溢出的结构差异，本章基于两两市场间的压力溢出水平（滚动样本均值），绘制了时域、短期和长期的压力溢出表。其中，所在列表示对其他市场的压力溢出水平，所在行表示接收其他市场的压力溢出水平。表 6-3 给出了时域、短期、长期的金融压力溢出表。

表 6-3　时域和不同周期下四个子市场间的金融压力溢出表

时域				
项目	债券市场	货币市场	外汇市场	股票市场	From
债券市场	71.27	11.14	8.34	9.26	28.73
货币市场	9.42	76.46	6.45	7.67	23.54
外汇市场	9.57	10.86	68.97	10.60	31.03
股票市场	6.99	8.76	9.06	75.19	24.81
To	25.99	30.75	23.85	27.53	

续表

短期				
项目	债券市场	货币市场	外汇市场	股票市场	From
债券市场	18.24	1.09	1.44	1.12	3.65
货币市场	1.70	29.32	1.87	1.71	5.28
外汇市场	1.91	1.35	27.60	2.15	5.41
股票市场	2.00	1.54	1.81	34.67	5.35
To	5.61	3.98	5.12	4.97	

长期				
项目	债券市场	货币市场	外汇市场	股票市场	From
债券市场	53.03	10.05	6.89	8.14	25.08
货币市场	7.72	47.13	4.58	5.96	18.27
外汇市场	7.67	9.50	41.37	8.46	25.63
股票市场	4.99	7.22	7.25	40.52	19.46
To	20.38	26.77	18.72	22.56	

首先，从短期、长期金融压力溢出表可以看出，两两市场间的长期压力溢出水平均高于短期，这与上文的研究结论相一致，进一步证实了金融压力跨市场溢出效应主要受长周期驱动。究其原因，这是由于市场间金融压力的传递具有时滞性，短期内压力溢出水平不会出现大幅变动，而长周期能够满足其发生及作用的条件。从不同市场来看，货币市场对其他市场的溢出水平最高，是我国金融市场中压力溢出的主要贡献者；外汇市场接收其他市场的压力溢出最多，是我国金融市场中主要的风险接收中心。

其次，货币市场与债券市场之间具有较强的双向压力溢出效应。从长期压力溢出表可知，货币市场对债券市场的长期溢出为 10.05%，是两两市场间溢出的最高水平，并且债券市场对货币市场的长期溢出水平高于债券市场对股票市场和外汇市场的溢出水平。我国债券市场是一种资金推动型市场，凡是能够影响资金面变化的因素在一定程度上都会引起债券市场波动，其中货币政策变化对其影响尤为显著。具体来看，货币政策主要通过公开市场操作、调整存款准备金率等手段影响债券市场的资金供应，且上述政策手段也会影响市场参与者对未来经济走势的预期，从而调整其投资策略，引起债券市场的波动。此外，当债券市场风险增大时，货币市场也会因两个市场间的关联而受到影响。比如，债券违约的集中爆发会引发货币市场流动性分层现象的出现。债券违约导致金融市场对中小金融机构的信用状况产生担忧，此时部分资质较差的中小金融机构融资难度增大，流动性分层现象明显，造成货币市场压力增大。

最后，股票市场与外汇市场之间具有高度显著的双向压力溢出效应。第一，不论时域还是频域，股票市场对外汇市场的溢出在三个市场中是最高的[1]。第二，由时域和长期压力溢出表可知，外汇市场对股票市场的溢出在三个市场中也是最高的[2]。我国股市与汇市之间存在显著的联动效应，单个市场的风险会通过两者间紧密的关联性而快速传染（杨子晖等，2020）。一方面，股市风险事件的发生容易引起汇市震荡，具体表现在当股票市场遭受冲击时，股价的波动会相应削弱国内外投资者对人民币的需求，进而造成人民币贬值，引起汇率波动。比如，2016 年 1 月 4 日"熔断机制"的推行使 A 股市场遭受重创，上证综指的跌幅高达 7.11%，人民币兑美元汇率中间价同日也下跌了 96 个基点。另一方面，汇率的波动也会引起股价的变化，主要表现在：一是资本流动的影响，人民币升值、贬值预期会引起国际资本的大规模流动，"热钱"的大量进入和撤离必然会造成我国股市的剧烈震荡；二是公司经营业绩的影响，汇率波动会对我国上市公司的经营业绩产生影响，尤其是对进出口依存度较大的上市公司，经营业绩又会冲击公司股价，进而导致股市对汇市波动的敏感性增强。

本章小结

本章通过构建货币市场、股票市场、债券市场、外汇市场四个子市场的金融压力指数，采用 DY 溢出指数和 BK 溢出指数方法，首次从时域和频域两个维度考察了中国金融压力跨市场溢出的动态演变过程及结构特征，并依次从总溢出、方向性溢出和溢出结构三个方面展开分析，探讨我国四个子市场间金融压力溢出的周期差异特征。本章主要的研究结论如下：

第一，选取涵盖四个子市场的 10 个相关指标，本章构建了各子市场的金融压力指数以综合测度其风险水平，研究发现各子市场的金融压力指数能够有效识别国内外重大风险事件。相较于仅采用单一的市场波动率指标表征其风险，金融压力指数能够更加全面、准确地测度各子市场风险状况。

---

[1] 时域下股票市场对外汇市场、债券市场、货币市场溢出分别为 10.60%、9.26%、7.67%，短期下分别为 2.15%、1.12%、1.71%，长期下分别为 8.46%、8.14%、5.96%。

[2] 时域下外汇市场对股票市场、债券市场、货币市场溢出分别为 9.06%、8.34%、6.45%，长期下分别为 7.25%、6.89%、4.58%。

第二，四个子市场间金融压力溢出效应较显著，且极端事件冲击使得溢出效应明显加剧。此外，子市场间金融压力的长期溢出水平明显高于短期，压力的跨市场溢出效应主要由长期溢出驱动。

第三，无论溢入还是溢出，市场间短期与长期的方向性溢出水平在动态路径上存在显著差异。从不同周期来看，长期方向性溢出水平表现出明显的差异性，而短期方向性溢出水平具有一定的相似性。

第四，各子市场在金融压力传递中扮演不同的角色，货币市场和股票市场是主要的压力输出者，债券市场和外汇市场是压力接收者。其中，货币市场与债券市场、股票市场与外汇市场之间存在显著的双向压力溢出。

上述研究结论具有如下政策启示：其一，监管部门应当将金融压力指数作为系统性风险的监测变量之一，通过选取金融市场代表性指标来表征市场整体的风险状况。运用合理方法构建金融压力指数，能够有效地识别和监测系统性风险，从而为科学制定宏观调控和审慎监管政策提供有效的前瞻性信息。此外，监管部门在关注整个金融市场风险状况的同时，也需考虑市场间的关联性，在系统性风险预警体系中构建两两市场的关联指标并对其进行实时监测，以防范风险的跨市场传染。

其二，针对不同周期下市场间金融压力溢出的冲击因素，制定差异化的监管措施，并重点关注引发长期压力溢出的冲击因素，将其纳入日常监管范畴。面对短期冲击，相关监管机构应快速捕捉该时期主要的风险溢出源头，并采取针对性的监管和防控策略，防范短期压力溢出演变为长期的负面影响；面对长期冲击，监管机构应从监管体系和制度层面着手，健全风险预警和监测体系，通过深化改革完善金融市场体系，从根本上增强我国金融系统抵御风险冲击的能力。

其三，从国际视野出发，统筹兼顾国内外金融市场总体的发展运行情况。一方面，监管机构要时刻关注本国金融体系中各子市场发展状况，把握各子市场金融压力的周期性特征，对潜在压力进行识别和化解；另一方面，要充分考虑国际经济因素变化在不同周期下对我国金融体系的影响，根据金融压力溢出的动态演变特征及传导路径，采取相应措施以有效规避国际极端事件的冲击。

第七章 基于经济金融关联网络的系统性风险度量防范研究

由于系统性风险本身的复杂性，目前各国学者对系统性风险的规范定义还没有达成共识，但有一点是明确的——系统性风险是全局性、系统性的风险，绝不局限于金融体系内部①。因此，防范金融风险仅为调控系统性风险的一个重要环节，不能以偏概全。同时，在党的十九大报告提出深化供给侧结构性改革、建设现代化经济体系的政策背景下，实体经济已成为我国经济发展的着力点，诸多行业肩负起推动高质量发展的重任，金融行业也不例外，其首要任务是回归服务实体经济的本源。如此一来，在整体经济范围内，实体经济充当着越来越重要的角色，其对系统性风险的重要性可能并不亚于金融行业。此外，实体经济与金融行业以及实体经济内部各行业间都存在着极其复杂的关联关系，这些关联性不仅构成了风险传递的重要渠道，也会进一步扩大负向冲击对整个经济体系的影响，使得我国经济面临极大的风险隐患。

有鉴于此，我们有必要重视实体经济的系统重要性地位，从经济金融关联网络②视角来探讨系统性风险的源头以及传导路径等诸多问题，以期能够为科学防范系统性风险提供有效依据。本章的边际贡献主要体现在以下两个方面：第一，目前从整体经济关联角度研究系统性风险的文献还相当匮乏，本章则基于经济金融关联网络视角，构建我国行业间系统性风险溢出网络，从三个层面测度我国系统性风险溢出水平，有效识别风险在行业

---

① 这一点也得到了政府和金融监管当局的认同。时任全国政协经济委员会副主任杨伟民在2018年6月14日举行的"2018陆家嘴论坛"上表示："打好防范化解金融风险攻坚战，这不仅是金融部门的任务，其他有关部门和各地区也要履职尽责。因为金融风险一面是货币政策、金融机构、金融监管等方面的问题，另一面是实体经济、房地产、地方政府债务等问题"。中国人民银行党委书记、中国银行保险监督管理委员会主席郭树清在该论坛发表了"防范化解金融风险，奋力跨越重大关口"的演讲，也认为要多角度防范化解金融风险，在讲完防范化解金融风险的九个方面体会后，他认为"在防范化解金融风险的征程上，需要着力解决一些领域滞后的问题，加强薄弱环节""一是加快企业结构调整。二是妥善处理企业债务违约问题"。

② 经济金融关联网络是指金融行业和其他实体经济行业之间由于内在关联而构成的网络。

间的传递结构，并为行业的系统重要性排序。同时，鉴于金融行业的特殊性，本章还对金融与非金融行业之间的风险溢出效应做了细致研究。第二，借鉴 Härdle 等（2016）提出的系统性风险度量新方法——TENET（Tail E-vent driven NETwork），本章构建我国行业间加权有向的尾部风险溢出网络，有效克服了现存方法的局限性。

第一节　经济金融关联网络的构建方法

一、基于 TENET 的系统性风险网络

本章基于经济金融关联网络视角，运用 TENET 方法测度我国行业间系统性风险溢出水平，并构建行业间系统性风险溢出网络。该方法主要分三个步骤完成：先计算每个行业的风险价值 VaR，然后采用单指数模型（Single-Index Model，SIM）识别风险传导结构，度量每个行业的条件风险价值，最后构建起行业间的系统性风险溢出网络。

首先，为捕捉行业收益率波动的聚集特征、区分正负收益率对 VaR 的不对称影响以及避免分布假设过于严格导致的模型误设问题，本章采用 Engle 和 Manganelli（2004）提出的不对称斜率条件自回归风险价值模型（Asymmetric Slope-Conditional Autoregressive Value at Risk，AS-CAViaR）估计每个行业的 VaR：

$$VaR_{i,\ t,\ q}(\theta) = \theta_1 + \theta_2 VaR_{i,\ t-1,\ q}(\theta) + \theta_3 (X_{i,\ t-1})^+ + \theta_4 (X_{i,\ t-1})^- \qquad (7-1)$$

其中，$VaR_{i,\ t,\ q}(\theta)$ 是 t 时刻行业 i 收益率 $X_{i,\ t}$ 的 q 分位数。$(X_{i,\ t-1})^+ = \max(X_{i,\ t-1},\ 0)$ 和 $(X_{i,\ t-1})^- = -\min(X_{i,\ t-1},\ 0)$ 分别是行业 i 滞后一期正、负收益率，为衡量正负收益率对 VaR 的非对称影响。对上述 AS-CAViaR 模型的估计，采用基于最小绝对离差（Least Absolute Deviation，LAD）模型的分位数回归，通过最优化目标函数，得到参数 θ 的估计值。

接下来，本章采用兼具非线性和变量选择的 SIM 模型识别我国行业间系统性风险传导的网络结构，并度量每个行业的条件风险价值。

$$X_{j,\ t} = g(\beta_{jR_j}^T R_{j,\ t}) + \varepsilon_{j,\ t} \qquad (7-2)$$

式（7-2）函数中包含一个信息集 $R_{j,\ t} \equiv \{X_{-j,\ t},\ K_{t-1}\}$，其中，$X_{-j,\ t} = \{X_{1,\ t},\ X_{2,\ t},\ \cdots,\ X_{n,\ t}\}$ 为除行业 j 以外其他 $n-1$ 个行业的对数收益率；K_{t-1} 是控制变量，为国际股市滞后一期收益率。对应参数 β_{jR_j} 也包含两部

分，表示为 $\beta_{j|R_j} = \{\beta_{j|-j}, \beta_{j|K}\}^{\mathrm{T}}$，经窗口滚动得到时变的 $\beta_{j|R_j}$。函数 $g(\cdot)$ 考虑了其他 $n-1$ 个行业对行业 j 所有可能的非线性交互影响。

$$\widehat{CoVaR}^{TENET}_{j|\tilde{R}_j, \iota, q} \equiv \hat{g}(\hat{\beta}^{\mathrm{T}}_{j|\tilde{R}_j} \tilde{R}_{j, \iota}) \tag{7-3}$$

对式（7-2）进行 $q=1\%$ 的分位数回归得到式（7-3）。其中，$\tilde{R}_{j, \iota} = \{\widehat{VaR}_{-j, \iota, q}, K_{\iota-1}\}$，$\widehat{VaR}_{-j, \iota, q}$ 来源于式（7-1）对各行业 VaR 的估计结果，$\widehat{CoVaR}^{TENET}$ 代表了基于 TENET 的条件风险价值。

最后，式（7-4）给出了行业间的系统性风险溢出关系，以此构建行业间的系统性风险溢出网络：

$$\hat{D}_{j|\tilde{R}_j} \equiv \frac{\partial \hat{g}(\hat{\beta}^{\mathrm{T}}_{j|\tilde{R}_j} R_{j, \iota})}{\partial R_{j, \iota}} \Big|_{R_{j, \iota} = \tilde{R}_{j, \iota}} = \hat{g}'(\hat{\beta}^{\mathrm{T}}_{j|\tilde{R}_j} \tilde{R}_{j, \iota})\hat{\beta}_{j|\tilde{R}_j} \tag{7-4}$$

其中，$\hat{D}_{j|\tilde{R}_j} = \{\hat{D}_{j|-j}, \hat{D}_{j|K}\}^{\mathrm{T}}$ 是在 $R_{j, \iota} = \tilde{R}_{j, \iota}$ 时用梯度度量的边际效应。本章研究我国行业间系统性风险溢出效应，仅将国际股市滞后一期收益率 $K_{\iota-1}$ 作为控制变量，所以忽略 $\hat{D}_{j|K}$，以行业间的风险溢出 $\hat{D}_{j|-j}$ 为元素构建一个 $n \times n$ 的加权邻接矩阵。以第 s 个窗口为例，A_s 表示为

$$A_s = \begin{array}{c} \\ l_1 \\ l_2 \\ l_3 \\ \vdots \\ l_n \end{array} \begin{array}{cccccc} l_1 & l_2 & l_3 & \cdots & l_n \\ \left(0 \right. & |\hat{D}^s_{1|2}| & |\hat{D}^s_{1|3}| & \cdots & |\hat{D}^s_{1|n}| \\ |\hat{D}^s_{2|1}| & 0 & |\hat{D}^s_{2|3}| & \cdots & |\hat{D}^s_{2|n}| \\ |\hat{D}^s_{3|1}| & |\hat{D}^s_{3|2}| & 0 & \cdots & |\hat{D}^s_{3|n}| \\ \vdots & \vdots & \vdots & \ddots & \vdots \\ |\hat{D}^s_{n|1}| & |\hat{D}^s_{n|2}| & |\hat{D}^s_{n|3}| & \cdots & \left. 0 \right) \end{array}_{n \times n} \tag{7-5}$$

其中，$|\hat{D}^s_{j|i}|$ 为 $\hat{D}^s_{j|i}$ 的绝对值，表示行业 i 对行业 j 的尾部风险溢出水平。采用 100 周（约两年的周度观测数据）的固定窗口进行滚动回归，以构建一个动态的系统性风险溢出网络，捕捉样本期内时变的网络结构以及系统性风险溢出水平的变化。

总之，本章基于 TENET 构建行业间系统性风险溢出网络，有以下三方面的优势：第一，TENET 测度的是行业间尾部风险溢出效应，现有研究表明金融风险往往由尾部事件驱动，故相比于均值和波动等，考察尾部风险溢出对系统性风险的研究更有价值；第二，传统方法通常将两个行业置于

孤立环境中考察二者的相互作用关系，而 TENET 通过 SIM 变量选择技术将更多行业纳入回归以更全面地测度行业间的交互影响，捕捉风险传递的网络效应；第三，TENET 采用 SIM 捕捉行业间的非线性风险溢出关系。Härdle 等（2016）指出，在经济下行时期，金融资产间往往呈现非线性的依赖关系，而且在本章构建的高维复杂环境中，非线性模型表现更加灵活。

二、系统性风险度量指标构建

本章从系统性风险溢出总体水平 TC、各行业系统性风险输入水平 TIC^{IN} 与输出水平 TIC^{OUT} 以及两两行业间系统性风险溢出水平 DIC 三个层面对我国行业间系统性风险溢出展开研究。为了捕捉系统性风险溢出的动态演进特征，本章根据 TENET 方法所得的时变系统性风险网络 A，构建上述三个层面相应的时变指标，以第 s 个窗口数据 A_s 的指标构建为例：

首先，将 A_s 矩阵中所有元素加总，得到窗口 s 下系统性风险溢出总体水平 TC，定义为

$$TC_s = TC_s^{IN} = TC_s^{OUT} = \sum_{i=1}^{n} \sum_{j=1}^{n} |\hat{D}_{j|i}^s| \tag{7-6}$$

其次，将 A_s 矩阵中第 j 行所有元素加总，得到在窗口 s 下所有输入行业 j 的风险 TIC^{IN}；将 A_s 矩阵中第 j 列所有元素加总，得到在窗口 s 下行业 j 所有输出的风险 TIC^{OUT}。各行业系统性风险输入输出水平 TIC^{IN} 和 TIC^{OUT} 分别定义为

$$TIC_{j,s}^{IN} = \sum_{i=1}^{n} |\hat{D}_{j|i}^s|, \ j = 1, \ 2, \ \cdots, \ n, \ i \neq j \tag{7-7}$$

$$TIC_{j,s}^{OUT} = \sum_{i=1}^{n} |\hat{D}_{i|j}^s|, \ j = 1, \ 2, \ \cdots, \ n, \ i \neq j \tag{7-8}$$

最后，A_s 矩阵中的每个元素均代表两两行业间直接的风险溢出水平 DIC，定义为

$$DIC_{i|j}^s = |\hat{D}_{i|j}^s|, \ i, \ j = 1, \ 2, \ \cdots, \ n, \ i \neq j \tag{7-9}$$

三、样本与数据说明

本章选取 Wind 分类行业指数，研究我国行业间系统性风险溢出效应。Wind 行业指数分类以国际标准 GICS（Global Industries Classification Standard）为基础，根据我国实际情况微调，且具有较长的时间跨度。Wind 分类的 11 个行业指数分别为能源、材料、工业、可选消费、日常消费、医疗保健、金融、

信息技术、电信服务、公用事业和房地产。本章选取 2000 年 1 月到 2017 年 12 月作为样本区间，共 906 组周度观测值。延续 Härdle 等（2016）的方法，本章采集了 11 个行业指数的周平均收盘价计算每周对数收益率，即 $X_{i,t} = \ln(P_{i,t}/P_{i,t-1})$。另外，考虑到国际金融风险可能对我国经济金融系统造成冲击，本章选取了美国 SP500 指数、英国富时 100 指数、法国 CAC40 指数、德国 DAX30 指数、日本日经 225 指数和中国香港恒生指数六个具有代表性的国际指数[①]作为模型控制变量，分别用它们的滞后一周对数收益率来控制来自国际股市的影响。所有数据均来源于 Wind 数据库。

第二节　我国行业间系统性风险溢出分析

本部分利用上述时变的系统性风险度量指标从三个层面分析我国行业间系统性风险溢出水平以及风险传递结构的动态特征。

一、总溢出

本节采用由滚动技术得到的动态 TC 来考察样本期内我国系统性风险溢出总体水平的时序特征，与此同时，为了更好地观察结果，将周度数据处理为月度数据，如图 7-1 所示。可以看出，在整个样本区间内我国行业间系统性风险溢出总体水平呈现围绕均值（9.92）小幅波动的平稳趋势，但 2007 年 10 月和 2015 年 8 月出现了两次异常值，表明在某些极端情形下系统性风险溢出水平会有显著提升。2015 年 8 月系统性风险溢出总体水平最高达到 24.11，比均值水平高出约 143%。这与 2015 年我国股市"过山车"式的暴涨急跌有关。2015 年上半年，在改革红利、转型升级等重大利好消息的推动下，场内外配资把股市推向了"疯牛"状态。然而股市"红热化"繁荣的背后隐藏着极大的风险隐患，市场流动性过剩导致多数行业持有共同的风险敞口，行业间潜在的风险传染渠道迅速拓宽，经济体系愈发脆弱。这种潜在的系统性风险积累过程可能并不会对经济产生明显影响，但当风

[①]　现有研究表明，美国股市在全球股市中处于信息先导地位，对外信息溢出效应极强。英国、法国、德国和日本等分别作为欧洲和亚洲成熟市场代表，信息溢出效应明显强于新兴市场。此外，中国香港不但对中国股市有极强的信息溢出能力，而且是欧美及其他股市向中国信息传递的"窗口"。目前中国股市对国际市场的影响力还很弱，上述国际市场对中国股市均有较强的信息溢出效应（梁琪等，2015）。

险积累到一定程度并且出现某种负向冲击时，系统性危机一触即发[①]。2015年6月起证监会开始清查场外配资，快速去杠杆这一冲击使得上半年积聚的风险瞬间爆发，股市暴跌40%以上。

各行业在股灾期间的尾部风险溢出效应瞬间增强，系统性风险溢出总体水平显著提高。这可以从两个方面来解释：一方面，行业指数风险溢出实际上是其背后行业实际关联引起的。行业间的实际关联可以分为直接关联和间接关联，当部分行业陷入困境时，风险会顺着直接和间接关联渠道在整个经济金融关联系统中蔓延。其中，具有直接业务关联的行业，系统性风险会顺着产业链关系扩散；具有相似经营范围、竞争关系或者互补关系的行业，系统性风险可能会通过相似的风险敞口传染。由于危机期间宏观经济状况不断恶化，各行业繁荣时积累的共同风险敞口加速扩大，行业间的实际关联程度迅速加深。而且行业间的高度关联性会进一步放大冲击，最终使得风险在整个经济金融关联系统中更大程度地蔓延。另一方面，风险还可能通过信息机制在行业间传染。危机中投资者严重的心理恐慌以及信心丧失使得市场中"羊群效应"和信息不对称愈演愈烈，单个行业出现危机会引发投资者非理性地疯狂抛售相关行业资产，从而引发了风险在相关行业的传递，系统性风险溢出水平上升。

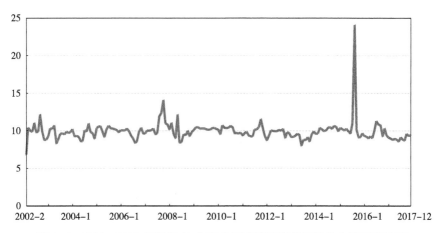

图 7-1　2002—2017 年我国 11 个行业系统性风险溢出总体水平时序特征

此外，2007 年 10 月在我国股市历史上也是一个极不平凡的时点。2005年起股权分置改革的实施使得股市开始走向全面流通，与此同时，人民币

---

① 所谓系统性危机，是指全局性、系统性的危机，波及整体经济领域而非局限于部分行业内部。

汇率形成机制改革启动，吸引外资流入使得市场流动性大幅提高，交易量剧增。2007年10月，上证综指攀升至6124点成为我国股市历史上的最高点，此时系统性风险溢出总体水平达到14.07，比均值水平高出约42%。整个牛市期间，行业间资金往来频繁，相关行业的实际关联程度加深，与此同时，股市交易极度活跃，投资者情绪高涨，即使没有实际关联的行业股价也会脱离基本面同步疯涨。于是，在实际关联和信息机制双重作用下，系统性风险溢出总体水平大幅提升，仅次于2015年股灾时期。结合2007年和2015年的两次异常值发现，除了危机期间的系统性风险释放阶段，类似2007年的牛市期间同样可能会有较强的尾部风险溢出，因此监管部门也应当警惕经济过热时期的系统性风险积聚，做好恰当的应对措施。

表7-1 2015年8月和2007年10月系统性风险溢出关系前十名

排名	风险输出方	风险接受方	溢出强度	风险输出方	风险接受方	溢出强度
	2015年8月			2007年10月		
1	材料	公用事业	22.3876	医疗保健	工业	4.888835
2	工业	公用事业	19.31558	公用事业	工业	4.338523
3	能源	公用事业	16.80877	公用事业	能源	3.734202
4	金融	公用事业	15.58732	金融	房地产	3.015121
5	房地产	公用事业	5.802242	医疗保健	信息技术	2.805071
6	工业	房地产	4.367438	可选消费	医疗保健	2.617866
7	信息技术	电信服务	3.320193	医疗保健	可选消费	2.53509
8	材料	工业	3.283197	材料	工业	2.362551
9	日常消费	公用事业	3.045484	医疗保健	日常消费	2.241272
10	信息技术	医疗保健	2.91238	房地产	金融	2.239728

而且，为深入分析样本期内系统性风险溢出水平较高时的风险传导路径及强度，本节还分别提取了2015年8月和2007年10月溢出强度前十名的风险溢出关系。由表7-1可知，首先，2015年8月行业间风险溢出强度都显著高于2007年10月，这在图7-1系统性风险溢出总体水平的时序特征中也有很好的体现。其次，比较2015年8月和2007年10月各自溢出强度前三的风险溢出关系发现，材料、工业、能源与公用事业之间构成这两个时点上极其重要的风险传导路径。公用事业作为日常公用设施的基础性行业，可细分为电力、燃气和水务等领域，而材料、工业和能源均属于其产业链上游行业，故与公用事业存在极强的风险关联性。不同的是，2015年

股灾期间偏向产业链上游对下游的风险溢出，而 2007 年牛市期间偏向下游需求方对上游供给方的风险溢出。最后，2015 年 8 月，除材料、工业、能源以外，金融行业通过信贷链条关系也对公用事业产生了极强的风险溢出效应，其强度达到 15 以上，同样构成一条重要的风险传导路径。可见，公用事业是股灾期间主要的风险接受方。2007 年 10 月，医疗保健与工业、信息技术、可选消费、日常消费这几个行业均构成当时重要的风险传导路径。因此，医疗保健是当时除公用事业以外主要的风险输出方。

另外，纵观近年来我国经历的几次危机发现，2008 年国际金融危机和 2011 年欧洲主权债务危机蔓延期间，我国系统性风险溢出总体水平也达到一个相对较高的程度，再一次印证了在金融危机等极端条件下，行业间系统性风险溢出水平会有显著提升。但是，2008 年和 2011 年危机期间系统性风险溢出水平显然远低于 2015 年，这可能是因为 2008 年和 2011 年主要受到次贷危机和欧债危机等国际金融危机外溢性影响，导致国内宏观经济环境恶化，出现连锁性行业危机的可能性增大，而本章模型已经控制了国际股市冲击因素的影响，主要考察我国行业间的尾部风险传递情况。但抛开国际股市的影响，相比于 2008 年和 2011 年，2015 年行业间极强的风险溢出也表明近年来随着社会经济的发展，行业间实际关联越来越紧密，风险传递渠道增多使得危机一旦爆发，系统性风险溢出会有更大程度的提升，危机的破坏范围更大、程度更深。

二、方向性溢出

本节采用动态的 TIC^{IN} 和 TIC^{OUT} 分别考察样本期间各行业系统性风险输入输出水平的时序特征，如图 7-2 和图 7-3 所示。

对比图 7-2 和图 7-3 发现，在整个样本区间内，除了公用事业、工业以及电信服务行业偶有极端值出现，所有行业的风险输入水平都处于相对稳定状态。然而，大多数行业的风险输出水平则呈现较大幅度的波动状态。这与 Härdle 等（2016）、Diebold 和 Yilmaz（2014）分别采用尾部风险溢出网络和波动溢出网络得到的金融机构风险输入输出水平的时序特征不谋而合。笔者认为，这是由于受到政策以及宏观经济形势变化等冲击因素影响，不同时点上的风险输出行业具有异质性，但对应的风险输入行业由于受到直接或间接渠道传染可能具有相似性，而且单个行业较强的风险溢出可能由多个行业共同分担，故多数情况下单个行业风险输入水平不会有大幅波动，最终表现为在时间维度上各行业风险输入水平呈现平稳趋势。事实上，输入和输出时序特征的差异恰好证明了风险在行业间的传染是真实存在的。此外，图7-3显示工业、材料、能源和金融四个行业在2015年股灾期间都出现极端值，这表明2015年股市异常波动期间极高的系统性风险溢出水平主要是由工业、材料、能源和金融四个行业极高的风险溢出引起的。图7-3中房地产业和金融行业在2003—2006年均有较强的风险溢出，这与政策以及行业发展现实比较吻合。2003年起房地产业被正式定为国民经济的支柱产业，对国民经济的拉动作用开始显现，但同时也伴随着房地产泡沫的产生，于是在此期间政府不断出台政策使用金融工具对货币信用的松紧加以调控，导致房地产业和金融行业在此期间内较强的风险溢出。

在此基础上，将时间维度去掉，得到样本期内各行业系统性风险总输入和总输出水平，并且按照净输出水平得出行业系统重要性排名①，结果列于表7-2。

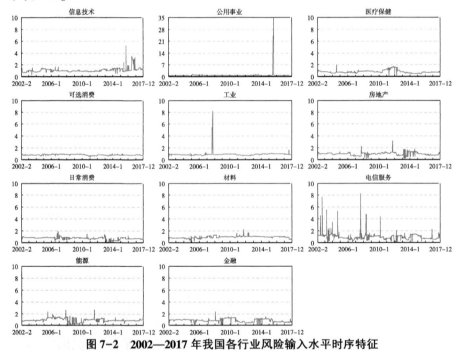

图7-2　2002—2017年我国各行业风险输入水平时序特征

---

① 本节依据行业的总体连通性来确定其系统重要性，即综合考虑该行业的总输出水平和总输入水平。鉴于整个样本期内11个行业各自的总输出水平相差悬殊，相比起来总输入水平差异甚微，故我们不去过分苛求行业总输入水平的排名，而是依据主要受总输出水平影响的净输出排名来确定该行业的系统重要性地位。

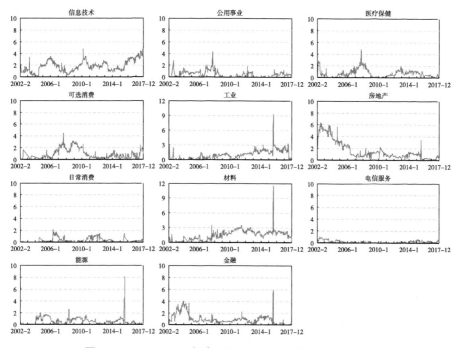

图7-3　2002—2017年我国各行业风险输出水平时序特征

由表7-2可知，在2002—2017年的样本区间内，信息技术、房地产和材料三个行业位居净输出水平前三，同时三者的总输出和总输入水平也均位于前列，表明这三个行业在整个系统中不仅是主要的风险源头，也同样容易受到其他行业风险外溢的影响，具有极高的系统重要性。笔者认为，首先，信息技术作为21世纪互联网时代的主要产物，其涉及的软件、硬件服务以及半导体生产为众多传统行业的产品生产或经营模式创新提供了有力支持，故与众多行业保持着极高的关联度。结合图7-3信息技术行业风险输出的时序特征来看，该行业的尾部风险输出水平虽有震荡但呈明显上升趋势，这表明信息技术行业在整个经济中的影响力日益提升。其次，房地产业是现阶段我国经济的重要支柱产业，对诸多行业的发展具有推动作用。其中，对于材料、工业、可选消费乃至金融行业，房地产业几乎是它们生产和发展必不可少的条件。此外，鉴于目前房地产业在我国经济发展中的重要地位，其发展的规模、速度、水平必将影响到我国宏观经济状况，进而会间接影响到众多其他行业的发展。因此，房地产业与众多行业之间存在极强的关联性。最后，材料行业涉及的化工、建材以及金属非金属采掘等在众多产业链中都是不可或缺的环节，故在其上下游行业不景气的情形下，材料行业也会伴随着成本上升或需求量下滑而进入低谷期，当材料行业自身发生不稳定时各相关行业也会随之遭受风险，表现为材料行业与其他行业较高的风险关联。

值得注意的是，目前大部分学者对系统性风险的研究着重关注金融行业，侧重考察金融体系内部机构间以及部门间的风险传递情况，试图从金融入手调控系统性风险的演进，而本节研究发现金融行业不仅不是唯一的风险源头，而且它在整个经济金融关联网络中的系统重要性低于信息技术等行业仅位居第四位，这说明如果只关注金融行业往往会忽视真实的系统性风险状况，故以调控金融为导向的政策很可能"治标不治本"，无法从根本上有效调控系统性风险的累积和爆发。因此，准确定位经济金融关联网络中各行业的系统重要性，明确它们在系统性风险传导过程中扮演的主要角色，从而制定差异化的监管政策，对于防范和减缓系统性风险是至关重要的。

表 7-2　2002—2017 年我国 11 个行业风险的输入输出水平

排名	行业	总输出	总输入	净输出
1	信息技术	1494.749	906.8985	587.8505
2	房地产	1297.927	766.5692	531.3581
3	材料	1175.505	747.0594	428.4458
4	金融	792.5239	679.9328	112.5911
5	工业	814.2809	739.9652	74.31571
6	可选消费	678.0645	663.181	14.88345
7	医疗保健	551.5533	663.7493	−112.196
8	能源	473.6723	712.3828	−238.711
9	日常消费	212.6771	589.0684	−376.391
10	公用事业	355.0731	742.7329	−387.66
11	电信服务	152.9881	787.4751	−634.487

注：表中行业按净输出水平降序排列；总输入、总输出水平按各行业全样本期间所有时点输入、输出的边加总求得。

三、溢出网络

本节根据 DIC 指标绘制样本期内行业间系统性风险溢出网络。具体而言，先将动态的 DIC 指标在时间维度进行加总，然后删去溢出水平小于均值的边，最后将有风险溢出关系的两个行业用有向箭头连接起来，从而得到一个精简且更具有研究价值的系统性风险溢出网络（Härdle et al.，2016），如图 7-4 所示。

在图 7-4 中，节点颜色越深表示该行业越具有系统重要性，连接节点的箭头越粗表示该行业对目标行业的尾部风险溢出水平越高。显然，信息技术、材料和房地产是整个系统性风险溢出网络的核心节点，是整个经济金融关联网络中最具系统重要性的三个行业。图 7-4 细化了表 7-2 中每个行业风险溢出的方向和强度，更有利于准确把握行业间的风险溢出关系。由图 7-4 可知，信息技术行业对医疗保健、可选消费、电信服务、日常消费和工业等行业都有不同程度的风险溢出，同时主要接受可选消费和医疗保健行业的风险溢出。房地产业最主要的风险溢出方向为金融行业，同时其最主要的风险来源方向也是金融行业。材料行业的主要风险溢出方向为能源、工业和公用事业，同时主要接受工业的风险溢出。其余行业的风险溢出强度相对较低且主要发生在与其生产、销售直接相关的行业之间。

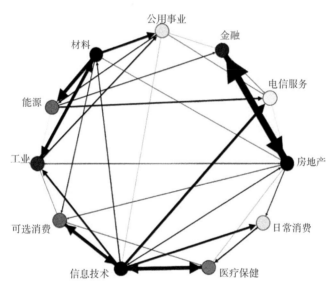

图 7-4　2002—2017 年我国行业间系统性风险溢出网络图

图 7-4 进一步显示，房地产业和金融行业具有极强的双向风险溢出关系，且房地产业对金融行业的风险溢出效应更强，陈迅等（2017）对房地产业和银行业极端风险溢出效应的研究也得出了相同的结论①。虽然金融行

---

① 房地产业主要的融资来源是金融行业中的银行信贷资金，银行对房地产业的贷款约占总贷款的 20%，巨额贷款规模使银行业和房地产业关联密切。

业在整个经济金融关联网络中的系统重要性仅排在第四位，但是金融与房地产之间的双向风险溢出强度在系统性风险溢出网络中居首位。此外，信息技术与医疗保健、信息技术与可选消费以及材料与工业都具有很强的双向风险溢出关系，表明这几个行业具有很强的关联性，监管当局应当密切关注这几条重要的风险传递路径。另外，电信服务行业在图7-4的精简网络中没有对外的风险溢出，是主要的风险接受行业[①]，且其最主要的风险来源是信息技术，这与行业实际相符。

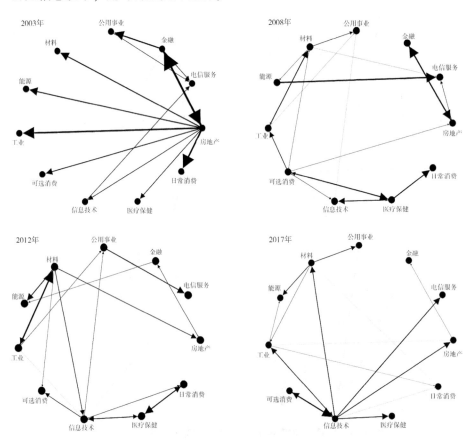

图7-5 我国行业间系统性风险溢出动态网络图

此外，为捕捉我国行业间系统性风险溢出网络的动态演进特征，本节等间隔地选取了四个年度为代表，分别绘制各年度的系统性风险溢出网络。

---

① 电信服务行业只有4家上市企业，分别是中国联通、鹏博士、二六三和会畅通讯，数目远少于其他行业，对外影响力不足，因此是主要的风险接受行业。

由图 7-5[①] 可知，我国行业间系统性风险溢出网络具有明显的时变特征。2003 年房地产业对外风险溢出效应极强，几乎与所有行业均存在极强的风险溢出关系，是当时最重要的系统性风险源头，其中，它与金融行业的双向风险溢出关系最强。这一特征恰好是当时房地产业跻身国民经济支柱产业而且泡沫开始不断滋生的体现。2008 年，虽然房地产业与金融行业的双向风险溢出关系仍不可小觑，但它对其他行业的风险溢出效应明显减弱。同时，受次贷危机的影响国内宏观经济环境有所恶化，在实际关联和信息机制双重作用下，其他行业间的风险联动性上升，溢出效应显著增强，系统性风险溢出网络结构较 2003 年有了明显变化。相比 2008 年，2012 年材料、能源、工业以及信息技术等实体经济行业在系统性风险传递中的关键地位越发凸显。直至 2017 年，信息技术行业对外风险溢出效应显著增强，并跃居系统性风险溢出网络的中心地位，成为当时最重要的系统性风险源头，这也说明近年来信息技术行业在整个经济中的影响力有显著提升。总之，系统性风险溢出网络的动态演进特征基本符合我国经济发展状况，房地产业、金融行业的系统重要性呈下降趋势，而信息技术、材料和工业等实体经济行业的系统重要性与日俱增，因此监管部门进行宏观调控的抓手也应当有所转变。

第三节　金融行业与非金融行业间的风险溢出关系

上文研究结果表明金融在整个经济金融关联网络中并不是最具系统重要性的行业，大多数学者过度高估了它的系统重要性地位。系统性风险虽然不一定根源于金融，但金融往往是发生系统性危机的导火索。非金融行业受到市场的负向冲击后，金融会通过信贷链条关系对非金融行业危机产生杠杆效应，将这些冲击对经济的负面效应加速扩大，从而增加发生系统性危机的可能性。因此，我们需要密切关注金融通过信贷活动与整个经济的联动关系，警惕金融行业对系统性风险积聚的加速效应以至引起危机爆发。鉴于此，表 7-3 给出了 2002—2017 年金融行业与非金融行业间的风险溢出关系。

由表 7-3 可知，样本期间金融行业和房地产业始终存在着很强的双向风险溢出关系。刘向丽和顾舒婷（2014）已经对金融与房地产的风险溢出

---

① 与图 7-4 相同，图 7-5 同样删去均值以下的精简网络。

机制进行了细致研究，故本节不再赘述。另外，金融行业与能源行业自2008年以来也保持着较强的双向风险溢出关系，这恰好证明了在我国能源金融化的持续推动下，两个行业间的风险联动性也在增强。作为金融市场的重要组成部分，能源衍生品市场的逐步建立使得能源产品兼具一般商品和金融产品的属性，因此能源作为实体经济的基础行业其价格波动不仅会波及产业链行业，也会对能源衍生品价格产生巨大影响，导致能源行业对金融行业的风险溢出不可小觑。反过来，能源衍生品市场参与者通过套期保值、套利等手段将能源衍生品高流动性的特征传导到能源商品市场，进而加剧了能源商品价格的波动。此外，信息技术、电信服务①、公用事业、医疗保健、工业、日常消费行业只在个别年份与金融行业存在相对较弱的风险溢出关系，可能与当时国内宏观政策环境有关。

表7-3　2002—2017年我国金融行业与非金融行业风险溢出时序特征

年份	非金融行业 → 金融行业			金融行业 → 非金融行业		
2002	房地产	电信服务	信息技术	房地产	公用事业	工业
2003	房地产	电信服务	公用事业	房地产	公用事业	电信服务
2004	房地产	电信服务	公用事业	房地产	公用事业	工业
2005	房地产	电信服务	信息技术	房地产	公用事业	电信服务
2006	房地产	日常消费	信息技术	房地产	电信服务	公用事业
2007	房地产	日常消费	能源	房地产	电信服务	工业
2008	房地产	能源	日常消费	房地产	能源	—
2009	房地产	能源	—	房地产	能源	电信服务
2010	房地产	能源	医疗保健	房地产	能源	电信服务
2011	房地产	能源	医疗保健	房地产	能源	电信服务
2012	房地产	能源	电信服务	能源	房地产	医疗保健
2013	房地产	能源	医疗保健	房地产	能源	电信服务
2014	房地产	能源	材料	房地产	电信服务	能源
2015	房地产	能源	电信服务	公用事业	电信服务	能源
2016	房地产	能源	电信服务	能源	信息技术	电信服务
2017	房地产	信息技术	电信服务	能源	房地产	电信服务

注：表中所列行业均为样本期内与金融行业风险溢出前三名，并依照溢出强度排序。

---

① 电信服务与金融行业的双向风险溢出水平较弱。在图7-4的精简网络中删去了所有小于均值的风险溢出关系，故电信服务较弱的风险溢出能力被忽略了，并将其定义为主要的风险接受方。

接下来，本节重点关注金融与房地产、能源的长期尾部风险溢出关系。图 7-6 和图 7-7 分别是金融与房地产、金融与能源的双向风险溢出时序关系图。

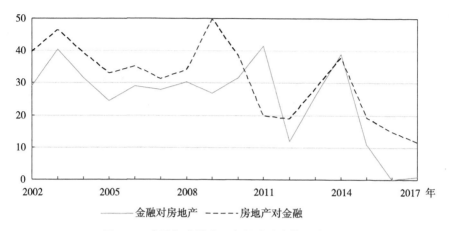

图 7-6 金融与房地产双向风险溢出的时序特征

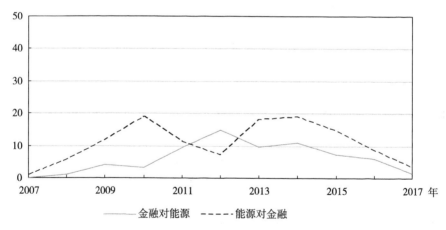

图 7-7 金融与能源双向风险溢出的时序特征

对比图 7-6 和图 7-7 发现，首先，金融与房地产行业的风险溢出强度主要集中在 20~50，而金融与能源的风险溢出强度集中在 0~20，表明金融与房地产的尾部风险溢出水平远远高于金融与能源。其次，金融与房地产和能源的双向风险溢出效应都具有明显的不对称性，表现为房地产和能源对金融的风险溢出水平几乎在整个样本期内都显著高于反方向的溢出水平。这表明在这两组风险溢出关系中，金融行业都是风险的净接受方。最后，金融与房地产和能源的双向溢出关系走势基本一致，表明二者的双向溢出关系具有明显的协同性，但在部分时段内金融对房地产和能源的风险溢出变化明显滞后于反方向。例如，房地产对金融的风险溢出效应在受 2008 年金融危机影响期间剧增，而在 2011 年经济逐步恢复稳定时显著下降，具有明显的顺周期性（刘向丽和顾舒婷，2014），但金融对房地产出现该先升后降趋势的时点明显滞后于房地产对金融。这说明房地产和能源可能对某种信息冲击或者宏观经济环境的变动比金融更加敏感。

总之，金融与房地产和能源两个行业具有很强的风险关联性，是金融与非金融领域连通的重要枢纽。其中，房地产业是国民经济的支柱产业，能源是实体经济发展的基础行业，因此牢牢把控金融与房地产和能源的风险溢出关系，避免金融恶性的杠杆加速效应，是防范系统性风险的一个重要环节。

本章小结

本章立足于经济金融关联网络视角，采用 TENET 方法构建我国行业间时变的系统性风险溢出网络，从三个层面考察分析我国行业间系统性风险溢出水平，并且有效识别风险传递结构，明确各行业在风险溢出网络中扮演的角色，衡量行业的系统重要性地位。

本章研究的主要结论如下：第一，我国行业间系统性风险溢出的总体水平呈现围绕均值小幅波动的平稳趋势，但在金融危机或市场过热等极端情形下会有明显提升。同时各行业系统性风险输出和输入水平的时序特征存在显著差异，输出水平呈较大幅度的波动状态，而输入水平呈平稳状态。因此，除了关注危机期间的系统性风险释放，监管部门也应当警惕经济过热时期的系统性风险积聚，做好恰当的防范措施；而且监管部门可以根据各行业系统性风险输出的时序变化，识别出不同时点系统性风险的主要驱动力。

第二，在整个样本期内，信息技术、房地产和材料行业不仅是主要的系统性风险源头，也同样容易受到其他行业风险外溢的影响，是整个经济金融关联网络中最具系统重要性的三个行业。它们与我国大多数行业都有不同程度的风险溢出关系，而其他行业的风险溢出水平相对较低且主要发生在与其生产、销售直接相关的行业之间，这与我国行业发展实际状况吻合。另外，我国行业间系统性风险溢出网络具有明显的时变特征，各行业的系统重要性也呈现动态变化趋势，特别是，近年来房地产、金融行业的系统重要性有所下降，而信息技术、材料和工业等实体经济行业的系统重要性不断上升，因此监管部门的调控抓手也应当有所转变。

第三，金融行业仅居系统重要性排名第四位，虽然不是经济金融关联网络中最具系统重要性的行业，但是金融与房地产和能源两个行业具有长期较强且不对称的双向风险溢出关系，而且金融与房地产之间的双向风险溢出强度在系统性风险溢出网络中居首位。因为房地产业和能源行业都是我国实体经济中的关键产业，所以严密监控金融行业与这两个行业之间的风险溢出对于调控系统性风险、维护国民经济稳定具有重要作用。

上述研究发现对我国防范系统性风险有如下启示：首先，防范系统性风险不应该紧盯金融体系，而应该放眼整个经济金融关联网络，密切关注那些具有极高系统重要性的行业，依据系统重要性程度进行差异化监管。其次，本章系统重要性极高的行业通常具有极高的风险溢出水平，可以被认为是我国主要的系统性风险源头，对这些行业要做好前瞻性的调控，抑制泡沫过度膨胀，进而从根源上消除源头行业过度波动导致的风险溢出。另外，在风险传导初期要及时切断风险溢出路径，避免风险的大规模蔓延。最后，我国应当着力推进多元化融资渠道，避免金融恶性的杠杆加速效应，在满足行业融资需求的同时分散融资风险。

第八章　基于高低波动两阶段的系统性风险度量防范研究

　　科学有效防范系统性风险的前提是要充分了解其"周期性"和"全局性"，也就是要从时间和空间两个维度出发：一方面要掌握系统性风险的演化过程，抓住主动防范系统性风险的时机，在系统性风险爆发之前未雨绸缪，做好逆周期调控措施；另一方面要从经济金融系统的全局视角出发，准确锁定系统性风险的爆发源头，从而精准有效地制定防控措施。

　　目前学术界对中国系统性风险的研究已经取得了相当丰富的成果。一方面，现有研究认为系统性风险的形成演化可分为两个阶段，其中资产价格波动较小的低波动时期是系统性风险的积累时期，而以资产价格波动全面上升为标志的系统性风险爆发时期，则可视为前期风险积累引发的损失实现。根据 Minsky（1982）的金融不稳定假说、Brunnermeier 和 Sannikov（2014）的"波动性悖论"（Volatility Paradox）、Danielsson 等（2018）的"低波动通道"等，低波动环境诱使经济主体的冒险行为，导致金融系统脆弱性加剧，从而内生地加大了危机发生的概率，按照这样的逻辑，看似稳定、低风险的市场状态，实则蕴藏着极大的风险隐患，系统性风险不断积累，金融系统自发地倾向于向不稳定的方向发展，即"稳定即不稳定"。然而，目前学术界在时间维度的研究主要聚焦于系统性风险水平的同期度量和实时监测。尽管这类同期度量指标可以帮助监管部门实时监测并量化系统性风险状况，但它们仅会在风险爆发时才会发出高风险信号，因而无法有效监测低波动阶段系统性风险不断积累的事实，甚至还可能引发经济主体在该阶段过度风险承担，直接促成系统性风险的爆发。目前，除了李政等（2019a）、白雪梅和石大龙（2014）等少数研究考虑到同期风险度量方法的顺周期性，对系统性风险进行预警研究，现有大多数文献对低波动阶段的风险积累重视不够。

　　另一方面，金融与实体经济行业在运行中相互依赖、互为条件，是不可分割的整体，因此系统性风险既可能源于金融行业内部风险的积聚、演化，也有可能来自实体经济行业结构性、周期性变化带来的外部冲击。与此同时，金融和实体经济之间还存在着双向反馈放大机制，当实体经济行业出现衰退传导至金融行业时，金融行业还将通过金融加速器效应加剧风险在整个经济金融系统的传导扩散。然而，现有文献对系统性金融风险的研究大多都局限于金融行业内部。近年来，基于经济金融系统的全局来考察系统性风险的研究刚开始起步，比如欧阳资生等（2019）研究了中国系统性金融风险对宏观经济的影响，翟永会（2019）、李政等（2019b）、朱波和马永谈（2018）从全行业视角对中国系统性风险进行研究。总的来看，从"全局性"角度考察系统性风险的研究还相对比较匮乏。

现有研究已经从时空两个维度为系统性风险的防范化解提供了相当丰富的指导依据，但仍存在改进完善的空间。其一是对系统性风险演化过程中的风险积累阶段重视不够，还未完全掌握该阶段的风险积聚源头与关联特征，而且也尚未从实证角度验证风险积累阶段与爆发阶段的关系；其二是仍对系统性风险的全局性研究不足，这不仅可能错判系统性风险的真实水平，而且可能盯错系统性风险防范的重点部位。从目前来看，我国经济金融系统中的各行业在系统性风险形成演化过程中究竟发挥怎样的作用、相互间的关联状况如何仍然是一个尚未打开的"黑箱"。

因此，本章从系统性风险的"周期性"和"全局性"角度出发，以我国经济金融系统中的全行业为研究对象，通过将各行业的波动率分解为低波动和高波动两部分来识别各自所处的低波动和高波动阶段，从而可以分别地对系统性风险积累（低波动）阶段和爆发（高波动）阶段进行全局性的考察分析，以期准确把握系统性风险演化过程中的风险积聚源头和爆发源头以及相应的传导结构，打开经济金融关联网络的"黑箱"，为监管部门完善逆周期调节、找准系统性风险防范重点提供帮助。

第一节　经济金融系统相互关联和风险传导机制分析

一、实体经济行业间相互关联和风险传导机制分析

行业指数呈现的高度关联性实质上是行业间内在关联机制的外在表现（乔海曙等，2016），行业之间的内在关联机制指的是由于行业间存在基于投入产出的供需关系，特定行业发展过程中经营环境的变化也会对相关行业的生产经营产生影响。具体而言，实体经济中的各行业组成了一个相互

依赖、互为条件的整体，单个行业的生产和发展都离不开其他行业的支持，这种支持既可能是来自为其生产提供原材料和生产设备的上中游行业供给支持，也有可能是来自购买该行业产品和服务的下游行业需求支持。

基于此，当产业链上游行业的技术水平、生产规模等发生变化导致产出水平出现较大变动时，便会通过改变生产成本等方式正向传导至其中下游行业，导致该产业链行业利润水平皆受波及；当产业链下游行业的市场需求发生较大改变时，也会反向倒逼其产业链的中上游行业，导致行业所属企业价值改变并集中反映于股价，最终体现为行业指数发生同步运动。一个行业在不同产业链中所处的位置可能不同，其技术水平、生产成本、生产规模以及市场需求的变动都不可避免地通过供需关系传递至所属不同产业链的相关行业，带来行业指数的同步运动。除此之外，对于周期性较强的行业，其产品的价格、需求和产能都会随着宏观经济环境的变化而呈现出较为强烈的波动，故在特定时期它们之间的相互依赖关系会加深。另外，在宏观经济政策共同性冲击下，所涉及的行业股票价格也会出现"同涨同跌"的同步性。

二、金融行业内部相互关联和风险传导机制分析

伴随着我国金融改革的全面深化、金融开放水平的不断提高，银行、证券、保险等金融机构加速融合渗透，通过多种形式的金融创新开展相互合作，交叉性金融业务和产品不断推出，金融业综合经营的趋势愈发明显，金融风险交叉传染的可能性大幅上升（李政等，2019a）。不同金融行业主要通过资产负债渠道、支付体系渠道、融资风险渠道等直接渠道以及持有共同风险敞口等间接渠道相互关联（陈建青等，2015）。

具体而言，其一，通过同业存单、同业理财这些银行主动负债工具，金融机构间形成了"同业存单—同业理财—委外投资"的同业业务链条，这不仅带来了同业杠杆的急剧飙升，更导致不同金融行业形成了紧密关联的资产负债关系，金融体系脆弱性加大。其二，银行间支付体系的正常运转是金融机构间资金流动的保障，当某金融机构陷入支付结算困境，则会造成其他金融机构资金链条断裂，导致更多金融机构陷入流动性困境。其三，当一家金融机构出现困境而无法从其他金融机构顺利融资，会加剧该金融机构的风险水平，同时其他金融机构之前对该机构产生的信贷资金也无法及时足额收回，引发融资链条系统性金融风险传递。其四，不同金融

行业的业务和经营模式呈现高度趋同化，近年来通过银信、银证、银保合作等业务将大量资金输送到地方融资平台、房地产等高风险领域，一旦发生政策转向，不同金融行业间的风险敞口加速扩大，导致风险在金融系统扩散。

三、金融与实体经济行业相互关联和风险传导机制分析

金融体系的不稳定性以及金融危机给实体经济造成的负面冲击，长期以来都是学术界关注的热门话题。从理论上讲，费雪（Fisher）的"债务紧缩理论"分析了金融体系的融资总量对经济波动的影响，明斯基（Minsky）的"投资的融资理论"强调金融体系的融资结构对经济波动的影响。但金融体系与实体经济之间的相互作用机理和影响机制仍是一个尚未完全打开的"黑箱"，金融和实体经济的关系究竟如何，仍然值得进行深度探讨（张晓朴和朱太辉，2014）。

本章认为，实体经济是金融体系赖以生存的"大环境"，金融行业的收益来自实体经济，故有效服务实体经济、促进实体经济发展，是金融业安身立命之本（李扬，2017）。从 Merton（1995）为代表的金融功能学说来看，金融不仅仅是为实体经济运行输送资金的"血脉"，是实体经济配置资源的核心，更具有为经济发展分散、转移和化解风险的功能，故金融体系的经营状况在很大程度上影响着实体经济的运行。因此，金融与实体经济行业在运行中相互依赖、互为条件，是不可分割的有机整体，而且二者之间存在着双向反馈放大机制。一方面，金融行业的高杠杆经营模式已注定其具有较高的脆弱性，当内部风险积聚到一定程度时，金融系统便不能有效完好地发挥其为实体经济配置资金和分散风险的功能，实体经济运行也会受到阻滞。另一方面，金融与实体经济的关联主要是通过信贷渠道，当经济衰退，实体经济行业面临资金链断裂时，其债务风险便会通过信贷链条传导至金融体系，使得金融机构蒙受巨额损失，经营状况同步恶化，进而在"金融加速器"催化下将初始小冲击无限放大，进一步加剧实体经济衰退（Bernanke 等，1996）。

第二节　基于高低波动的行业关联网络构建方法

本章将我国经济金融系统中各行业的波动率细分为向上偏离长期趋势值和向下偏离长期趋势值，以识别它们所处的高波动和低波动阶段，并通过 Granger 因果关系检验、基于广义方差分解的 DY 溢出指数、网络分析法等考察在风险积累（低波动）阶段和风险爆发（高波动）阶段我国经济金融系统中行业间的关联特征。下文对本研究采用的波动分解方法、广义方差分解方法以及网络分析法做简要介绍。

一、波动分解方法——单侧 HP 滤波

为探究经济金融系统在风险积累阶段和风险爆发阶段行业间关联特征的差异，本章借鉴 Danielsson 等（2018）的研究，将各行业的波动率分解为低波动和高波动。具体而言，通过 HP 滤波将各行业的实际波动率（σ）分解为趋势值 $\tau(\lambda)$ 和偏离趋势值 v，即

$$\sigma_{i,t} = \tau(\lambda)_{i,t} + v_{i,t} \quad t = 1, 2, \cdots, T \quad (8\text{-}1)$$

其中，λ 代表平滑参数，用于量化波动趋势的程度，在本章中数据为月频，λ 设为 129600。单侧 HP 滤波是通过递归的方式来进行 HP 滤波分析，即在 t 时点，仅使用该时点可获得的数据信息（而非全样本数据）来估计其趋势成分 $\tau(\lambda)_{i,t}$ 和偏离趋势成分 $v_{i,t}$，此时只有过去和当前的状态影响当前的观测结果。基于此，按照波动率偏离趋势值的方法将各行业的波动率（σ）分解为高波动（$v_{i,t}^{high}$）和低波动（$v_{i,t}^{low}$）两部分，得到每个行业各自的高波动和低波动序列。具体形式如下：

$$
\begin{aligned}
v_{i,t}^{high}(\lambda) &= \begin{cases} \sigma_{i,t} - \tau_{i,t}(\lambda) & if \sigma_{i,t} \geq \tau_{i,t}(\lambda) \\ 0 & otherwise, \end{cases} \\
v_{i,t}^{low}(\lambda) &= \begin{cases} |\sigma_{i,t} - \tau_{i,t}(\lambda)| & if \sigma_{i,t} < \tau_{i,t}(\lambda) \\ 0 & otherwise. \end{cases}
\end{aligned}
\quad (8\text{-}2)
$$

二、DY 溢出指数

本章借鉴 Diebold 和 Yilmaz（2014）的研究方法，采用广义方差分解来构建 DY 溢出指数，用于测度各行业的波动溢出水平，并且分析行业间相互

关联的结构特征。DY 溢出指数的好处在于不仅能够给出波动溢出的方向，而且能够测度波动溢出的强度，揭示更为丰富的溢出信息。该指数的构建方法主要分为三个步骤：首先构建 N 维 p 阶向量自回归模型，其次利用广义 VAR 分析框架对协方差矩阵 $\sum$ 进行广义方差分解，最后构建信息溢出表、总体溢出指数、方向性溢出指数等。[①]

三、Granger 无权有向网络以及网络分析方法

Billio 等（2012）采用二元 Granger 因果检验，先确定任意两个机构之间的 Granger 因果关系，然后构建整个系统的 Granger 因果网络（李政等，2016）。其实质上是在孤立环境下考察两两机构之间的关联性（李政等，2019c），与 Billio 等（2012）的研究不同，本章先对 N 个行业的低波动序列（或高波动序列）构建多元 VAR 模型，然后在系统下对两两行业进行 Granger 因果关系检验，确定行业之间的低波动溢出关系（或高波动溢出关系），进而构建经济金融系统无权有向的低波动溢出网络（或高波动溢出网络）。具体而言，以系统中的各行业为节点，将在 10% 显著性水平下存在 Granger 因果关系的行业用有向边连接，这些点和边共同构成我国经济金融系统的波动溢出网络。本章主要以平均中心度、网络密度、平均路径长度和网络直径四个指标来刻画关联网络的结构特征，指标的计算公式以及作用如表 8-1 所示。

表 8-1　网络关联指标说明

指标	计算公式	作用
平均中心度	$C = \sum_N C_i / N \times 2$; $C_i = \sum_j L_{i,j} + \sum_j L_{j,i}$	描述网络的总体连通性，等于每个节点度的平均值，其中每个节点的度 C_i 为其连出和连入的边数之和
网络密度	$D_n = M / N(N-1)$	描述网络的总体连通性，等于网络中实际的有向边数 M 与有向边最大可能数之比
平均路径长度	$P = \dfrac{2}{N(N-1)} \sum_{i>j} d_{ij}$	描述网络传导效率，d_{ij} 为两个节点之间的距离
网络直径	$D = \text{Max}\{d_{ij}\}$	描述网络传导效率，d_{ij} 的最大值

① 关于 DY 溢出指数的构建方法详见本书第六章。

四、样本数据

本章选取 Wind 和申银万国行业指数来研究我国经济金融系统中行业间波动的相互依赖关系。剔除上市企业数目较少的电信服务行业，样本包含金融、能源、材料、工业、可选消费、日常消费、医疗保健、信息技术、公用事业和房地产 10 个 Wind 一级行业以及银行、证券、多元金融和保险 4 个申万二级行业。考虑到 2005 年股权分置改革开始实施，以及申万保险二级行业指数起始于 2007 年 1 月，本章提取了 2007 年 1 月至 2019 年 9 月 14 个行业指数的日度收盘价，并计算对数日收益率，即 $R_{i,\,d} = \ln(P_{i,\,d}/P_{i,\,d-1})$。在此基础上，采用每月日对数收益率的标准差，计算得到 14 个行业的月度实际波动率，即 $\sigma_{i,\,t} = sd(R_i) \times \sqrt{22}$。本章数据全部来自 Wind 数据库。

第三节　基于高低波动两阶段的行业系统性风险度量研究

本章将各行业的波动率分解为向上偏离长期趋势值的高波动和向下偏离长期趋势值的低波动，在此基础上，先对每个行业低波动与高波动的引领关系进行研究，再通过 Granger 因果关系检验和基于广义方差分解的 DY 溢出指数两种方法考察在风险积累阶段（低波动环境）和爆发阶段（高波动环境）我国经济金融系统中行业间的关联特征，以期为监管部门实施更有效的政策措施提供帮助。

一、低波动与高波动的引领关系研究

Minsky（1982）金融不稳定假说认为：当经济主体观察到较低的金融风险时，会增加风险承担，从而内生地加大危机发生的概率，换句话说，金融系统自发地倾向于向不稳定的方向发展。Brunnermeier 和 Sannikov（2014）的"波动性悖论"也体现了这一观点。为探究中国经济金融系统中是否也存在这种现象，本节对样本中 14 个行业的低波动与高波动进行 Granger 因果关系检验，结果见表 8-2。

表 8-2 14 个行业低波动与高波动的 Granger 因果关系检验结果

原假设	统计量	P 值	结论	原假设	统计量	P 值	结论
low_金融↛high_金融	8.072	0.004	拒绝	low_工业↛high_工业	0.000	0.987	接受
high_金融↛low_金融	0.789	0.374	接受	high_工业↛low_工业	0.136	0.712	接受
low_银行↛high_银行	5.450	0.020	拒绝	low_可选消费↛high_可选消费	0.029	0.865	接受
high_银行↛low_银行	2.041	0.153	接受	high_可选消费↛low_可选消费	0.405	0.525	接受
low_证券↛high_证券	2.939	0.086	拒绝	low_日常消费↛high_日常消费	0.639	0.424	接受
high_证券↛low_证券	1.643	0.200	接受	high_日常消费↛low_日常消费	0.005	0.943	接受
low_多元金融↛high_多元金融	4.058	0.044	拒绝	low_医疗保健↛high_医疗保健	0.096	0.757	接受
high_多元金融↛low_多元金融	2.923	0.087	拒绝	high_医疗保健↛low_医疗保健	0.585	0.444	接受
low_保险↛high_保险	3.563	0.059	拒绝	low_信息技术↛high_信息技术	0.029	0.865	接受
high_保险↛low_保险	0.001	0.980	接受	high_信息技术↛low_信息技术	0.202	0.653	接受
low_能源↛high_能源	1.807	0.179	接受	low_公用事业↛high_公用事业	0.175	0.676	接受
high_能源↛low_能源	0.381	0.537	接受	high_公用事业↛low_公用事业	0.235	0.628	接受
low_材料↛high_材料	0.001	0.973	接受	low_房地产↛high_房地产	4.240	0.039	拒绝
high_材料↛low_材料	0.243	0.622	接受	high_房地产↛low_房地产	0.896	0.344	接受

注:(1)"↛"代表前者不是后者的 Granger 原因;(2)"结论"列的"接受"或"拒绝"表示在 10%显著性水平下接受或拒绝原假设;(3)对每对关系的检验均依据 BIC 信息准则选定最优滞后阶数。

根据表 8-2 的检验结果可知,在 10%的显著性水平下,14 个行业中只有房地产和金融行业(包括银行、证券、多元金融和保险子行业)的低波动是其高波动的 Granger 原因,除了多元金融,其他行业的高波动均不是其低波动的 Granger 原因。这说明房地产和金融行业(包括银行、证券、多元金融和保险子行业)的低波动对其高波动具有显著的引导能力,但各行业的高波动却无法引导其低波动。

一个经济主体对风险的感知在很大程度上是通过资产价格的波动来推测。在整个行业资产价格波动较低的环境下,经济主体会对未来收益产生乐观预期,致使其风险容忍度上升,并从事更多风险承担活动,造成风险过度积累,带来行业整体脆弱性上升,从而内生地促进风险爆发和资产价格波动大幅上升,前期积累的风险得以实现。不同于其他行业的盈利模式,为了实现利润最大化,金融行业天生就有增加杠杆、扩张规模的动机。适当的杠杆是金融效率的体现，但过度加杠杆则是坏账和风险的来源①。金融行业在低波动环境下过度加杠杆，增加风险承担，造成风险过度积累，无疑是导致其发生高波动的关键因素。

此外，近几十年来，经过层出不穷的金融创新和持续不断的金融自由化，实体经济已不同程度地被"金融化"或"类金融化"，特别是房地产行业。在我国房地产行业虽然主要被归于实体经济，但仍在很大程度上具备金融衍生品的性质，也存在与金融行业类似的"自发倾向不稳定"现象。在低波动环境下，由于房地产行业自带的金融属性，投资者开始积极追逐房地产市场的高额收益，推升房价不断上涨，导致整个房地产行业价格泡沫不断滋生，潜在风险不断积累，行业脆弱性加剧，外部微小冲击都可能导致房地产行业风险爆发，资产价格发生剧烈动荡（荆中博等，2019）。

由此可见，上述结论验证了 Minsky 金融不稳定假说在中国房地产和金融行业的存在性，即低波动环境下的风险积累是风险爆发的原因，其他行业低波动对高波动的引导关系在统计上并不显著。

二、基于 Granger 因果检验的低波动和高波动溢出网络分析

图 8-1 给出了经济金融系统在低波动和高波动环境下行业间的波动溢出网络。图 8-1 以节点的特征刻画该行业的中心度，节点越大表示该行业的出度越大，影响的行业越多；节点颜色越深表示该行业入度越大，受越多行业的影响。图 8-1（a）和（c）中，经济金融系统处于低波动环境下，金融和公用事业的低波动对其他所有行业的低波动都具有显著引导能力。进一步地，金融子行业中，银行对其他行业的引导关系最多，对 6 个行业具有引导能力；证券和多元金融受到其他行业的影响最多，二者均接受 5 个行业的引导；保险行业发出和接收的数量相同，在网络中发挥波动传递作用。图 8-1（b）和（d）中，经济金融系统处于高波动环境下，金融和公用事业对其他行业的影响能力明显下降，其他实体经济行业成为网络中的高波动来源，特别是医疗保健、房地产和信息技术向其他行业发出的引导关系均超过网络中行业总数的半数。

---

① 样本期内，14 个行业中，金融行业的资产负债率最高，为 92.21%；房地产行业次之，为 72.07%。

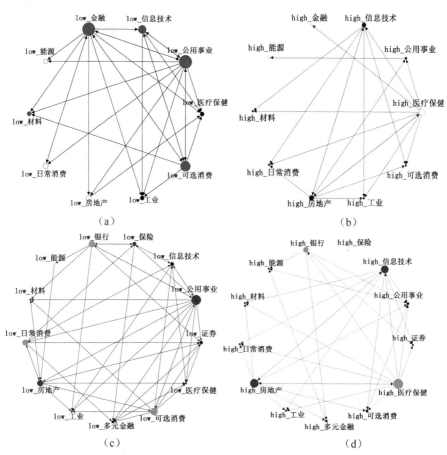

图 8-1　经济金融系统处于低波动和高波动环境下行业间的波动溢出网络

注：图8-1（a）和（b）分别为低波动和高波动环境下10个行业间的波动溢出网络；（c）和（d）是将金融行业细分为银行、证券、保险和多元金融后低波动和高波动环境下13个行业间的波动溢出网络。

在系统性风险形成演化的不同阶段，金融和公用事业对其他行业的影响能力发生了重大变化。就金融行业而言，低波动环境极大地诱导了金融行业的风险承担，即为了实现其收益最大化，必然尽其所能为实体经济提供更多信贷资金支持，特别是在以银行间接融资为主导的金融体系下，银行会通过银行业同业拆借、资产托管业务、存贷款业务等增加与其他金融子行业以及实体经济行业的往来，故与其他行业的关联性增强，表现为金融行业相当高的低波动引导能力。在高波动环境下，金融行业不再是大部分行业出现高波动的原因。这可能是因为，相比实体经济行业，我国金融行业受到较强的逆周期监管，而且在实体经济出现困难时，监管当局会通过放松监管标准等措施促使银行增加信贷投放，以充当经济下滑的缓冲剂。

就公用事业而言，涉及电力、水务和燃气等领域，是国民经济运行中的基础性行业，与众多行业织就了密如蛛网的纵向和横向联系。在低波动环境下，各行业在盈利动机驱使下积极扩大生产规模，在这个过程中免不了来自公用事业的需求或供给支持，因此公用事业与不同产业链上下游行业形成了高度关联性。然而在高波动环境下，公用事业受市场环境影响较弱，甚至政府及相关部门还会通过扩大基础设施规模来防止经济金融环境的进一步恶化。因此，公用事业也并非其他行业风险爆发的重要原因。

接下来，进一步采用网络分析方法对不同环境下我国经济金融系统中行业间波动溢出网络的特征进行刻画，结果如表8-3所示。

表8-3　我国经济金融系统中行业波动溢出网络的特征

指标	10个行业		9个实体经济行业和4个金融子行业	
	低波动溢出网络	高波动溢出网络	低波动溢出网络	高波动溢出网络
平均中心度	3	2	3.462	2.385
网络密度	0.333	0.222	0.288	0.199
平均路径长度	1.348	1.357	1.697	1.268
网络直径	2	3	4	3

由表8-3可知，第一，不论经济金融系统处于低波动还是高波动环境下，网络的平均路径长度和网络直径都非常小，远小于网络中的节点数目，表明我国经济金融关联网络具有明显的"小世界（small-world）特性"。

第二，结合图8-1来看，网络中的大部分节点只与少数节点相连，也有极少数节点与非常多的节点连接，这说明我国经济金融关联网络具有"无标度（scale-free）特性"。比如，低波动溢出网络中的金融和公用事业行业以及高波动溢出网络中的医疗保健和房地产行业，它们与网络中的绝大多数行业关联，是各自网络中的关键节点，而其他大部分行业只与极少数行业关联。这种无标度特性意味着我国经济金融系统具有稳健且脆弱（robust-yet-fragile）的倾向，由于大部分节点的连通性是比较低的，随机冲击作用于这些低连通性行业的概率比较大，而且由于它们与其他行业的关联性较低，冲击大范围传播的概率就比较低，此时系统是稳健的。但是，一旦冲击作用于那些关联度较高的行业，势必波及整个经济金融系统，此时系统是脆弱的。

第三，根据网络的平均中心度和网络密度发现，低波动溢出网络的平均中心度和网络密度均高于高波动溢出网络，说明我国经济金融系统在低波动环境下的整体连通性更高。这是因为，低波动环境诱使经济主体增加投资、扩大生产规模，在这个过程中相关行业的互动增加，导致行业间的关联关系增多。然而较高的关联性能够放大冲击的破坏力和影响范围，因此，低波动环境下经济金融系统密切的网络关联性，事实上为日后的风险爆发埋下了安全隐患。

三、基于 DY 溢出指数的低波动和高波动溢出网络分析

本节进一步采用基于广义方差分解的 DY 溢出指数方法，对我国经济金融系统的波动溢出关联进行深入研究。其中，AIC 准则确定的 VAR 模型滞后阶数为1，预测误差方差分解的期数设为6，具体结果如表8-4至表8-7所示。其中，表8-4 和表8-6 给出了经济金融系统处于低波动环境下行业间的波动溢出表，表8-5 和表8-7 给出了经济金融系统处于高波动环境下行业间的波动溢出表。相比上述 Granger 因果关系检验，溢出指数不仅可以揭示行业间波动溢出的方向和路径，而且能够测度溢出的强度和规模。

首先，从表8-4~表8-7 右下角的总体溢出水平来看，在不同环境下，我国经济金融系统中行业间波动的总体溢出水平均达到80%以上，即行业间的相互溢出在系统整体波动中占有相当大的比重，说明我国经济金融系统的波动呈现出明显的跨行业溢出特性。值得一提的是，在低波动环境下，行业间的总体溢出水平相对较低，为84.83%和85.45%，而在高波动环境下，行业间的总体溢出水平得到加强，上升至87.49%和87.68%。这一结果与上述无权有向的 Granger 因果网络在低波动环境下连接的边数更多、网络关联更密切的结论有出入，但却合乎情理。在低波动环境下，经济金融系统中各经济主体倾向于增加投资、扩大生产规模，在这个过程中行业间合作意愿加大，业务往来增多，故相互连接的边数也增加，整体连通性增强。然而在高波动环境下，虽各行业为了规避风险，新开展合作业务减少，相较低波动环境，行业间相互连接边数减少，整体连通性下降，但由于大部分已开展的业务无法在短时间内终止，无疑给行业间的高波动溢出提供了渠道，在资产价格剧烈动荡的高波动环境下，市场投资者的心理恐慌和信心丧失加剧了行业间的相互影响程度，因此在考虑到溢出强度时，高波动环境下经济金融系统的总体溢出水平得到加强。总之，结合 Granger 因果检验和溢出指数的结果发现，我国经济金融系统在低波动环境中行业间的

相互联系更多，整体连通性更高，而在高波动环境下，虽然联系减少、整体连通性下降，但在信息机制作用下相互影响的程度加深，总体溢出强度更大。

其次，从波动溢出角度来看，对比表8-4和表8-5，经济金融系统处于低波动环境下，金融行业与实体经济中的公用事业波动溢出水平最高，分别为108.69%和111.88%；而在高波动环境下，金融行业的溢出水平大幅下降至64.75%，公用事业行业的溢出水平下降至95.10%，但是，其他所有实体经济行业的溢出水平均呈现不同程度的上升，从69%~88%不等上升至78%~96%不等，远高于金融行业的溢出水平。这意味着，低波动环境下，金融和公用事业行业是我国经济金融系统中的低波动主导者，其低波动在很大程度上解释了其他行业的低波动；而在高波动环境下，金融行业不再充当系统中主要的波动来源，实体经济行业则对系统中其他行业波动的解释能力得到强化，在整个经济金融系统的波动溢出中发挥重要作用[1]。

表8-4　低波动环境下中国10个行业的波动溢出表

项目	金融	能源	材料	工业	可选消费	日常消费	医疗保健	信息技术	公用事业	房地产	From
金融	22.31	9.77	7.84	8.51	7.43	9.81	6.53	4.89	12.49	10.42	77.69
能源	14.12	16.39	9.90	8.80	8.27	9.21	6.93	6.63	11.29	8.45	83.61
材料	12.69	9.91	12.04	10.2	8.93	9.30	8.48	7.92	12.68	7.84	87.96
工业	11.49	8.53	9.25	12.41	9.77	9.32	8.78	8.89	14.14	7.42	87.59
可选消费	11.07	8.25	9.13	10.76	11.12	10.28	9.76	9.43	12.87	7.32	88.88
日常消费	12.13	8.22	9.09	9.63	10.35	13.63	9.90	8.18	11.10	7.78	86.37
医疗保健	9.67	6.91	8.80	10.19	10.47	10.65	13.14	10.01	13.14	7.03	86.86
信息技术	9.17	7.07	9.07	10.98	10.73	9.79	10.65	13.35	12.48	6.71	86.65
公用事业	11.29	9.01	8.13	10.71	8.70	8.05	9.35	7.65	21.05	6.06	78.95
房地产	17.06	10.17	8.15	8.28	7.55	8.95	6.25	5.67	11.69	16.24	83.76
To	108.69	77.85	79.35	88.06	82.22	85.36	76.64	69.26	111.88	69.03	848.32
Total	131.00	94.24	91.39	100.47	93.34	98.99	89.78	82.60	132.93	85.27	84.83%

注：To行的数据表示每个行业的波动溢出水平，From列的数据表示每个行业的波动溢入水平，即接收其他行业的波动溢出水平，矩阵右下角的数值为系统的总体溢出水平，表8-5~表8-7同上。

---

[1]　高波动环境下实体经济行业中溢出水平最高的是工业（96.21%）、公用事业（95.10%）、可选消费（94.42%）、材料（92.08%）和医疗保健（90.31%）行业，这些行业对其他行业的高波动具有较强的解释能力。

表 8-5 高波动环境下中国 10 个行业的波动溢出表

项目	金融	能源	材料	工业	可选消费	日常消费	医疗保健	信息技术	公用事业	房地产	From
金融	17.37	9.66	7.87	9.63	8.84	8.14	8.25	7.78	10.02	12.44	82.63
能源	9.22	13.37	9.67	10.26	9.60	8.92	8.77	8.54	10.98	10.68	86.63
材料	6.15	8.82	11.48	11.12	11.01	10.39	10.54	10.05	11.14	9.31	88.52
工业	6.91	8.81	10.87	11.32	10.99	10.37	10.30	9.98	10.92	9.54	88.68
可选消费	6.63	8.45	10.87	11.11	11.41	10.53	10.65	10.35	10.56	9.44	88.59
日常消费	6.38	8.13	10.86	11.05	11.16	11.81	10.90	10.33	10.22	9.17	88.19
医疗保健	6.24	7.91	10.67	10.57	10.96	10.64	12.58	10.75	10.56	9.12	87.42
信息技术	6.41	8.36	10.82	11.05	11.11	10.47	11.08	11.27	10.12	9.31	88.73
公用事业	7.67	9.27	10.62	10.74	10.41	9.74	10.09	9.09	12.77	9.60	87.23
房地产	9.14	9.16	9.84	10.68	10.34	9.47	9.74	9.31	10.57	11.75	88.25
To	64.75	78.55	92.08	96.21	94.42	88.67	90.31	86.18	95.10	88.60	874.87
Total	82.12	91.93	103.56	107.52	105.83	100.48	102.89	97.45	107.86	100.35	87.49%

相比低波动环境，各实体经济行业在高波动环境下溢出水平均有所上升，其中上升幅度最大的行业分别是房地产（上升 19.57%）、信息技术（上升 16.92%）和医疗保健（上升 13.67%），这意味着几个行业一旦发生不稳定对其他行业的溢出会大大增强。与此同时，房地产、信息技术和医疗保健行业也是图 8-1（b）无权有向的高波动溢出网络中发出引导关系最多的行业。这三个行业在经济金融系统风险爆发阶段发挥重要作用，与它们在经济运行中的重要性是分不开的，比如，房地产行业是现阶段我国经济的支柱产业，其发展不仅直接推动关联行业的发展，还会通过影响我国宏观经济状况间接影响到更多行业的发展（李政等，2019b），因此一旦房地产行业风险爆发，会很大程度上向其他行业溢出，带动其他行业陷入高波动。从监管角度来看，应该对房地产、信息技术和医疗保健等敏感性行业予以高度关注，重视市场环境变化对它们的影响，尽可能维持它们产品供需的稳定，避免其资产价格发生高波动对系统中其他行业溢出水平的大幅增加。

进一步结合表 8-6 和表 8-7，将金融行业细化到子行业发现，低波动环境下金融行业中银行业的波动溢出水平最高（109.51%），其次是证券业（84.15%），但在高波动环境下，金融子行业（除多元金融以外）的溢出水平均发生大幅下降，且远小于实体经济行业。

表 8-6　低波动环境下中国 4 个金融子行业和 9 个实体经济行业的波动溢出表

项目	银行	证券	多元金融	保险	能源	材料	工业	可选消费	日常消费	医疗保健	信息技术	公用事业	房地产	From
银行	23.57	8.69	5.44	9.97	6.23	5.18	5.40	5.31	6.81	4.53	2.87	7.98	8.01	76.43
证券	10.75	12.37	6.68	7.94	6.89	6.44	6.71	6.82	7.78	6.45	4.87	8.96	7.34	87.63
多元金融	9.32	9.07	13.20	6.69	5.14	6.03	7.30	7.64	8.24	6.47	5.18	9.07	6.64	86.80
保险	17.37	9.57	4.47	30.66	2.61	2.90	3.26	3.25	5.94	3.55	2.19	8.06	6.18	69.34
能源	8.89	6.54	4.19	3.95	13.79	8.96	7.70	7.73	7.89	6.62	6.79	9.28	7.65	86.21
材料	8.29	6.62	4.47	5.10	8.77	10.49	8.61	7.87	7.95	7.37	7.22	10.21	7.05	89.51
工业	7.92	6.12	4.97	4.86	7.42	7.97	10.46	8.56	7.96	7.68	8.10	11.45	6.55	89.54
可选消费	7.23	6.42	5.58	4.77	7.28	7.80	9.02	9.58	8.79	8.39	8.28	10.44	6.43	90.42
日常消费	7.83	6.30	5.72	4.67	7.15	7.83	8.08	9.01	11.54	8.63	7.40	8.96	6.87	88.46
医疗保健	6.62	6.22	5.08	5.02	6.36	7.35	8.49	8.90	9.20	11.17	8.48	10.91	6.20	88.83
信息技术	5.65	5.37	4.76	5.54	6.71	7.76	9.37	9.25	8.71	9.03	11.41	10.48	5.97	88.59
公用事业	8.65	5.70	4.43	5.30	7.75	7.02	8.95	7.67	6.81	8.22	7.09	17.08	5.33	82.92
房地产	10.98	7.52	5.51	6.06	8.57	7.11	6.81	6.60	7.46	5.37	5.18	9.03	13.80	86.20
To	109.51	84.15	61.29	69.87	80.89	82.34	89.67	88.60	93.54	82.29	73.65	114.82	80.24	1110.86
Total	133.08	96.52	74.50	100.53	94.68	92.84	100.13	98.19	105.08	93.46	85.06	131.90	94.04	85.45%

表 8-7　高波动环境下中国 4 个金融子行业和 9 个实体经济行业的波动溢出表

项目	银行	证券	多元金融	保险	能源	材料	工业	可选消费	日常消费	医疗保健	信息技术	公用事业	房地产	From
银行	20.03	9.90	6.43	12.15	6.67	4.39	5.79	5.13	4.96	5.10	4.27	6.47	8.70	79.97
证券	8.68	14.53	7.63	9.10	6.42	6.48	7.36	6.47	5.90	6.10	6.08	6.95	8.29	85.47
多元金融	6.05	6.98	12.04	5.11	6.77	7.73	8.41	8.61	7.60	7.50	7.49	7.85	7.88	87.96
保险	12.27	10.49	4.99	19.66	6.02	4.96	6.29	5.12	5.37	4.95	4.74	7.26	7.89	80.34
能源	6.03	5.86	5.76	5.13	11.45	8.30	8.74	8.28	7.62	7.62	7.23	9.15	8.83	88.55
材料	3.29	4.49	6.05	3.39	7.76	10.23	9.83	9.79	9.09	9.42	8.78	9.83	8.05	89.77
工业	3.80	4.94	6.41	3.83	7.63	9.53	9.86	9.63	8.97	9.10	8.61	9.52	8.17	90.14
可选消费	3.68	4.49	6.79	3.42	7.40	9.56	9.72	10.03	9.11	9.41	8.95	9.26	8.18	89.97
日常消费	3.59	4.20	6.37	3.66	7.18	9.72	9.72	10.32	9.63	8.95	8.99		8.00	89.68
医疗保健	3.55	3.97	6.10	3.44	6.95	9.47	9.39	9.74	9.33	11.26	9.42	9.33	8.06	88.74
信息技术	3.49	4.67	6.28	3.55	7.29	9.52	9.71	9.80	9.10	9.81	9.84	8.83	8.12	90.16
公用事业	4.74	4.78	5.90	4.68	7.85	9.27	9.35	9.12	8.40	8.88	7.77	11.14	8.11	88.86
房地产	5.38	5.87	6.39	5.00	7.72	8.42	9.07	8.90	8.03	8.56	7.90	8.97	9.79	90.21
To	64.55	70.64	75.10	62.46	85.66	97.20	103.38	100.39	93.49	96.07	90.19	102.41	98.29	1139.82
Total	84.58	85.17	87.13	82.11	97.12	107.43	113.24	110.42	103.81	107.33	100.03	113.55	108.08	87.68%

再次，从接收波动溢出角度来看，在表 8-4 和表 8-5 中，金融行业的低波动和高波动分别有 77.69% 和 82.63% 来自其他行业的溢出，相比于实体经济行业接收波动溢出水平主要集中在 86% 以上，金融行业波动受其他行业影响相对较小，但与低波动环境相比，高波动环境下的接收波动溢出水平有所增强。进一步结合表 8-6 和表 8-7，细化到金融子行业发现，在其他行业自身解释力主要集中于 9%~15% 的情形下，银行和保险的波动不论在高波动还是低波动环境下自身解释的比例都达到 20% 以上，甚至保险在低波动环境下达到 30%。这表明，整体而言，与实体经济行业相比，金融行业波动受其他行业影响相对较小，抵抗外部冲击能力较强，其中，银行和保险的抵抗冲击能力更为突出。

最后，进一步考察金融与实体经济行业的双边溢出关系发现，经济金融系统处于低波动环境下，金融对实体经济的溢出水平（108.69%）大于溢入水平（77.69%），说明在金融与实体经济的互动中，金融充当净溢出方[①]；在高波动环境下，金融对实体经济的溢出水平（64.75%）小于溢入水平（82.63%），说明在金融与实体经济的互动中，实体经济充当净溢出方。这就意味着低波动环境下的波动主要来源于金融，而高波动环境下的波动主要来源于实体经济。在低波动环境下，实体经济行业为扩张规模实现利润最大化，会向金融行业积极寻求借贷，金融行业也会因借款者抵押物价值较高且稳定而倾向于扩大对实体经济行业的借贷规模，如此构成的紧密联系致使金融行业的波动能够在很大程度上带动实体经济行业的波动。当风险积聚到一定程度或在外部冲击下，实体经济行业风险爆发，资产价格剧烈震荡，此时便会通过恶化贷款状况等反向加剧对金融行业的影响。

而且，不论在低波动还是高波动环境下，与金融行业波动关联最密切的行业为房地产、能源和公用事业行业。由于信用市场中存在信息不对称，金融行业在对外贷款时需要充分的抵押物为信贷资金的安全做保障，因此房地产、公用事业等拥有相对稳定且价值较高抵押品的行业会更受金融行业的青睐，彼此间的业务联系更为密切。同时，房地产、能源行业的金融化程度较深，其价格在体现其商品属性之外，还体现了其金融属性，因此其价格波动不仅会影响其产业链相关行业，也会与金融行业的资产价格变动产生紧密联系。

在表 8-6 和表 8-7 的基础上，表 8-8 进一步汇报了金融子行业间以及金融子行业与实体经济行业间的相互溢出水平。例如，低波动环境下，银

[①]　净溢出水平 = 金融行业总输出水平 To - 金融行业总输入水平 From。

行对其他金融子行业的溢出水平由其对证券、多元金融和保险溢出水平的均值表示，银行对实体经济行业的溢出水平由其对9个实体经济行业波动溢出水平的均值表示，其他对应数值依此类推。

表8-8 金融子行业间以及金融子行业与实体经济行业的溢出水平

项目		To		From		Net	
		其他金融子行业	实体经济行业	其他金融子行业	实体经济行业	其他金融子行业	实体经济行业
低波动环境	银行	12.48	8.01	8.03	5.81	4.45	2.2
	证券	9.11	6.31	8.46	6.92	0.65	-0.61
	多元金融	5.53	4.97	8.36	6.86	-2.83	-1.89
	保险	8.2	5.03	10.47	4.22	-2.27	0.81
高波动环境	银行	9	4.17	9.49	5.72	-0.49	-1.55
	证券	9.12	4.81	8.47	6.67	0.65	-1.86
	多元金融	6.35	6.23	6.05	7.76	0.3	-1.53
	保险	8.79	4.01	9.25	5.84	-0.46	-1.83

研究发现，第一，在经济金融系统处于低波动和高波动环境下，金融子行业间的相互溢出水平均高于它们与实体经济行业的相互溢出水平，意味着相较于与实体行业的关联性，金融行业内部的关联更为密切。这是因为，金融行业内部通过多种形式的金融创新开展相互合作，混业经营趋势明显，通过资产负债渠道、支付体系渠道、融资风险渠道等直接渠道以及持有共同风险敞口等间接渠道密切关联。因此，相比实体经济行业主要通过信贷渠道传导，金融子行业间具有更为丰富的传导渠道。而且，相比实体经济行业，投资者对同属于金融行业的不同子行业预期趋于一致，特别是在资产价格剧烈动荡的高波动阶段，在恐慌心理影响下，金融子行业间波动的相互影响会明显强于它们与实体经济行业的相互影响。

第二，从金融子行业间的相互溢出关系来看，无论在高波动还是低波动环境下，银行和证券对除自身以外其他子行业的波动溢出水平最高，能够在很大程度上带来其他金融子行业的波动。在低波动环境下，银行对其他子行业低波动的解释能力最强，证券次之，但在高波动环境下，除银行的溢出水平下降以外，其他子行业的溢出水平均上升，此时证券对其他子行业高波动的解释能力最强，是金融行业内部最主要的高波动来源。

因此，银行和证券分别是金融行业内部在低波动和高波动环境下的最大净溢出方，是整个金融行业的核心，这与现实相符。一方面，高波动环境下银行在金融行业内波动溢出水平明显下降，是因为我国银行业自身经营较为谨慎、稳健，加之较其他行业规模大，因此受到的监管最为严厉，不易形成高波动的金融风险，在市场不稳定时期，银行业的波动水平相对较低，这也减缓了银行业对其他金融行业的风险溢出效应，并在整个金融系统中发挥着"稳定器"的作用。另一方面，证券之所以成为高波动环境下金融行业内的高波动来源，是因为相比其他金融子行业，证券公司对外部冲击的敏感度较高，抵抗风险能力较弱，因而证券行业内部更容易爆发金融风险，资产价格发生剧烈动荡，并且通过资产负债关系、融资风险、公众信心等渠道向其他金融子行业外溢（李政等，2019c）。

第三，从金融子行业与实体经济行业的相互溢出关系来看，在低波动环境下，金融行业中银行对实体经济行业的溢出水平最高，而且是实体经济行业的最大净溢出方，通过为其提供信贷支持，促使其风险积累；在高波动环境下，多元金融和证券行业与实体经济行业的双向溢出水平均为最高，说明此时金融行业中多元金融和证券与实体经济行业的双向互动最为密切，同时实体经济行业充当净溢出方。中国实体经济企业通过证券公司直接融资获得的资金量也是极其庞大的，因此证券公司在企业融资中也占有相当重要的地位。由于证券公司本身的脆弱性，不仅自身出现风险暴露时会通过业务关系传导至整个金融行业乃至实体经济，同时实体经济行业也会对证券公司造成反向冲击。另外，过去几年，多元金融行业也在服务实体经济行业方面发挥了重要作用，尤其是信托业投入实体经济领域的信托规模不断扩大，占资金信托总规模已经达到70%以上①，而且基本覆盖了实体经济的各个行业，这导致了多元金融与实体经济行业之间较强的风险关联性，特别是当实体经济行业发生动荡时会极大地冲击多元金融行业。

接下来，为更加清晰地呈现两两行业间的波动溢出关系，本节分别保留了低波动和高波动环境下溢出强度在均值以上的波动溢出关系，并采用 Gephi 软件绘制了我国经济金融系统在低波动和高波动环境下的波动溢出网络，详细描绘了 4 个金融子行业和 9 个实体经济行业间波动溢出的路径和强度。网络中，节点代表我国经济金融系统中的 13 个行业，连接节点的有向箭头刻画了行业间波动溢出的方向和强度，溢出强度越大，有向箭头越大、颜色越深。

---

① 根据《中国信托业社会责任报告（2018-2019）》，2018 年年末，信托业直接投入实体经济领域的信托规模为 13.72 万亿元，占资金信托总规模的 72.42%。

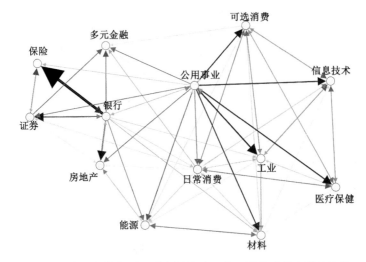

图 8-2 我国经济金融系统在低波动环境下的波动溢出精简网络

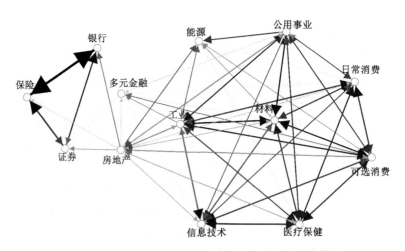

图 8-3 我国经济金融系统在高波动环境下的波动溢出精简网络

由图 8-2 和图 8-3 可知，首先，在金融行业内部，两种环境下银行和保险之间的双向溢出关系极为突出，是我国经济金融系统中最重要的一条波动溢出路径。除此之外，在金融行业中，银行、证券、保险两两之间的溢出强度相对较高，三者组成封闭的"银行—证券—保险"双向波动风险传递环，但由于它们在金融体系中所处的地位、规模、业务范围不同，两两行业间的双向溢出具有明显的非对称性（沈悦等，2014）。具体而言，不同环境下银行和证券对保险的溢出均大于保险对银行和证券的溢出，从银行和证券的双向溢出来看，低波动环境下银行对证券的溢出大于证券对银行，但由于证券行业内部更容易形成金融风险，并带动其他行业发生高波动，故在高波动环境下证券对银行的溢出大于银行对证券的溢出。另外，金融行业中银行、证券、保险三者与多元金融的波动关联性都比较弱。

其次，在实体经济行业方面，与低波动环境相比，高波动环境下连接两两实体经济行业的有向箭头更大、颜色更深，实体经济行业之间的溢出强度明显增强，相互影响的程度加深。就波动溢出结构而言，低波动溢出网络的"核心化"程度较高，公用事业行业在网络中居于核心地位。高波动溢出网络则没有明显的核心行业，网络呈"分散化"特征。从波动溢出的路径来看，在低波动环境下，公共事业对工业、医疗保健、信息技术、可选消费、材料行业的溢出水平较高，是重要的低波动溢出路径；高波动环境下的网络中心不唯一，其中工业对材料、日常消费、可选消费、信息技术，可选消费对日常消费、信息技术、材料、医疗保健、工业，材料对日常消费、可选消费、工业、信息技术，医疗保健对信息技术、日常消费以及公用事业对材料、工业均为重要的高波动溢出路径。

最后，在金融和实体经济行业关联方面，在低波动环境下，金融行业中银行与实体经济行业的关联最密切（8条关系），这与中国实体经济的主要融资来源为银行业的融资结构相吻合，特别是银行对实体经济行业中的房地产、能源和公用事业行业溢出关系最为突出。在高波动环境下，银行与实体经济行业的关联减弱，多元金融成为连接金融和实体经济的重要枢纽，实体经济行业的高波动主要通过多元金融传导至金融行业。

本章小结

本章将我国经济金融系统中各行业的波动率细分为向上偏离长期趋势值和向下偏离长期趋势值，以识别它们所处的高波动和低波动阶段，在此基础上，先对每个行业低波动与高波动的引领关系进行研究，再通过Granger因果关系检验和基于广义方差分解的DY溢出指数等方法考察在风险积累（低波动）阶段和风险爆发（高波动）阶段我国经济金融系统中行业间的关联特征，以期为监管部门实施更有效的政策措施提供帮助。

本章研究的主要结论如下：

第一，我国经济金融系统中只有房地产和金融行业（包括银行、证券、多元金融和保险子行业）的低波动对其高波动具有显著的引导能力，表明Minsky金融不稳定假说在中国房地产和金融行业的存在性，即其低波动环境下的风险积累是风险爆发的原因。

第二，我国经济金融系统的波动呈现明显的跨行业溢出特征，并且在低波动环境中行业间的相互联系更多，整体连通性更高，而在高波动环境下，虽然联系减少、整体连通性下降，但在信息机制作用下相互影响的程度加深，总体溢出强度更大。

第三，在低波动环境下，金融和公用事业的引导能力、溢出水平最高，是风险积聚的源头；在高波动环境下，金融和公用事业的引导能力、溢出水平下降，其他实体经济行业的影响力上升，特别是房地产、信息技术和医疗保健，风险爆发于实体经济部门。

第四，不论在低波动还是高波动环境下，金融与房地产、能源和公用事业的关联最为密切，并且，金融在低波动环境下充当净溢出方，在高波动环境下充当净溢入方。此外，在低波动环境下，银行与实体经济行业关联最为密切，但在高波动环境下，银行与实体经济行业的关联减弱，多元金融成为连接金融和实体经济的枢纽，实体经济行业的高波动主要通过多元金融传导至金融行业。

第五，在金融行业内部，银行和证券分别是低波动和高波动环境下的最大净溢出方，是整个金融行业的核心，而且，银行、证券、保险两两之间的关联性较强，与多元金融的关联性较弱；在实体经济行业中，公用事业在低波动环境下处于绝对主导地位，溢出网络的"核心化"程度较高，但在高波动环境下，却没有明显的核心行业，溢出网络呈"分散化"特征。

上述结论的政策意义主要体现在以下两个方面。一方面，应当将全局性思维引入到系统性风险监管框架中，现有监管框架还未将源自实体经济行业出现结构性、周期性变化带来的冲击纳入考量，这可能导致低估系统性风险的真实水平，而且错判系统性风险防范的重点部位。全局性的监管框架应当对我国经济金融系统中的各行业全面覆盖，特别是要对房地产、信息技术和医疗保健等敏感型行业给予特别关注。另一方面，应当进一步完善逆周期调控政策，准确把握系统性风险演化过程的周期性特征，尤其是要高度关注低波动环境下系统性风险不断积累的事实，从系统性风险的积聚源头行业（金融和公用事业行业）入手予以调控，尽可能地减轻各行业在该阶段对它们的过度依赖，从而前瞻性地降低系统性风险爆发的概率，减轻系统性风险爆发对我国经济金融系统的损害程度。另外，要关注在系统性风险积累阶段和爆发阶段风险溢出结构的差异性，做好分阶段的差异化防控措施。

第九章　全球视野下的主权债务风险跨国溢出研究

当一个国家过度借贷导致债务积累超过经济偿还能力时通常会发生债务违约，并通过信贷链条等渠道波及其他国家，最终导致主权债务危机的集中爆发。20世纪80年代以来，主权债务危机频频发生，并且从墨西哥、俄罗斯、阿根廷等新兴市场国家逐渐转向欧洲发达国家，影响范围也从最初的区域性演化为全球性，越来越成为世界经济发展的羁绊。近年来，标准普尔、穆迪、惠誉以及经济合作与发展组织（OECD）等国际机构相继对全球主权债务风险予以警示，再度引发了国际市场和监管部门对主权债务风险的高度关注。一方面，自2008年国际金融危机以来，各国为促进经济复苏，实施宽松的货币政策和财政政策，这导致全球主权债务规模持续扩大①。在此期间，不仅欧美发达国家债台高筑，新兴市场国家的主权债务规模也在迅速扩大，各国的债务负担愈发沉重。另一方面，近年国际经济形势复杂多变，大宗商品价格下跌、国际资本流动性趋紧、中美贸易摩擦升级等给世界经济带来很大的不确定性，导致全球经济增速下滑，并在不同程度上加大了各国的融资成本和偿债压力。

2020年初新冠肺炎疫情开始在全球蔓延，由此引发的消费萎缩、产业链供应链停滞导致不少国家经济迅速陷入困境，使原有的债务问题雪上加霜。与此同时，为了应对疫情冲击，维护本国实体经济和金融系统的稳定，各国政府实施大规模的财政刺激措施，致使全球主权债券发行规模急剧上升，进一步加大了全球主权债务风险。

各国除了自身主权债务风险上升以外，国家间的风险溢出也会进一步推高其主权债务风险水平。目前，国内外学者对主权债务风险跨国溢出效应的研究还相对较少，已有的研究主要采用主权CDS利差、主权债券利差、国债信用利差等指标度量一国的主权债务风险，并通过基于广义方差分解

---

① 根据国际清算银行（BIS）的统计，全球40多个主要经济体的政府债务总量（按市场价值计）从2008年的36.90万亿美元增长至2019年的68.51万亿美元，创历史新高，而且政府债务占GDP的比重也从63.60%上升至87.00%，全球债务负担沉重。

的溢出指数方法（Diebold 和 Yilmaz，2014）考察主权债务风险的溢出效应（Heinz 和 Yan，2014；马旭平等，2019；Wang，2019；Bostanci 和 Yilmaz，2020）。

与此同时，现有研究表明，一国的主权债务风险水平受到经济基本面和市场因素两个方面的影响。比如，Bellas 等（2010）研究了新兴市场国家主权债券利差的决定因素，分析宏观经济基本面和金融市场临时因素对主权债券利差的影响，研究发现，长期中基本面是新兴市场国家主权债券利差的重要决定因素，短期中金融市场动荡是比基本面更加重要的决定因素。Hilscher 和 Nosbusch（2010）则发现一国基本面波动，尤其是贸易条件波动对新兴市场国家的主权债券利差具有统计和经济上的显著影响。Beirne 和 Fratzscher（2013）考察了欧债危机期间 31 个发达和新兴经济体主权债务风险的驱动因素，发现一国基本面的恶化和金融市场对基本面敏感性的急剧上升[1]是主权债券利差和主权 CDS 利差上升的主要原因，投资者的羊群行为或恐慌导致的羊群传染也在部分时间和个别市场中产生影响。De Santis（2014）发现除了传统的信用和流动性风险，危机期间投资者较高的风险规避情绪（flight-to-liquidity）和来自希腊的溢出效应，在欧元区主权债券利差的变化中也发挥了重要作用。

由此可见，一国的主权债务风险水平由经济基本面和市场因素共同决定，主权债务风险也正是通过国家间的基本面关联和市场情绪、投资者非理性行为等市场因素进行跨国溢出的。而且，经济基本面和市场因素分别是一国长期和短期主权债务风险的决定因素（Bellas 等，2010），基于两者的主权债务风险跨国溢出也应具有不同的持续期。但遗憾的是，目前国内外学术界还鲜有文献对短期和长期下的主权债务风险跨国溢出效应进行研究。

有鉴于此，本章从国家间主权债务风险溢出的持续期角度出发，采用基于广义方差分解谱表示的 BK 溢出指数方法[2]，将时域下的溢出分解至高低两个频率带，从频域视角对短期和长期下的主权债务风险跨国溢出效应进行研究，以期为监管部门制定长短期差异化的主权债务风险监管和防范措施提供借鉴。本章的创新与贡献主要体现在以下两个方面：第一，首次从频域视角对短期和长期下的主权债务风险跨国溢出水平与溢出结构进行研究；第二，通过 QAP 分析方法进一步考察了长短期主权债务风险跨国溢

---

① 市场参与者可能会随着时间的推移以不同的方式对相同的基本面进行定价，文献中称其为唤醒传染（wake-up call contagion）。

② 关于 BK 溢出指数的构建方法详见本书第六章。

出的影响因素。

第一节　研究样本与数据说明

主权信用违约互换（Sovereign Credit Default Swaps，Sovereign CDS）专为对冲主权债券违约风险设计，其购买者需要向其出售者定期支付一定费用（主权 CDS 利差），目的是当一国主权债券出现信用事件时，主权 CDS 出售者可以补偿购买者持有该主权债券的损失。

以往研究多采用主权 CDS 利差来度量一国的主权债务风险，而且作为高频数据，CDS 利差水平的变化可以及时、准确地反映一国主权债务风险的变化。因此，本章采用主权 CDS 利差来衡量各国的主权债务风险水平。

本章的研究样本包括美国（US）、中国（CN）、日本（JP）、德国（DE）、英国（GB）、法国（FR）、意大利（IT）、巴西（BR）、韩国（KR）、西班牙（ES）、澳大利亚（AU）、俄罗斯（RU）、印度尼西亚（ID）和荷兰（NL）14 个国家①。与马旭平等（2019）、Bostanci 和 Yilmaz（2020）等研究一致，本章选用流动性较强的五年期主权 CDS 利差数据，而且由于 CDS 价格分为竞价（bid）和询价（ask），为了不产生偏误，使用两者的中间价格（mid）。样本区间为 2008 年 11 月到 2019 年 6 月，共计 555 组周度主权 CDS 利差变动率②数据，数据来自汤森路透 Datastream 数据库。

表 9-1　14 个国家主权 CDS 利差的描述性统计

国家	均值	标准差	中位数	最小值	最大值
US	29.5087	14.2588	24.3000	12.7720	94.4000
CN	90.4834	33.6483	81.8720	41.5400	254.0000
JP	36.8849	20.2312	32.6960	9.5700	114.2500
DE	20.3408	16.3790	13.3100	5.0000	88.4000
GB	41.3275	26.6585	30.7220	11.6600	160.2000
FR	40.4051	32.2067	29.8880	7.1580	165.6094
IT	145.3392	92.1965	110.2980	42.7220	480.8159

---

① 这 14 个国家的 GDP 均位列 2017 年全球 GDP 排名前 20，下文图表中 14 个国家的名称均以英文简称代替。

② 为了保证变量的平稳性，与 Bostanci 和 Yilmaz（2020）等研究一致，本章对主权 CDS 利差进行对数差分处理，采用其变动率来考察主权债务风险的跨国溢出效应。

续表

国家	均值	标准差	中位数	最小值	最大值
BR	193.5277	83.9849	165.3766	94.3460	490.7640
KR	89.3279	67.2495	66.3182	29.5660	456.5000
ES	125.1208	100.9383	78.0500	16.1920	465.5958
AU	43.0706	24.7426	39.0970	12.3340	183.0000
RU	211.7589	127.3947	166.3200	97.5720	900.4098
ID	186.8151	111.5822	161.3360	75.3780	906.5000
NL	38.8106	29.2117	30.3500	8.2160	128.1280

表 9-1 给出了 14 个国家主权 CDS 利差的描述性统计量。可以看出，新兴市场国家的主权 CDS 利差水平普遍较高且波动较大。其中，俄罗斯、巴西、印度尼西亚的主权 CDS 利差水平最高，均值分别为 211.76、193.53 和 186.82；中国和韩国的主权 CDS 利差水平在 14 个国家中处于中游位置，均值分别为 90.48 和 89.33。发达国家中，经济实力较强的美国、日本、德国、英国、法国、荷兰和澳大利亚的主权 CDS 利差水平较低且比较稳定，利差的均值分布在 20~45；而意大利和西班牙因主权债务问题一直没有得到妥善的解决，长期受债务危机困扰，经济实力被削弱，主权 CDS 利差水平比较高，均值分别为 145.34 和 125.12，与新兴市场国家比较接近。

表 9-2 进一步给出了 14 个国家主权 CDS 利差变动率的 ADF 单位根检验结果。由表 9-2 可知，14 个国家均在 1%的显著性水平下拒绝存在单位根的原假设，其主权 CDS 利差变动率是平稳的。

表 9-2　14 个国家主权 CDS 利差变动率的 ADF 检验结果

国家	滞后阶数	ADF 统计量	国家	滞后阶数	ADF 统计量
US	1	−15.9811***	BR	0	−20.4979***
CN	1	−15.9663***	KR	3	−12.2876***
JP	0	−19.0872***	AU	1	−14.9242***
DE	0	−21.0216***	RU	0	−21.5854***
GB	1	−16.3448***	ES	1	−16.9430***
FR	0	−18.9453***	ID	0	−21.0640***
IT	1	−17.3142***	NL	5	−8.1764***

注：***、** 和 * 分别表示在 1%、5%和 10%的显著性水平下拒绝存在单位根的原假设，滞后项的阶数通过 AIC 准则来确定。

第二节　主权债务风险的跨国溢出水平分析

本章采用 AIC 准则确定 VAR 模型的滞后阶数，滞后阶数设为 1。根据 Baruník 和 Křehlík（2018）的研究，广义方差分解的谱表示在理论上需要令 $H \to \infty$，但在实际计算中只需将 H 设定足够大即可，此处将其设为 104。借鉴 Gillaizeau 等（2019）和 Ferrer 等（2018）的研究，本章划分了两个不同的频率带，考察短期和长期下的主权债务风险跨国溢出。其中，$d = \left(\dfrac{\pi}{4}, \pi \right)$ 为高频率带，周期长度是 1 周至 4 周，代表短期；$d = \left(0, \dfrac{\pi}{4} \right)$ 为低频率带，周期长度是 4 周以上，代表长期。此外，为了考察国家间主权债务风险跨国溢出的动态变化，本章采用滚动分析方法计算时域和频域下的总溢出、方向性溢出以及两两国家间的溢出，滚动窗口为 104 周。

本部分分别从总溢出和方向性溢出两方面来测度时域和频域下的主权债务风险溢出水平。其中，总溢出指数度量时域和不同频率带下主权债务风险跨国溢出的总体规模，频率带内溢出指数度量单个频率带内主权债务风险跨国溢出的相对占比，方向性溢出指数度量时域和不同频率带下单个国家接收其他国家风险溢出和对其他国家风险溢出的规模。

一、总溢出

图 9-1 描绘了时域和高低两个频率带下主权债务风险总体溢出水平的动态变化特征[①]，表 9-3 则进一步给出了主权债务风险总溢出的描述性统计结果。

由图 9-1 和表 9-3 可知，首先，高低两个频率带的频率带内溢出指数分别衡量了短期和长期下溢出的相对占比，给出了短期和长期下主权债务风险的变动在多大程度上是由跨国溢出引起的，其均值和中位数均大于 60%。这说明无论是短期还是长期，系统中的风险溢出效应均较为显著。因此，各国的主权债务风险水平不仅体现自身特质因素，来自其他国家的风险溢出也发挥着极其重要的作用。

[①]　本章样本区间起点为 2008 年 11 月，但由于采用窗宽约 2 年的滚动分析方法，故最终得到了 2010 年 11 月至 2019 年 6 月的估计结果。

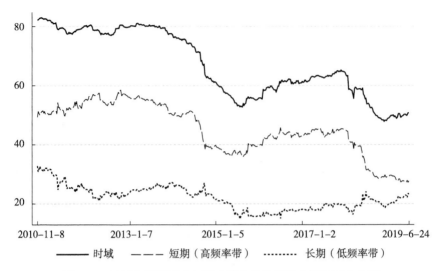

图 9-1　时域和频域下主权债务风险总体溢出水平的时序特征

其次，在时间维度上，时域与短期主权债务风险总体溢出水平的演进过程高度协同，并且整个样本期内的短期溢出水平（均值为 45.14）远高于长期（均值为 21.95），这说明时域下的主权债务风险跨国溢出主要由短期的风险溢出主导，即国家间的主权债务风险溢出主要发生在短期。特别是，时域与短期主权债务风险总体溢出水平均出现两次阶段性高位时期——欧债危机高度发酵时期（2011—2013 年）和本轮美联储加息周期（2016—2018 年），说明欧债危机和美联储加息这两次风险事件在很大程度上加剧了主权债务风险跨国溢出的规模，而且主要体现在短期。

最后，在欧债危机和美联储加息这两次风险事件的初期，短期风险溢出水平迅速攀升。这说明风险事件爆发初期的冲击主要对各国经济产生短期影响，并加剧了国家间的短期风险溢出。同时，在两次风险事件演化的后期，均发生短期风险溢出水平下降，长期风险溢出水平转而上升的趋势转变（2011 年底和 2018 年初），表明随着风险事件的不断发酵，冲击带来的不确定性逐渐增强，投资者对冲击的预期发生转变，对各国经济的负面影响逐渐转化为长期，国家间风险溢出的持续期变长。

具体而言，欧债危机爆发后，尽管欧元区国家不良的财政赤字率及政府负债率不断被揭露，主权信用评级屡被下调，但由于欧盟及其成员国迅速设立紧急救助机制，提供紧急救援贷款，帮助重债国解决债务偿付困难，市场参与者普遍认为债务危机只对经济产生短期影响，国家间的风险溢出也仅有较短的持续期，表现为短期风险溢出水平逐步上升。然而，2011 年底欧债危机再次升级，不仅希腊遭遇了比先前更为严重的债务危机，而且资金外逃、欧元汇率下跌等给德国、法国等欧元区核心国家也造成了极其严重的负面影响。此时，市场参与者开始认为欧元区的主权债务问题可能比他们预期的更加严重，将对经济造成长期负面影响，国家间风险溢出的持续期也逐渐变长，表现为短期风险溢出水平下降，长期风险溢出水平转而上升。

2015 年 12 月，美联储本轮加息周期启动，全球资本流动性开始收紧，诸多国家低利率时期过度举借债务，造成虚假繁荣的泡沫被戳破，货币贬值、偿债能力下降、融资成本上升等难题接踵而至，各国的主权债务问题逐步凸显。在加息周期启动初期，加息带来的冲击仅对经济产生短期影响，国家间的风险溢出也主要体现在短期，表现为短期风险溢出水平不断上升。然而，2018 年越发频繁的加息给市场带来了极大恐慌①，与此同时，中美两大经济体间的贸易摩擦愈演愈烈，不仅给两国经济金融系统造成不利冲击，也影响世界各国的贸易和投融资计划，给经济造成长期负面影响，表现为短期风险溢出水平下降，长期风险溢出水平转而上升（从 16% 上升到 24%）。

表 9-3　主权债务风险总溢出的描述性统计

变量	均值	标准差	中位数	最小值	最大值
时域总溢出	67.0884	11.1365	63.3229	47.7678	82.8635
短期总溢出	45.1411	8.5252	44.6045	27.1689	58.5677
长期总溢出	21.9473	4.0073	21.9260	14.8425	32.8366
短期下的溢出相对占比	66.1316	11.9593	62.7165	44.2458	82.3054
长期下的溢出相对占比	68.9023	9.9186	66.1506	52.1318	83.7827

二、方向性溢出

图 9-2 刻画了 14 个国家短期和长期主权债务风险方向性溢出水平的均值特征。可以看出，各国的短期和长期风险输出水平呈现显著正相关关系，短期风险输出水平高的国家，其长期风险输出水平也高；而在风险输入关

①　自 2015 年底加息政策落地以来，截至 2018 年末，美联储累计加息 9 次。其中，2018 年内加息 4 次，累计加息 100 个基点。

系中，不同类型国家出现分化，形成两个聚类。其中，美国、日本、德国、英国、荷兰和澳大利亚的短期和长期风险输入水平仍然呈现线性特征，而意大利、西班牙、中国、韩国、印度尼西亚、俄罗斯、巴西和法国聚集在右下角呈团状，即它们的短期和长期风险输入水平不再具备线性关系，而是短期风险输入水平远高于长期。

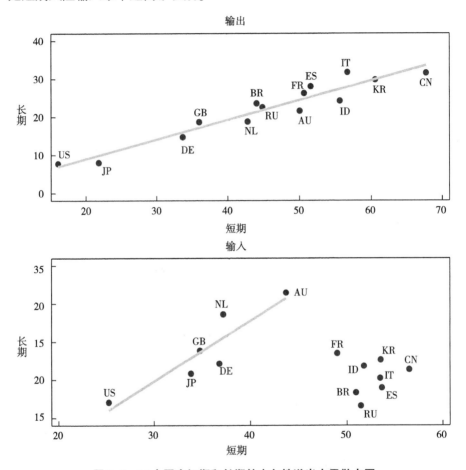

图9-2 14个国家短期和长期的方向性溢出水平散点图

对于释放风险的国家而言，当其受到不同类型冲击导致主权债务风险上升时，会通过不同渠道对其他国家产生短期或长期溢出。根据图9-2可知，意大利、西班牙和新兴市场国家等自身主权债务风险较高的国家，其短期和长期风险输出水平都较高；美国、日本等自身风险水平较低的发达国家，其短期和长期风险输出水平都比较低。这说明不论在短期还是长期，一国的风险输出水平在很大程度上取决于自身风险水平，自身风险越大，对外风险溢出水平越高。

此外，中国、韩国、意大利、西班牙的风险输出水平均高于自身风险水平极高的印度尼西亚、俄罗斯和巴西，表明一国的风险输出水平不仅取决于自身风险水平，还取决于国际关联度①。例如，中国是全球第一贸易大国、第二大经济体，韩国、意大利和西班牙的进出口贸易总额、FDI 和 OF-DI 规模也位居世界前列，均具有较高的国际关联度，一旦本国经济环境发生变化，会对其他国家产生较大冲击。与此相对，俄罗斯、巴西和印度尼西亚在全球范围内的进出口贸易总额、FDI 和 OFDI 规模相对较小，对外影响力有限，尽管自身风险较大，但对其他国家的风险溢出相对较弱。

对于接收风险的国家而言，风险输入水平很大程度上体现了其抵抗冲击的能力。图 9-2 右下角一簇的国家均表现为短期风险输入水平远高于长期，即具有较强的"短期脆弱性"，抵抗短期冲击能力相对较弱②。这些国家除意大利、西班牙和法国外均为新兴市场国家，特点是自身主权债务风险水平都较高，说明自身风险较大的国家，普遍市场信心不足，外部市场环境出现任何变化都会对其造成明显冲击。

意大利和西班牙因债务危机困扰，经济基本面敏感又脆弱，法国受债权和共同风险敞口的影响，经济实力也被大大削弱，多数新兴市场国家都存在经济基本面较为脆弱、监管机制不健全、监管能力不到位等问题，这导致市场对这些国家信心不足，国际资本的流入绝大部分都出于投机性动机，市场上任何负面冲击都可能会导致短期资本迅速撤离。例如，大宗商品价格下跌或国际利率波动时，国际投资者出于资产安全性考虑，会在短期内抽逃投资于新兴市场的资本，即便该国经济基本面尚好且完全有能力应对市场环境变化。美国、日本等发达国家则不然，由于市场预期向好，流入发达国家的资本投机性明显较弱，投资者不会因为具有短期不确定性的冲击而盲目撤离资金，因此抵抗短期冲击的能力相对较强。

图 9-3 给出了 14 个国家短期和长期主权债务风险净溢出水平③的均值，本节依据净溢出水平考察各国在短期和长期主权债务风险传递中扮演的角

---

① 比如，中国的主权 CDS 利差均值在 14 个国家中处于中游位置，其自身的主权债务风险水平并不算高，但由于其具有较高的国际关联度，导致短期和长期输出水平相对较高，显示出较强的对外影响力。

② 作为新兴市场国家，中国的短期输入水平均值较高，表明其抵抗短期冲击能力相对较弱，容易受到外部市场环境变化带来的影响，但其长期输入水平的均值相对较低，具有较强的抵抗长期冲击能力。

③ 净溢出水平＝风险输出水平−风险输入水平。

色。可以看出，中国、韩国、印度尼西亚、意大利和法国的短期和长期净溢出水平都为正，说明它们在短期和长期主权债务风险传递中都扮演净输出者角色。日本、美国和德国的短期和长期净溢出水平均为负，说明它们在短期和长期主权债务风险传递中都扮演净接收者角色。

另外，部分国家在短期和长期主权债务风险传递中扮演着不同的角色。巴西、俄罗斯和西班牙的短期净溢出水平为负，而长期净溢出水平为正，说明它们短期内充当净接收者，长期内充当净输出者；澳大利亚、荷兰和英国的短期净溢出水平为正，而长期净溢出水平为负，说明它们短期内充当净输出者，长期内充当净接收者。

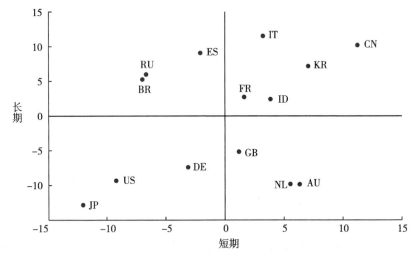

图 9-3　14 个国家的短期和长期净溢出水平散点图

进一步地，根据图 9-4 中 14 个国家短期和长期主权债务风险净溢出水平的时序特征发现，多数国家在短期主权债务风险传递中扮演的角色存在明显的时变特征，但在长期主权债务风险传递中扮演的角色相对比较稳定。在短期主权债务风险传递中，意大利、西班牙、俄罗斯、巴西、法国、英国、德国在时间维度上的角色转变最为明显。

从监管角度来看，厘清不同时期各国在短期和长期主权债务风险传递中扮演的角色，有利于准确捕捉每个时期的主要风险溢出源头。比如，欧债危机期间，意大利和西班牙的长期净溢出水平较高，扮演净输出者角色，说明意大利和西班牙自身主权债务问题不仅给本国经济带来长期负面影响，还在很大程度上冲击到其他国家的金融市场和实体经济，在长期内加大了其他国家的主权债务风险水平，是该时期主要的长期风险溢出源头。同时，在此期间，俄罗斯、韩国和印度尼西亚的短期净溢出水平较高，说明欧债危机爆发导致投资者风险规避情绪升温，给具有"短期脆弱性"的新兴市场国家带来负面冲击，并加剧其短期风险溢出，是该时期主要的短期风险溢出源头。

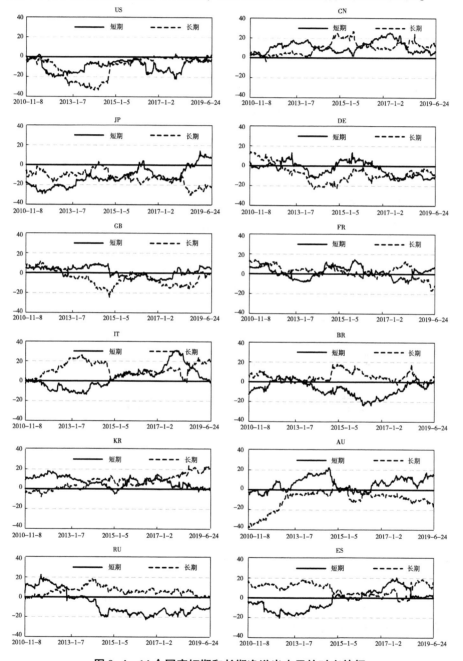

图 9-4　14 个国家短期和长期净溢出水平的时序特征

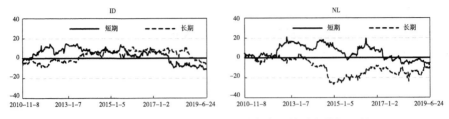

图 9-4 14 个国家短期和长期净溢出水平的时序特征（续）

2014 年至 2015 年，巴西和俄罗斯的长期净溢出水平较高，扮演净输出者角色。巴西和俄罗斯的经济发展高度依赖资源出口，经济结构单一，导致它们对大宗商品价格的波动极度敏感。2014 年大宗商品价格走低，巴西和俄罗斯的贸易条件恶化，出口创汇能力以及债务偿付能力被削弱，给经济带来长期负面影响，同时加剧其长期主权债务风险溢出，是该时期主要的长期风险溢出源头。

自 2015 年 12 月美联储实行紧缩性货币政策以来，新兴市场国家的长期净溢出水平普遍较高，扮演主要的净输出者角色。在国际资本流动性趋紧的情况下，新兴市场国家难以应对大幅上升的债务成本，而且随着美元走强，新兴市场国家的外资吸引力下降，偿债压力越发沉重，在长期内加大了本国和关联国家的主权债务风险水平，为该时期最主要的长期风险溢出源头。在此期间，意大利、西班牙和澳大利亚的短期净溢出水平相对较高，为该时期最主要的短期风险溢出源头。

第三节 主权债务风险的跨国溢出结构分析

一、长短期溢出的 QAP 分析

QAP（Quadratic Assignment Procedure）分析方法是网络分析中检验不同关系数据（即矩阵）之间是否具有显著关系的常用方法，本节采用 QAP 相关分析考察国家间短期和长期主权债务风险溢出的影响因素。两两国家间的主权债务风险溢出不仅与两个国家自身的主权债务风险水平有关，与两个国家之间的关联度也密不可分，然而这些因素如何作用于短期和长期的风险溢出仍需进一步考察分析。本节将 QAP 分析的具体模型设定如下：

$$N = f(O,\ I,\ T,\ F,\ E) \tag{9-1}$$

其中，N 代表短期和长期下的主权债务风险溢出网络；O 代表风险输出国家自身的风险水平，由输出国主权 CDS 利差的年度均值衡量；I 代表风险输入国家自身的风险水平，由输入国主权 CDS 利差的年度均值衡量；T 代表两两国家间的进出口规模，由两国间进出口贸易的年度总额衡量；F 代表两国间的金融市场一体化水平，由两国股票市场收益率的相关性①度量；E 代表两国之间的经济周期协同性，反映两国经济波动的趋同性以及经济一体化程度，采用 Cerqueira（2013）的经济周期协同性指标度量。表 9-4 给出了QAP 分析的结果。由于国家之间的关联度以及风险溢出水平均具有时变特征，为保证研究结论的可靠性和稳健性，本节把至少 4 年在 10% 水平下显著的因素认定为影响国家间风险溢出水平的重要因素。

从两国自身的主权债务风险水平来看，两两国家间的长期风险溢出水平与风险输出国的 CDS 利差呈正相关关系，即风险输出国的自身风险越大，对目标国家的长期风险溢出水平越高。然而，两国之间的短期风险溢出水平与风险输入国的 CDS 利差呈正相关关系，即风险输入国的自身风险越大，接收他国的短期风险溢出水平越高，说明自身风险较大的国家，普遍具有较强的"短期脆弱性"，容易受到其他国家的短期影响。总的来看，在两两国家间的风险溢出关系中，风险输出国和风险输入国的自身风险水平，分别是国家间长期和短期风险溢出水平的重要影响因素。

从两国之间的关联度来看，国家间的进出口规模、金融市场一体化水平和经济周期协同性，均与国家间的长期风险溢出水平呈正相关关系，说明两国的贸易和金融联系越密切，经济一体化水平越高，它们之间的长期风险溢出水平越高。这是因为，当一国经济基本面严重恶化时，通常会紧缩贸易和对外投资规模等，这将对贸易伙伴国、资金流入国的金融市场和实体经济造成明显冲击，导致其基本面同步恶化，但基本面的"一体化"既不会短期内形成也不会迅速消失，具有较长的持续期。因此，国家间的长期风险溢出主要是通过贸易和金融渠道形成的长期基本面关联实现的。

然而，进出口规模、金融市场一体化水平和经济周期协同性与国家间短期风险溢出水平的关系并不显著，说明上述基本面关联因素并非影响短期风险溢出水平的重要因素，国家间的短期风险溢出可能主要是由市场情绪、投资者非理性行为等市场因素引起的。当一国受到负面冲击导致主权债务问题凸显时，市场情绪陷入恐慌，而且由于信息不对称问题的存在，

---

① 本节先计算各国股票市场指数的周度收益率，然后再计算每一年两两国家间的相关系数。

投资者会重新评估与该国在经济发展水平、市场条件、经济政策等经济金融环境方面相似国家的风险状况，并对这些国家产生非理性预期，认为它们与危机国存在类似的问题，从而迅速抛售手中持有的风险资产，导致其主权债务风险水平上升。但市场情绪、投资者非理性行为引起的风险溢出是对市场信息的过度反应，可以在短期内被市场消化，因此往往具有较短的持续期。

表 9-4 短期和长期主权债务风险溢出影响因素的 QAP 分析结果

短期					
年份	输出国的 CDS 利差	输入国的 CDS 利差	进出口规模	金融市场 一体化	经济周期 协同性
2011	0.1614	0.1271 **	0.1610 *	0.3063 **	−0.0408
2012	0.0726	0.1282 ***	0.0977	0.1862	0.0865
2013	0.1643	0.1954 ***	0.0646	0.2779 **	0.0916
2014	0.1159	0.1971 ***	0.0784	−0.0045	0.3180 ***
2015	0.0911	0.1771 ***	0.0455	−0.0429	0.1558
2016	0.0609	0.1729 **	0.0530	−0.0353	0.1576
2017	0.1408	0.1667 **	0.0464	0.0228	0.3180 ***
2018	0.1496	0.1770 *	0.0590	−0.0662	0.1419
长期					
年份	输出国的 CDS 利差	输入国的 CDS 利差	进出口规模	金融市场 一体化	经济周期 协同性
2011	0.1112	−0.1229	0.1733 *	0.4393 ***	0.0112
2012	0.2275 **	−0.2108 **	0.1950 **	0.1853 *	0.0081
2013	0.2802 ***	−0.2906 **	0.1683 **	0.2280 ***	−0.0198
2014	0.2033 **	−0.2195 ***	0.1341 *	0.0998	0.2985 ***
2015	0.1949 *	−0.0990	0.0803	−0.0253	0.1834 **
2016	0.1973 *	−0.0869	0.0373	0.0359	0.1615 *
2017	0.2219	−0.0583	−0.0278	0.1002	0.3176 ***
2018	0.1098	−0.0976	−0.0223	0.2036 *	0.2275 **

注：结果由 2000 次随机置换得到，*** 、** 和 * 分别表示在 1%、5% 和 10% 的水平下显著。

二、长短期溢出的结构分析

在厘清了国家间短期和长期风险溢出影响因素的基础上，为更清晰地呈现长短期风险溢出的结构差异，本节基于不同频率带下两两国家间的风险溢出关系，绘制了短期和长期的主权债务风险溢出网络。具体而言，分别将短期和长期下两两国家间的风险溢出水平从大到小排序，并保留各自强度在中位数以上的风险溢出关系①，在此基础上分别构建短期和长期的主权债务风险溢出网络，如图 9-5 所示。

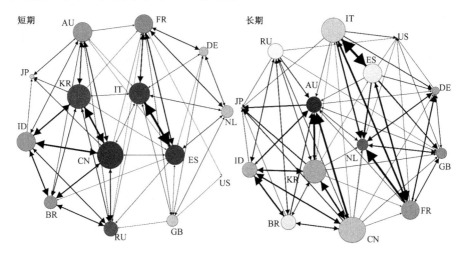

图 9-5　短期和长期的主权债务风险溢出网络

对于有权有向网络中的节点而言，其加权出度和加权入度不仅体现了该节点与其他节点连接的广度（边数），还体现了连接的深度（边的权重）。因此，本节以节点的加权出度刻画节点的大小，以节点的加权入度刻画节点的颜色，即节点越大表示该节点国家的风险输出水平越高，节点颜色越深表示该节点国家的风险输入水平越高。连接节点的有向线段代表国家间的风险溢出路径，有向箭头的大小代表国家间的风险溢出强度。本节采用Fruchterman & Reingold 算法布局，使两两间风险溢出强度越高的国家尽可能靠近，以便于更清晰地呈现风险溢出的结构特征。

① 考虑到构建网络的完整性和简洁性，一方面要尽可能包括所有样本国家，另一方面要体现出各个国家主要的风险溢出路径，本节权衡选取了风险溢出强度的中位数作为阈值，保留强度在中位数以上的风险溢出关系。

　　首先，无论是短期还是长期的风险溢出网络，均呈现明显的区域聚集特征，即同区域国家间的风险溢出水平较高，如欧洲地区的意大利、西班牙、英国、法国、荷兰和德国相互聚集，亚洲地区的中国、韩国、日本、印度尼西亚和澳大利亚相互聚集。根据上文的 QAP 分析结果，一国的主权债务风险在长期主要向与其在贸易和金融等方面关联度较高的国家溢出，在短期则在市场情绪、投资者非理性行为等市场因素影响下，向与其相似的国家溢出。由于得天独厚的地理位置优势，同区域国家之间存在密切的经贸联系，进出口贸易往来密切，资本流动规模较大，经济基本面整体关联程度较高，因此彼此间的长期风险溢出水平较高。同时，同区域国家间的经济金融环境相似度较高，比如欧洲地区多为发达国家，亚洲地区多为新兴市场国家，因此在市场情绪、投资者非理性行为等市场因素影响下，同区域国家之间的短期风险溢出水平也较高。正因为如此，短期和长期的风险溢出网络都呈现明显的区域聚集特征。另外，基于密切的经贸往来和较高的经济金融环境相似度，美国与欧洲发达国家聚集在一起，巴西、俄罗斯与亚洲新兴市场国家聚集在一起。

　　其次，许多国家在短期溢出网络中与外界连接的范围都相对较窄，但在长期溢出网络中连接的范围更为广泛。具体而言，各国在短期溢出网络中主要与同区域以及经济金融环境相似的国家连接，而在长期溢出网络中通过经贸关系将连接范围扩大至不同区域甚至经济金融环境差异较大的国家。这种差异印证了一国的主权债务风险在长期主要向与其在贸易和金融等方面关联度较高的国家溢出，在短期则在市场情绪、投资者非理性行为等市场因素影响下，向与其相似的国家溢出。

　　比如，中国和韩国在短期溢出网络中与外界连接的范围基本局限在亚洲国家和其他新兴市场国家，而在长期溢出网络中除了同区域和其他新兴市场国家，还连接了意大利、西班牙、荷兰、法国、英国和德国等发达国家。美国、日本、德国、英国、澳大利亚和荷兰等自身主权债务风险水平较低的发达国家，在短期溢出网络中仅与极少数国家连接，而在长期溢出网络中与外界连接的范围明显扩大。比如，美国在短期溢出网络中仅与英国和法国连接，在长期溢出网络中则进一步增加了德国、意大利、荷兰以及新兴市场国家中的俄罗斯；澳大利亚在短期溢出网络中除了亚洲国家，仅与意大利、西班牙和法国连接，荷兰在短期溢出网络中也仅与英国、德国、法国、意大利和西班牙同区域国家连接，但在长期溢出网络中，澳大利亚和荷兰均与所有的样本国家连接。

最后，不论在短期还是长期风险溢出网络中，中国、韩国、意大利和西班牙均为网络输出中心，在系统中的风险输出水平最高。其中，中国和韩国尽管自身主权债务风险相对较低，但凭借广泛的经贸关系和较强的对外影响力，其经济形势变化不仅会直接影响到与其基本面关联密切的国家，还可能通过改变市场预期、增加未来不确定性等作用于市场参与主体，带来更多国家的连锁反应。此外，中国和韩国主权债务风险的溢出范围仍主要集中于新兴市场国家，对它们的风险溢出水平最大。意大利和西班牙自身主权债务风险较大，但对外影响力不足，意大利和西班牙之间极强的双向风险溢出关系，占据各自对外风险溢出相当大的比重。

本章小结

本章从国家间主权债务风险溢出的持续期角度出发，采用基于广义方差分解谱表示的 BK 溢出指数方法，首次从频域视角对短期和长期下的主权债务风险跨国溢出水平、溢出结构以及影响因素进行研究。

研究发现：第一，不论在短期还是长期，主权债务风险的跨国溢出效应均较为显著，并且时域下的总溢出主要由短期的风险溢出主导。此外，在风险事件爆发初期，短期风险溢出水平迅速攀升，但随着风险事件的不断发酵，长期风险溢出逐渐增强，短期风险溢出转而下降。

第二，14 个国家的短期和长期风险输出水平呈线性关系，但对于风险输入，不同类型国家出现分化并形成两个聚类，新兴市场国家的短期风险输入水平远高于长期，其具有较强的"短期脆弱性"。此外，部分国家在短期和长期主权债务风险传递中扮演着不同的角色，而且在时间维度上，多数国家在短期主权债务风险传递中扮演的角色存在明显的时变特征，但在长期主权债务风险传递中扮演的角色相对比较稳定。

第三，风险输出国家的自身风险越大，对他国的长期溢出水平越高，风险输入国家的自身风险越大，接收他国的短期溢出水平越高，并且两两国家间的进出口规模、金融市场一体化水平和经济周期协同性与其长期风险溢出水平呈正相关关系，而与其短期风险溢出水平的关系并不显著。

第四，短期和长期的主权债务风险溢出网络均呈现明显的区域聚集特征，并且各国在短期溢出网络中主要与同区域以及经济金融环境相似的国家连接，连接范围相对较窄，在长期溢出网络中通过经贸关系将连接范围扩大至不同区域甚至经济金融环境差异较大的国家，连接范围更为广泛。

本章研究结论的政策含义主要体现在以下三个方面：其一，各国监管部门应当对主权债务风险的跨国溢出高度警觉，积极加强金融监管的国际合作，建立金融监管信息共享平台，完善协调处理机制，以便能够更加精准地把握全球各国的风险状况，并及时采取相应措施把总体损失降到最低。其二，构建长短期主权债务风险溢出的差异化监管体制，对占据主导地位的短期风险溢出予以特别关注，并将其纳入日常监管范畴。此外，在风险爆发初期，监管部门应当依据长短期风险溢出的演化特征以及机制渠道，及时采取针对性的监管策略，抓住主动防范主权债务风险溢出的时机。其三，各国应当制定长短期差异化的主权债务风险防范措施。短期来看，各国应当积极加强各类资产的信息披露，降低信息不对称，并不断完善金融监管机制，提高金融监管能力，提振市场信心，缓解短期资本"大进大出"带来的冲击，这对具有"短期脆弱性"的新兴市场国家尤为重要；长期来看，各国不仅要通过减少财政和贸易赤字、降低外债水平、优化债务结构等来降低自身风险隐患，还要逐步增强本国经济金融系统抵抗风险冲击的能力，尽可能地防范其他国家风险溢出带来的影响。

第十章　中国宏观审慎政策工具的运用及其有效性研究

　　本次国际金融危机的影响范围和破坏程度是前所未有的，危机引发了各界人士对系统性风险的关注，国际社会和各国政府都希望通过宏观审慎政策来化解系统性风险，以实现金融稳定。目前加强宏观审慎监管已成为全球共识，但是学术界对宏观审慎政策框架中的许多问题还未达成共识，不同的国家对其理解也不完全相同。在宏观审慎政策理论研究不断完善的同时，宏观审慎政策工具的操作实践已经走在了理论发展之前。

　　宏观审慎工具的引入主要是为应对时间维度和跨部门横截面维度的系统性风险。在本次国际金融危机之前，中国已经使用一系列的宏观审慎工具，包括房地产调控政策，如可变的贷款价值比率（Loan-to-Value，LTV）上限以抑制呈泡沫化的抵押贷款增长和房地产市场风险；差别存款准备金的动态调整机制来调控信贷增速，抑制信贷扩张和杠杆率变动的顺周期性，平滑信贷周期。危机后，巴塞尔协议Ⅲ的实施，中国进一步提高了商业银行的监管标准，比如资本和流动性缓冲、系统重要性银行附加资本要求等。

　　虽然宏观审慎政策工具受到各界人士的关注，同时国际监管机构和各国监管当局也越来越多地使用这些工具，但宏观审慎政策工具的有效性从经验上尚未得到充分的分析和理解，相关的研究成果还非常有限，而且现有文献偏重于跨国研究，针对单个国家的分析相对较少。不同国家金融特征上的差异会影响宏观审慎政策工具的选择及其实施效果，跨国分析得到的结论在单个国家的适用性有待进一步验证。其次，已有的研究主要偏重于宏观层面的分析，采用银行微观数据的研究还非常有限。最后，部分研究未能考虑到宏观审慎政策变量所存在的内生性问题，直接采用固定效应模型进行分析，研究结论可能存在一定偏误。

　　本章采用中国商业银行的微观数据，将差别存款准备金动态调整机制和可变的 LTV 上限作为宏观审慎工具的代表，采用系统 GMM 方法分析这两大工具在抑制银行信贷增长、杠杆率变动及其顺周期性中的作用，评估其有效性，研究审慎工具在不同类型银行之间工具效力的差异性，并对政策的使用空间和改进方向进行了探讨，以期为中国宏观审慎政策制度安排的设计和实施提供经验证据的支持。

第一节 理论分析与研究假设

一、中国宏观审慎政策工具的操作实践

宏观审慎管理的核心，是从宏观的、逆周期的视角采取措施，防范由金融体系顺周期波动和跨部门传染导致的系统性风险，维护货币和金融体系的稳定。在本次国际金融危机之前以及危机爆发之后，中国人民银行、银监会等金融监管部门采取了一系列的宏观审慎政策措施来降低系统性金融风险，以维护整个金融系统的稳定性。

为了应对时间维度的风险，中国金融监管部门采用了时变的个人住房贷款价值比率 LTV 和债务收入比率 DTI 上限、差别存款准备金动态调整机制、动态拨备、逆周期资本缓冲、跨周期的风险加权资产计量方法、杠杆率、特定资产组合资本要求调整等监管工具和手段来进行逆周期调节；为了应对跨部门维度的风险，监管当局通过对系统重要性银行提出 1% 附加资本要求、采取更为严格和审慎的监管标准、要求制定"生前遗嘱"、提高信息披露标准等手段，加强了系统重要性金融机构的监管，实施风险隔离政策、限制和规范金融机构之间的同业交易来降低跨部门、跨市场的风险传染。

总的来看，我国金融监管部门使用的宏观审慎政策工具种类较多且体系较为完备，审慎监管指标调节和行为监管并重。考虑到数据的可能性以及审慎监管指标的调节频率，本章将差别存款准备金动态调整机制和可变的 LTV 上限作为宏观审慎政策工具的代表。由表 10-1 可知，2003—2012 年中国人民银行调整法定存款准备金率次数为 40 次，且主要集中在 2006 年以后。早在 2004 年中国人民银行就建立了差别存款准备金率制度[①]，后来又将宏观审慎视角引入到准备金工具中，实施了差别存款准备金动态调整机

[①] 中国人民银行从 2004 年 4 月 25 日起对金融机构实行差别存款准备金率制度，但是差别仅为 0.5 个百分点，而且基于维护金融稳定考虑，央行对执行差别存款准备金率的金融机构采取高度保密原则。

制，该机制将信贷投放与宏观审慎所要求的资本水平相联系，并考虑了各金融机构的系统重要性和稳健性状况，以及所处经济周期的景气程度，具有引导和激励金融机构自我保持稳健和逆周期调节信贷投放的功能。2015年底，中国人民银行还将差别准备金动态调整和合意贷款管理机制"升级"为金融机构"宏观审慎评估体系"（Macro Prudential Assessment，MPA），并从2016年开始实施。同时，2008年9月25日后，央行对大型和中小型银行要求的法定准备金率也不再相同，调整不再统一，工农中建交和中国邮政储蓄银行的准备金率高于其他商业银行。此外，中国住房抵押贷款的LTV上限也经过了十余次的调整，其中二套房的LTV上限①由2003年的80%下降到2011年的40%。因此，本章将差别存款准备金动态调整机制和可变的LTV上限作为宏观审慎工具的代表。

表 10-1　金融机构的法定存款准备金率

变动日期	中小型金融机构	大型金融机构	变动日期	中小型金融机构	大型金融机构
2003-09-21	7.00	7.00	2008-10-15	16.00	17.00
2004-04-25	7.50	7.50	2008-12-05	14.00	16.00
2006-07-05	8.00	8.00	2008-12-25	13.50	15.50
2006-08-15	8.50	8.50	2010-01-18	14.00	16.00
2006-11-15	9.00	9.00	2010-02-25	14.50	16.50
2007-01-15	9.50	9.50	2010-05-10	15.00	17.00
2007-02-25	10.00	10.00	2010-11-16	15.50	17.50
2007-04-16	10.50	10.50	2010-11-29	16.00	18.00
2007-05-15	11.00	11.00	2010-12-20	16.50	18.50
2007-06-05	11.50	11.50	2011-01-20	17.00	19.00
2007-08-15	12.00	12.00	2011-02-24	17.50	19.50
2007-09-25	12.50	12.50	2011-03-25	18.00	20.00
2007-10-25	13.00	13.00	2011-04-21	18.50	20.50
2007-11-26	13.50	13.50	2011-05-18	19.00	21.00
2007-12-25	14.50	14.50	2011-06-20	19.50	21.50
2008-01-25	15.00	15.00	2011-12-05	19.00	21.00
2008-03-25	15.50	15.50	2012-02-24	18.50	20.50
2008-04-25	16.00	16.00	2012-05-18	18.00	20.00
2008-05-20	16.50	16.50	2015-02-05	17.50	19.50
2008-06-15	17.00	17.00	2015-04-20	16.50	18.50
2008-06-25	17.50	17.50	2015-09-06	16.00	18.00
2008-09-25	16.50	17.50	2015-10-24	15.50	17.50

---

① 一套房主要为刚性需求，国家对一套房的LTV实施的是保护政策，一直维持在70%~80%，因此本章采用二套房LTV上限的调整作为宏观审慎工具变量。

二、宏观审慎政策工具的作用机制

银行信贷的过度扩张一方面会降低其资产质量，使商业银行风险过度承担（risk-taking），从而给金融稳定造成负面影响。另一方面，在当前中国金融市场化改革尚未完成，地区经济增长不平衡的情形下，信贷激增会导致资产价格快速上涨，尤其是可能诱发房地产市场泡沫化风险。同时，商业银行杠杆率的快速上升，会提高其脆弱性，降低整个银行系统面临内外冲击时的弹性和韧性。

宏观审慎监管以防范系统性风险、维护金融稳定为目标，其政策决定也都是出于系统性的考虑，但监管工具和政策措施仍需落实到单个金融机构上。商业银行信贷过度扩张和杠杆率的快速上升会提高其系统性风险贡献，本章提出假设 1 从微观视角上来研究宏观审慎工具的有效性，检验差别存款准备金动态调整机制和可变的 LTV 上限等宏观审慎工具是否对商业银行信贷增长和杠杆率变动有影响。

假设 1：宏观审慎工具能够有效影响中国商业银行信贷扩张和杠杆率的变动。

在经济繁荣时期，商业银行倾向于信贷扩张，提升其杠杆率，使得实体经济进一步过热，而经济形势一旦发生转向，银行就会骤然变得保守起来，提高信贷标准，紧缩信贷，去杠杆化，影响企业信用，使得实体经济衰退进一步加强。本次金融危机中商业银行所呈现的这种信贷繁荣萧条周期，显著放大了危机对实体经济造成的损害，危机后，宏观审慎监管的一个重要维度就是降低金融系统的顺周期性。Lim 等（2011）通过跨国宏观研究，探讨了宏观审慎工具是否有助于抑制信贷增长和杠杆率变动顺周期性。对中国而言，金融系统的稳定与宏观经济的关系更为密切，银行贷款占社会融资规模的比重虽然在不断下降，但占比仍维持在 60% 左右，信贷波动与经济周期的变化及系统性风险之间有很大的关系。因此，降低银行信贷及其杠杆率的顺周期对中国防范和降低系统性风险的危害具有重要意义。

2006—2008 年，面对国内银行体系流动性过剩、信贷增长过快、房地产价格快速攀升、资产价格泡沫和通货膨胀压力增大，系统性风险不断累积的局面，中国人民银行采用存款准备金逆周期调节，不断上调准备金率，从 2006 年的 8% 上升至 2008 年 9 月的 17.5%。雷曼兄弟破产后，国际金融危机席卷全球，为了应对资本外流、信贷萎缩可能导致的经济减速甚至崩溃，央行又适时下调准备金率，防范中国银行体系出现流动性危机。随着金融危机的影响逐渐褪去，2009 年在宽松货币政策条件和资本强劲流入的双重作用下，中国出现了增速高达 33% 的信贷扩张高潮，央行在 2010 年初及时上调了 5 家大型商业银行的法定存款准备金率，进行逆周期的审慎监管。而且，二套房 LTV 上限的调节也是逆周期的。本章提出假设 2 来检验宏观审慎工具的逆周期调节能否降低商业银行信贷增长和杠杆率变动的顺周期性。

假设 2：宏观审慎工具能够有效降低商业银行信贷扩张和杠杆率变动的顺周期性。

第二节　研究设计

一、变量选择

根据上文的分析，本章选择商业银行的贷款增速（dlnloan）和杠杆率的变动率（dlnleverage）作为宏观审慎工具的目标风险变量，采用法定存款准备金率和住房抵押贷款 LTV 上限作为宏观审慎工具的代表，根据法定存款准备金率和 LTV 上限的实际使用天数，对其进行年度加权平均，然后取其差分作为宏观审慎政策（Macro-Prudential Policy，MPP）的度量。

本章采用的宏观控制变量有两个：一是经济增长变量，二是利率变量。鉴于 GDP 增长率中净出口的影响较大，本章采用徐明东和陈学彬（2011）的建议，选用与信贷增长更为密切的固定资产投资增长率。对于五家大型商业银行和全国性股份制银行，其经营范围覆盖全国，本章采用国家层面的固定资产投资增长率；而对于城商行和农商行，虽然部分城商行实现了跨区域经营，但其主要服务对象还是当地经济，因此采用城商行和农商行所在地级市的固定资产投资增长率，同时，对合并重组形成的区域性股份制商业银行，如徽商银行、江苏银行、吉林银行、龙江银行、华融湘江银行等，本章采用该银行所在省份的固定资产投资增长率。利率变量代表了央行的货币政策立场，当前中国的利率市场化进程尚未完成，还未形成市场化的基准利率，存贷款基准利率还发挥基础作用。因此，笔者采用 6 个月至 1 年贷款基准利率作为利率变量的代表，根据其使用天数，进行年度加权平均。

银行微观控制变量方面，贷款增速作为被解释变量时，依据徐明东和陈学彬（2011）的研究，本章还控制了规模、流动性和资本三个银行微观特征变量。银行规模（SIZE）采用总资产的自然对数表示；流动性（LIQ）采用流动性资产除以存款和短期融资的总额来代表，资本（CAP）则采用商业银行的资本充足率来代表。这三大特征都会影响银行的贷款增速，代表了银行供给方面的因素。杠杆率的变动率作为被解释变量时，笔者选取银行规模（SIZE）和贷款增速（dlnloan）作为控制变量，其中贷款增速越高，商业银行提升杠杆率的动机也就越强，杠杆率的提高也就越快。同时，根据 Claessens 等（2013）的研究，本章将杠杆率的水平（leverage）也作为控制变量。因为如果银行的杠杆率水平已经很高，会限制其进一步上升的空间，降低其增速。

二、计量模型

本章建立了如下基准模型：

$$Y_{i,\,t} = \mu_i + \sum_{k=1}^{p} \alpha_k Y_{i,\,t-k} + \beta MPP_{i,\,t} + \gamma_1 growth_{i,\,t} + \gamma_2 i_{i,\,t} + \theta X_{i,\,t-1} + \varepsilon_{it}$$

$$(10-1)$$

其中，$Y_{i,t}$ 为各银行的贷款增长率和杠杆率的变动率，μ_i 为个体效应，ε_{it} 为随机扰动项。为了控制银行贷款增速和杠杆率变动自身的反馈效应以及惯性，本章构建的是动态面板模型，在实证研究中，动态滞后阶数 p 一般为 1 阶或 2 阶。MPP 为本章的宏观审慎变量，即法定存款准备金率和住房抵押贷款 LTV 上限的变化量（dRRR 和 dLTV）。贷款增速和杠杆率变动具有顺周期的特征，审慎工具对其进行逆周期调节和控制，二者具有一定的反馈效应，因此本章将 MPP 设为内生变量。growth 和 i 分别为两个宏观经济变量，即固定资产投资增长率和贷款基准利率。作为信贷需求的代理变量，growth 也会受到银行信贷增速的反馈影响，同时基准利率作为货币政策工具，其本身具有内生性，因此，笔者将其也设为内生。X 为银行微观特征变量，它们与被解释变量可能具有一定的同期相关性，根据 Claessens 等（2013）、徐明东和陈学彬（2011）的研究，本章采用其滞后一期值，用于消除当期相互影响的内生性问题。我们最感兴趣的是 MPP 系数的符号、显著性以及大小，它代表了宏观审慎工具在控制中国商业银行信贷增速以及杠杆率上升中的有效性及其工具效力。

同时依据 Lim 等（2011）的研究，本章通过构建宏观审慎变量 MPP 与经济增长变量的交叉项，研究宏观审慎工具的使用能否降低银行信贷扩张、杠杆率变动与经济增长的正向关系，即它们的顺周期特征：

$$Y_{i,t} = \mu_i + \sum_{k=1}^{p} \alpha_k Y_{i,t-k} + \beta MPP_{i,t} \times growth_{i,t} + \gamma_1 growth_{i,t}$$
$$+ \gamma_2 i_{i,t} + \theta X_{i,t-1} + \varepsilon_{it} \tag{10-2}$$

第三节 中国宏观审慎政策工具有效性的实证分析

一、样本选择与描述性分析

本章的研究样本为 2003—2012 年[①] 97 家中资银行的年度非平衡面板数据，数据来源为 Bankscope 数据库，在原始数据的基础上，剔除了外资银行、政策性银行、信托公司以及证券公司的数据，剔除了数据连续期少于 3 年的银行，共剩下 97 家银行。样本银行包含了工农中建交 5 家大型商业银行，光大银行、中信银行、浦发银行等 13 家全国性股份制商业银行[②]，北京银行、宁波银行、南京银行、北京农商银行、重庆农村商业银行等 79 家城市商业银行和农村商业银行。法定存款准备金率、贷款基准利率来自 Wind 数据库，固定资产投资数据来自相应年份的《中国统计年鉴》和《中国城市统计年鉴》，笔者根据中国人民银行、银监会以及国务院的法律法规和政策文件进行汇总整理得到二套房的 LTV 上限。

表 10-2 主要变量的描述性统计

变量	定义	N	均值	标准差	最小值	最大值
dlnloan	贷款的对数差分	588	0.216	0.138	-0.456	1.105
dlnleverage	杠杆率的对数差分	583	-0.047	0.277	-1.585	0.902
SIZE	总资产的自然对数	675	18.225	1.817	14.588	23.588
LIQ	流动资产/（存款+短期融资）	675	0.296	0.119	0.025	0.714
CAP	资本充足率	561	0.118	0.034	0.006	0.301

① 由表 10-1 可知，2012 年 5 月 18 日准备金率调整以后，直到 2015 年 2 月 5 日准备金率才再次调整，在此期间准备金率并未发生变化，同时考虑到 2015 年银行年报尚未公布，2015 年年报数据不可得，因此，本章将样本选定为 2003—2012 年。

② 鉴于中国邮政储蓄银行的经营特点，本章将其算入全国性股份制商业银行。

续表

变量	定义	N	均值	标准差	最小值	最大值
leverage	资产/权益	675	19.497	9.189	6.693	75.722
growth	固定资产投资名义增长率	675	0.247	0.219	-0.257	2.415
i	贷款基准利率	675	5.992	0.632	5.31	7.179
dRRR	法定准备金率的变动	675	1.147	2.194	-2.508	5.007
dLTV	LTV 的变动	675	-0.05	0.074	-0.169	0.082

表 10-2 为主要变量的描述性统计。2003—2012 年，样本银行的贷款平均增速为 21.6%，其中全国性股份制银行最高，城商行和农商行次之，五家大型商业银行的贷款增速最为稳健。由平均资产规模来看，五大行、股份制银行、城商行和农商行依次递减。股份制银行的流动性水平最高，五家大型商业银行最低，而城商行和农商行介于二者之间，而且由图 10-1 可知，三类银行的流动性呈不断上升的态势，这与 2003 年中国银监会成立后执行巴塞尔协议并加强对商业银行的流动性监管有关。样本银行的平均资本充足率为 11.8%，三类银行的差异不大，但简化的指标无法反映 2003—2012 年不同类型银行资本充足率的动态调整过程。由图 10-1 可知，2003—2004 年，全国性股份制银行的资本充足率高于五大行以及城商行、农商行，后者后来通过股份制改革，上市、引进战略投资者以及政府注资等多种手段，使其资本充足率显著提升，2005 年五大行的平均资本充足率开始超过股份制银行，2009 年城商行和农商行的平均资本充足率超过五大行和股份制银行，为三类银行中最高。从杠杆率的水平和变动率来看，样本银行平均的资产权益比为 19.5，且平均变动率为-4.7%，杠杆率的总体水平呈现下降态势。同时，权益资产比相当于未加权的资本充足率，从图 10-1 中三类银行资本充足率的变动趋势，也可大致判断出杠杆率的变化态势。法定准备金率变动的均值为 1.15，相当于平均每年提升 1.15 个百分点，二套房的 LTV 上限则平均每年下降 5 个百分点，宏观审慎政策的总体趋向是更加严格和稳健。

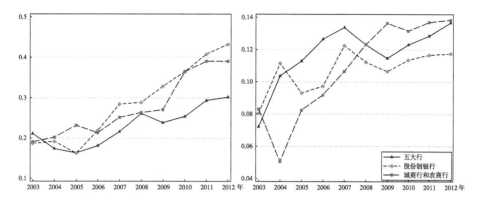

图 10-1　不同类型银行的平均流动性水平和资本充足率
（左：流动性水平，右：资本充足率）

　　表 10-3 给出主要变量的相关系数矩阵。我们最关注前两列的系数及其显著程度，在不控制其他变量的情况下，银行的资产规模越大，其贷款增速越低；流动性和资本充足越高的银行，其信贷增速也越高。杠杆率变动与贷款增速为显著正相关，杠杆率的变动率与其同期水平也为正相关。信贷增速、杠杆率的变动与经济增长变量都表现出显著的正向关系，二者的变动具有一定的顺周期特征。基准利率代表了央行的货币政策立场，提高基准利率能够抑制银行的信贷扩张和杠杆率放大。从两个宏观审慎工具变量与信贷增速、杠杆率变动的相关系数来看，提高准备金率能够降低银行的贷款增速和杠杆率上升速度，降低 LTV 上限对于间接抑制信贷扩张也是有作用的。需要说明的是，相关系数仅给出了两个变量的无条件相关关系，为了确定中国宏观审慎政策工具的有效性，还需要进一步的实证研究。

表 10-3　主要变量的相关系数矩阵

项目	dlnloan	dlnleverage	SIZE	LIQ	CAP	leverage	growth	i	dRRR
dlnleverage	0.176***	—	—	—	—	—	—	—	—
SIZE	−0.088**	0.005	—	—	—	—	—	—	—
LIQ	0.067	0.114***	0.122***	—	—	—	—	—	—
CAP	0.084*	−0.139***	0.128***	0.364***	—	—	—	—	—
leverage	0.047	0.213***	0.047	−0.084**	−0.604***	—	—	—	—
growth	0.083**	0.073*	−0.117***	−0.148***	−0.138***	0.197***	—	—	—
i	−0.137***	−0.077*	0.038	0.087**	0.089**	−0.154***	−0.190***	—	—
dRRR	−0.155***	−0.109***	0.003	0.026	−0.021	−0.031	−0.180***	0.814***	—
dLTV	0.140***	0.043	−0.075*	−0.281***	−0.084**	0.130***	0.233***	−0.143***	−0.494***

注：***、**和*分别表示 1%、5% 和 10% 的显著性水平；所有的变量均是同期值。

二、实证结果

本章采用系统 GMM 两步法来估计式（10-1）和式（10-2）。为了判定系统 GMM 估计中工具变量的有效性，笔者采用 Sargan 检验，其原假设是"所有工具变量都是有效的"。为了保证估计的合理有效，还必须保证扰动项不存在自相关，即扰动项的差分具有一阶自相关，二阶和更高阶无自相关。

表 10-4 中给出了宏观审慎工具对银行贷款增速及其顺周期性的影响。在 5% 的显著性水平下，Sargan 检验和自相关检验均不能拒绝原假设，表明我们的系统 GMM 估计选取的工具变量是合理的，扰动项不存在显著的序列相关。

贷款增速滞后一期变量的系数显著为正，表明商业银行的信贷扩张具有一定的惯性或黏性。从控制变量的系数来看，绝大多数的系数至少在 10% 的水平下显著。银行的规模越大，其信贷增速越低，这可能是因为银行的规模越大其经营策略相对保守谨慎，也可能是因为规模较大的银行受到的信贷管控更加严格。当前中国商业银行普遍具有信贷扩张的冲动，较高的流动性水平和资本充足率为其进一步的信贷扩张提供了基础，因此，银行的流动性水平和资本充足率越高，其贷款增速也相对越高。_growth_ 的系数显著为正，具有两层含义：一方面，_growth_ 作为信贷需求的代理变量，其系数为正，表明银行的信贷供给会受到经济增长需求的影响；另一方面，这一结果同时表明在控制其他因素以后，贷款增速与经济增长具有显著的正相关关系，即信贷增速具有明显的顺周期特征。贷款基准利率的系数显著为负，表明贷款基准利率越高，企业的融资成本越高，信贷需求越低，商业银行只能被动调整资产组合，降低信贷增速。

表 10-4　宏观审慎工具在控制信贷增速及其顺周期中的作用

项目	（1）	（2）	（3）	（4）
dlnloan $(t-1)$	0.0788***	0.1725***	0.1353***	0.1942***
	(5.10)	(7.96)	(8.51)	(7.97)
dRRR (t)	−0.0017*	—	—	—
	(−1.90)	—	—	—
dLTV (t)	—	0.1735***	—	—
	—	— (6.56)	—	—

续表

项目	（1）	（2）	（3）	（4）
$dRRR(t) * growth(t)$	—	—	-0.0235^{***}	—
	—	—	(-5.50)	—
$dLTV(t) * growth(t)$	—	—	—	0.6874^{***}
	—	—	—	(6.51)
$growth(t)$	0.1459^{***}	0.0976^{***}	0.1500^{***}	0.1395^{***}
	(5.37)	(5.52)	(9.59)	(7.34)
$i(t)$	-0.0221^{***}	-0.0267^{***}	-0.0108^{***}	-0.0276^{***}
	(-6.32)	(-12.45)	(-2.90)	(-11.41)
$SIZE(t-1)$	-0.0128^{***}	-0.0299^{***}	-0.0249^{***}	-0.0246^{***}
	(-11.44)	(-9.20)	(-12.23)	(-11.32)
$LIQ(t-1)$	0.0069	0.0667^{**}	0.0463^{*}	0.0871^{**}
	(0.30)	(2.16)	(1.89)	(2.56)
$TCR(t-1)$	0.5169^{***}	0.5710^{***}	0.2991^{***}	0.3253^{***}
	(5.14)	(6.95)	(3.45)	(2.97)
常数项	0.4567^{***}	0.7793^{***}	0.6144^{***}	0.6912^{***}
	(19.17)	(14.77)	(16.79)	(17.22)
N	401	401	401	401
AR 1（p 值）	0.0000	0.0000	0.0003	0.0000
AR 2（p 值）	0.3204	0.3619	0.3056	0.4176
Sargan Test（p 值）	0.5170	0.3983	0.7121	0.5670

注：括号内为 z 统计量；$***$、$**$ 和 $*$ 分别表示 1%、5% 和 10% 的显著性水平；t 表示当期值，$t-1$ 和 $t-2$ 分别表示滞后一期值和滞后两期值。

　　我们最感兴趣的是宏观审慎工具变量以及它与经济增长变量交叉项的系数符号及其显著性。准备金率的系数在 10% 的水平下显著为负，这表明央行上调商业银行的存款准备金率，降低它们信贷供给的能力，能够显著减缓银行的信贷扩张步伐。LTV 上限的系数在 1% 的水平下显著为正，这表明降低 LTV 上限，提高住房抵押贷款的首付成数，能够抑制呈泡沫化的抵押贷款的增长，从而间接降低银行信贷增速，并防范银行对房地产市场风险的敞口过度暴露。两个宏观审慎工具变量与经济增长交叉项的系数都在 1% 的水平下显著，这表明通过准备金率和 LTV 上限的逆周期调节，即在经济上升周期收紧政策工具，经济下行周期放松政策工具，能够显著降低贷款增速与经济增长的正向关系，平滑信贷周期，降低商业银行信贷扩张的顺周期特征。

表 10-5 进一步给出了两大宏观审慎工具在降低商业银行杠杆率增速及其顺周期中的作用。因为在动态模型为 AR（1）形式时，扰动项的自相关检验一直无法通过，即扰动项仍存在潜在的序列相关，因此笔者加入了被解释变量的滞后二阶项，构建 AR（2）形式的动态面板模型。此时，Sargan 检验和扰动项的自相关检验均在 5% 的显著性水平下通过了检验。

表 10-5 中动态滞后项的系数均显著为负，如果当期的杠杆率提升速度较快，在下两期商业银行会适当减缓其扩张杠杆率的步伐，具有一定的短期调整机制。growth 的系数至少在 10% 的水平下显著为正，这说明中国商业银行提高杠杆率具有明显的顺周期性。在经济上升周期，银行提升其杠杆率的速度也较快；在经济下行周期，银行会减缓提升速度，甚至通过一系列的去杠杆化措施，快速降低杠杆率水平，以满足监管要求。贷款基准利率的系数显著为负，这表明央行的货币政策立场会影响商业银行的脆弱性水平，提高基准利率有助于抑制商业银行杠杆率的放大。银行的规模越大，杠杆率增速越快，这可能是因为目前大银行的杠杆率水平低于中小银行，大银行进一步提高杠杆率的动机较强，且提升的空间也较中小银行更大。与理论预期一致，信贷增速的系数显著为正，信贷资产在银行盈利资产中属于盈利水平相对较高的那部分，信贷增速会直接影响银行提高杠杆率的意愿水平。同时，杠杆率水平会影响其进一步提升的空间，杠杆率水平和杠杆率的变动率呈显著负相关。

从宏观审慎工具的系数来看，这两大宏观审慎工具确实影响了商业银行的杠杆率变动，提高准备金率或者降低住房抵押贷款的 LTV 上限都能降低其增速。然而，准备金率与经济增长变量交叉项的系数虽然符合理论预期为负值，但在 10% 的水平下仍不显著，似乎准备金工具对于抑制商业银行杠杆率变动顺周期的作用并不明显。与此相对，LTV 上限交叉项的系数在 1% 的水平下显著。在经济繁荣周期降低 LTV 上限，在经济下行时期适当提高 LTV 上限，通过这种逆周期调节，能够降低商业银行杠杆率的顺周期特征，降低银行体系的脆弱性水平。

表 10-5　宏观审慎工具在控制杠杆率变动及其顺周期中的作用

项目	(1)	(2)	(3)	(4)
$dlnleverage$ $(t-1)$	-0.4432***	-0.4864***	-0.4560***	-0.4679***
	(-16.68)	(-10.48)	(-15.59)	(-11.47)
$dlnleverage$ $(t-2)$	-0.4038***	-0.4548***	-0.4133***	-0.4362***
	(-13.84)	(-10.54)	(-16.42)	(-12.60)
$dRRR$ (t)	-0.0068***	—	—	—
	(-2.59)	—	—	—
$dLTV$ (t)	—	0.2015***	—	—
	—	(3.02)	—	—
$dRRR$ (t) $* growth$ (t)	—	—	-0.0062	—
	—	—	(-0.94)	—
$dLTV$ (t) $* growth$ (t)	—	—	—	0.8284***
	—	—	—	(4.61)
$growth$ (t)	0.1713***	0.1417*	0.1505***	0.0976*
	(2.73)	(1.80)	(3.52)	(1.70)
i (t)	-0.0266***	-0.0476***	-0.0567***	-0.0542***
	(-2.84)	(-3.85)	(-5.80)	(-6.32)
$SIZE$ $(t-1)$	0.0213***	0.0238***	0.0253***	0.0220***
	(6.38)	(2.96)	(5.92)	(3.70)
$dlnloan$ $(t-1)$	0.4988***	0.5306***	0.4200***	0.4274***
	(7.24)	(6.12)	(8.72)	(6.36)
$leverage$ $(t-1)$	-0.0137***	-0.0124***	-0.0137***	-0.0132***
	(-13.63)	(-7.91)	(-14.03)	(-9.77)
常数项	-0.1988**	-0.1551	-0.0761	-0.0356
	(-2.16)	(-0.83)	(-0.66)	(-0.25)
N	354	354	354	354
AR 1 (p 值)	0.0105	0.0153	0.0152	0.0158
AR 2 (p 值)	0.4401	0.4719	0.4026	0.4992
Sargan Test (p 值)	0.7086	0.5913	0.5845	0.6391

注：括号内为 z 统计量；***、** 和 * 分别表示 1%、5% 和 10% 的显著性水平；t 表示当期值，$t-1$ 和 $t-2$ 分别表示滞后一期值和滞后两期值。

同时，笔者将样本分为五大行和全国性股份制银行、城商行和农商行两个子样本①来研究宏观审慎工具的有效性及其在不同类型银行间的差异性。表10-6的（1）、（3）、（5）、（7）列和（2）、（4）、（6）、（8）列分别为五大行和全国性股份制银行、城商行和农商行子样本的回归结果。限于篇幅，这里仅给出审慎工具变量以及它与经济增长变量交叉项的系数。表10-6的上部分（Panel A）为审慎工具在控制信贷增速及其顺周期中的作用，下半部分（Panel B）给出了审慎工具在杠杆率变动及其顺周期中的作用。

表 10-6　宏观审慎工具在子样本中的工具效力

项目	(1)	(2)	(3)	(4)	(5)	(6)	(7)	(8)
Panel A：	—							
dRRR	-0.0069 ***	-0.0063 ***						
	(-2.93)	(-5.06)						
dLTV	—	—	0.2232 ***	0.1376 ***				
	—	—	(4.09)	(6.44)				
dRRR * growth	—	—			-0.0406 ***	-0.0313 ***		
	—	—			(-3.61)	(-8.26)		
dLTV * growth	—	—			—	—	1.8333 ***	0.6455 ***
	—	—					(8.83)	(9.19)
Panel B：								
dRRR	-0.0252 ***	-0.0116 ***						
	(-4.52)	(-6.92)						
dLTV	—	—	0.8274 ***	0.1805 ***				
	—	—	(3.37)	(5.00)				
dRRR * growth	—	—			-0.1020 ***	-0.0155 ***		
	—	—			(-4.30)	(-3.47)		
dLTV * growth	—	—			—	—	2.1467 ***	0.2588 **
							(4.39)	(2.35)

注：括号内为 z 统计量；＊＊＊、＊＊和＊分别表示 1%、5%和 10%的显著性水平。

首先，在两个子样本中，审慎工具及其与经济增长变量的系数都是显著的，这两大宏观审慎工具对抑制中国商业银行信贷扩张、杠杆率放大及其顺周期性都是有效的，且进一步验证了全样本实证结果的可靠性和稳健性。其次，从系数的大小来看，对于不同类型的银行，宏观审慎工具的效力确实存在一定的差异，相对于城商行和农商行，五大行和全国性股份制

① 如果将样本分为五大行、全国性股份制银行、城商行和农商行三类，会导致第一个子样本观测过少，系统 GMM 两步法无法估计。鉴于五大行和全国性股份制银行在经营范围、商业模式以及银行微观特征上更为相似，所以将二者合并为一类。

银行对宏观审慎工具的调节更为敏感，审慎工具的效力更大。最后，具体来看，准备金率工具对银行贷款增长及其顺周期的影响在两个子样本间的差异性相对较小，对杠杆率变动及其顺周期影响则具有一定差异。与此相对，LTV 上限工具在两个子样本中的差异更为明显，五大行和全国性股份制银行对 LTV 上限的变动非常敏感，工具效力远大于城商行和农商行。笔者以为 LTV 上限主要通过抑制居民的住房信贷需求来间接调控银行的信贷增速和杠杆率变动，目前，五大行和全国性股份制银行承担了绝大部分的住房抵押贷款发放，因此 LTV 上限工具对前者的工具效力要远高于后者。与此相对，准备金工具则是直接冻结银行的信贷供给能力，调节得更为直接，因而调控效率在不同类型银行间的差异相对较小。

当前，中国大型商业银行的存款准备金率维持在 20%，中小型银行为 18%，根据张晓慧等（2008）的研究，中国最优准备金率上限为 23% 左右，进一步上调准备金率的空间已不大。同时，目前购买二套房的 LTV 上限为 40%，下调的余地也不太大。如何拓展这些宏观审慎工具的使用空间，提高其效力呢？笔者以为，可以从单个宏观审慎工具本身、多个宏观审慎工具配合以及宏观审慎工具和其他公共政策协调三个方面来提升其工具效力。

首先，中国目前实行的是单一准备金率，即同一金融机构的所有缴存基数都按统一的准备金率征收法定准备，并没有根据存款期限的长短和流动性差异来征收累进的法定准备，而且缴存基数较窄，虽然 2011 年央行将承兑汇票、信用证、保函等保证金存款纳入缴纳存款准备金的基数范围，但商业银行为了实现规避管制、监管套利，通过发行理财产品、金融债、结构性存款等方法，使得缴存基数的占比不断下降，商业银行对准备金率工具的调节越来越不敏感，降低了调控效力。因此，央行一方面可根据存款期限长短和流动性差异征收差别的法定准备，提高工具调控的针对性；另一方面，在必要时可扩大存款准备金的缴存基数，增强调控效力，避免监管套利。为了提高 LTV 工具的监管效力，可根据各地房地产价格涨幅情况实施差异化的 LTV 上限，这不仅能够防范局部地区的房地产价格过度上涨以及区域性金融风险的出现，而且有助于抑制银行信贷的过度扩张和杠杆率放大。

其次，宏观审慎工具箱虽不完备，但大量的重要工具已经出现，针对每一类的系统性风险来源都有多种工具，而且每种工具都可能具有多种属性并产生多种效果。因此，为了定点或定向控制某类潜在的系统性风险之源，提高宏观审慎监管效力，可以多种宏观审慎工具搭配使用。多种宏观审慎工具的配合使用不仅有助于化解特定来源的系统性风险，而且监管当局也能够积累宝贵的经验①，提升其金融监管效率。

最后，本次金融危机的历程表明，价格稳定并不能保证金融稳定，单个金融机构的安全稳健也不能确保整个金融系统的安全。危机后，微观审慎监管和以物价稳定为目标的货币政策框架受到了广泛质疑，宏观审慎的监管理念得到各界人士的偏爱。但是，宏观审慎政策并不是唯一影响系统性风险的政策。且不说微观审慎政策，其他如货币政策、财税政策、会计报告准则和法律框架的影响力都很大②。同时，表 10-4 和表 10-5 的结果也表明，央行的货币政策立场会影响商业银行的信贷扩张和杠杆率变动。因此，为了进一步提高宏观审慎工具在防范和化解中国系统性金融风险中的效力，应该加强宏观审慎政策与微观审慎政策、货币政策、财政政策等的协调配合，发挥协同效应。比如，货币政策不能简单追求未来两年的物价稳定，可能还需要关注宏观审慎政策的长期变动，重视金融失衡的逐渐累积和释放。而且，目前学术界普遍认为，在大多数情况下，宏观审慎政策与货币政策等其他公共政策趋向于相互支持而非冲突，因此，宏观审慎政策与其他公共政策在确保政策工具清晰的前提下，在理论上是可以实现互补的。这种互补不仅有利于宏观审慎工具金融稳定目标的实现，而且，金融体系更稳定、更有弹性和更少顺周期性也将提高其他公共政策的有效性。

本章小结

本章利用中国 97 家商业银行的微观数据，将差别存款准备金动态调整机制和可变的 LTV 上限作为宏观审慎政策工具的代表，采用系统 GMM 估计方法实证检验了这两大工具在抑制中国商业银行信贷扩张、杠杆率变动及其顺周期性中的作用，评估了中国宏观审慎政策工具的有效性，并对审慎工具在不同类型银行之间工具效力的差异性进行探讨。研究结论显示：

第一，无论是全样本还是分类型子样本，差别存款准备金动态调整机制和可变的 LTV 上限能够显著影响中国商业银行的信贷增长和杠杆率变动，

---

① 当前技术下的定量模型还不太稳健，远不能指导宏观审慎监管的操作实践，经验判断非常重要。

② 例如，许多学者认为美联储长期实施的低利率政策导致了本次金融危机的发生。长期维持较低的利率政策影响了杠杆率，鼓励了金融市场参与者的激进行为，助推了资产价格泡沫和证券化信贷产品的膨胀，最终引发了美国次贷危机。

目前中国宏观审慎政策工具的实施是有效的。而且通过宏观审慎工具的逆周期调节，能够有效降低银行信贷扩张和杠杆率放大的顺周期性，平滑信贷周期，降低银行系统的脆弱性水平。

第二，对于不同类型的银行，这两大宏观审慎工具的效力确实存在一定的差异，相对于城商行和农商行，五大行和全国性股份制银行对宏观审慎工具的调节更为敏感，审慎工具的效力更大。因此，针对不同类型的银行，实施差异化的宏观审慎政策有助于提高其有效性。

第三，不同宏观审慎工具的传导路径存在差别，相对于准备金率的直接调节，LTV上限主要通过抑制居民的住房信贷需求来间接调控银行的信贷增速和杠杆率变动。因此，差别存款准备金动态调整机制的调控效率在不同类型银行间的差异相对较小，可变的LTV上限对五大行和全国性股份制银行的效力则要高于城商行和农商行。因此，设计开发不同的宏观审慎工具，应加强对不同工具传导机制的研究，这样才能针对性地使用工具，提高宏观审慎监管效力。

第四，虽然中国差别存款准备金动态调整机制和可变的LTV上限工具是有效的，但进一步上调准备金率和下调LTV上限的空间已不大。笔者从单个宏观审慎工具本身、多个宏观审慎工具配合以及宏观审慎工具和其他公共政策协调三个方面探讨了如何拓展这两大工具的使用空间。对于准备金率工具可根据存款期限长短和流动性差异征收差别的法定准备，必要时还可扩大存款准备金的缴存基数，增强调控效力，避免监管套利；对于LTV上限工具则可根据各地房地产价格涨幅情况实施差异化的上限标准，提高工具调控的针对性。多种宏观审慎工具的配合则有助于遏制特定类型的系统性风险，提升其金融监管效率。更为重要的是，宏观审慎工具与货币政策等其他公共政策工具的配合使用不仅有利于金融稳定目标的实现，而且可以提高其他公共政策的实施效果。

参考文献

［1］白雪梅，石大龙．中国金融体系的系统性风险度量［J］．国际金融研究，2014（6）：75-85.

［2］陈建青，王擎，许韶辉．金融行业间的系统性金融风险溢出效应研究［J］．数量经济技术经济研究，2015（9）：89-100.

［3］陈迅，胡成春，花拥军．我国银行业与房地产业极端风险溢出效应研究［J］．系统工程，2017（8）：127-133.

［4］方意．中国银行业系统性风险研究——宏观审慎视角下的三个压力测试［J］．经济理论与经济管理，2017（2）：48-66.

［5］方意，陈敏．经济波动、银行风险承担与中国金融周期［J］．世界经济，2019（2）：3-25.

［6］宫晓莉，熊熊．波动溢出网络视角的金融风险传染研究［J］．金融研究，2020（5）：39-58.

［7］荆中博，王乐仪，方意．风险溢出、周期性与中国房地产市场系统性风险［J］．当代经济科学，2019（5）：11-23.

［8］李扬．"金融服务实体经济"辨［J］．经济研究，2017（6）：4-16.

［9］李政，梁琪，方意．中国金融部门间系统性风险溢出的监测预警研究——基于下行和上行 $\Delta CoES$ 指标的实现与优化［J］．金融研究，2019a（2）：40-58.

［10］李政，梁琪，涂晓枫．我国上市金融机构关联性研究——基于网络分析法［J］．金融研究，2016（8）：95-110.

［11］李政，刘淇，梁琪．基于经济金融关联网络的中国系统性风险防范研究［J］．统计研究，2019b（2）：23-37.

［12］李政，刘淇，鲁晏辰．主权债务风险跨国溢出研究——来自频域的新证据［J］．金融研究，2020（9）：59-77.

［13］李政，鲁晏辰，刘淇．尾部风险网络、系统性风险贡献与我国金融业监管［J］．经济学动态，2019c（7）：65-79.

［14］李政，涂晓枫，卜林．金融机构系统性风险：重要性与脆弱性

［J］. 财经研究，2019d（2）：100-112.

［15］李政，朱明皓，温博慧. 经济政策不确定性的跨国溢出效应及其形成机理［J］. 财贸经济，2021（1）：92-106.

［16］梁琪，李政. 系统重要性、审慎工具与我国银行业监管［J］. 金融研究，2014（8）：32-46.

［17］梁琪，李政，郝项超. 我国系统重要性金融机构的识别与监管——基于系统性风险指数 SRISK 方法的分析［J］. 金融研究，2013（9）：56-70.

［18］梁琪，李政，郝项超. 中国股票市场国际化研究：基于信息溢出的视角［J］. 经济研究，2015（4）：150-164.

［19］梁琪，余峰燕. 金融危机、国有股权与资本投资［J］. 经济研究，2014（4）：47-61.

［20］刘向丽，顾舒婷. 房地产对金融体系风险溢出效应研究——基于 AR-GARCH-CoVaR 方法［J］. 系统工程理论与实践，2014（S1）：106-111.

［21］刘晓星，张旭，李守伟. 中国宏观经济韧性测度——基于系统性风险的视角［J］. 中国社会科学，2021（1）：12-32.

［22］马旭平，王军，孙晓蕾，李建平. 主权风险溢出网络动态特征研究：以"一带一路"国家为例［J］. 系统工程理论与实践，2019（6）：1363-1372.

［23］欧阳资生，李虹宣，刘凤根. 中国系统性金融风险对宏观经济的影响研究［J］. 统计研究，2019（8）：19-31.

［24］乔海曙，李颖，欧阳昕. 产业关联、共同信息溢出与行业股指联动［J］. 系统工程理论与实践，2016（11）：2737-2751.

［25］沈悦，戴士伟，罗希. 中国金融业系统性风险溢出效应测度——基于 GARCH-Copula-CoVaR 模型的研究［J］. 当代经济科学，2014（6）：30-38.

［26］田娇，王擎. 银行资本约束、银行风险外溢与宏观金融风险［J］. 财贸经济，2015（8）：74-90.

［27］徐明东，陈学彬. 中国微观银行特征与银行贷款渠道检验［J］. 管理世界，2011（5）：24-38.

［28］杨坚，余子良，贾彦东，马骏. 全球视角下的中国金融机构间金融冲击传递［R］. 中国人民银行工作论文，No. 4，2017.

［29］杨子晖，陈雨恬，张平淼. 股票与外汇市场尾部风险的跨市场传

染研究 [J]. 管理科学学报，2020 (8)：54-77.

[30] 杨子晖，周颖刚. 全球系统性金融风险溢出与外部冲击 [J]. 中国社会科学，2018 (12)：69-90.

[31] 尹力博，柳依依. 中国商品期货金融化了吗？——来自国际股票市场的证据 [J]. 金融研究，2016 (3)：189-206.

[32] 翟永会. 系统性风险管理视角下实体行业与银行业间风险溢出效应研究 [J]. 国际金融研究，2019 (12)：74-84.

[33] 张冰洁，汪寿阳，魏云捷，赵雪婷. 基于 CoES 模型的我国金融系统性风险度量 [J]. 系统工程理论与实践，2018 (3)：565-575.

[34] 张健华，贾彦东. 宏观审慎政策的理论与实践进展 [J]. 金融研究，2012 (1)：20-35.

[35] 张晓慧，纪志宏，崔永. 中国的准备金、准备金税与货币控制：1984—2007 [J]. 经济研究，2008 (7)：65-77.

[36] 张晓朴，朱太辉. 金融体系与实体经济关系的反思 [J]. 国际金融研究，2014 (3)：43-54.

[37] 张勇，彭礼杰，莫嘉浩. 中国金融压力的度量及其宏观经济的非线性效应 [J]. 统计研究，2017 (1)：67-79.

[38] 朱波，马永谈. 行业特征、货币政策与系统性风险——基于"经济金融"关联网络的分析 [J]. 国际金融研究，2018 (4)：22-32.

[39] Acharya V V, Pedersen L H, Philippon T, Richardson M. Measuring Systemic Risk [J]. Review of Financial Studies, 2017, 30 (1)：2-47.

[40] Acharya V V, Engle R F, Richardson M. Capital Shortfall：A New Approach to Ranking and Regulating Systemic Risks [J]. American Economic Review, 2012, 102 (3)：59-64.

[41] Adrian T, Brunnermeier M K. CoVaR [J]. American Economic Review, 2016, 106 (7)：1705-1741.

[42] Banulescu G, Dumitrescu E. Which are the SIFIs? A Component Expected Shortfall Approach to Systemic Risk [J]. Journal of Banking & Finance, 2015, 50：575-588.

[43] Bartholomew P F, Whalen G. Fundamentals of Systemic Risk [A]. In Kaufmann G. G. Research in Financial Services：Banking, Financial Markets, and Systemic Risk, Vol. 7 [C]. JAI Press, 1995, 3-17.

[44] Baruník J, Křehlík T. Measuring the Frequency Dynamics of Financial

Connectedness and Systemic Risk [J]. Journal of Financial Econometrics, 2018, 16 (2): 271-296.

[45] Beirne J, Fratzscher M. The Pricing of Sovereign Risk and Contagion during the European Sovereign Debt Crisis [J]. Journal of International Money and Finance, 2013, 34: 60-82.

[46] Bellas D, Papaioannou M G, Petrova I K. Determinants of Emerging Market Sovereign Bond Spreads: Fundamentals vs Financial Stress [R]. IMF Working Paper, No. 281, 2010.

[47] Benoit S, Colliard J, Hurlin C, Pérignon C. Where the Risks Lie: A Survey on Systemic Risk [J]. Review of Finance, 2017, 21 (1): 109-152.

[48] Bernanke B, Gertler M, Gilchrist S. The Financial Accelerator and the Flight to Quality [J]. Review of Economics and Statistics, 1996, 78 (1): 1-15.

[49] Bhattacharya S, Goodhart C A, Tsomocos D P, Vardoulakis A P. A Reconsideration of Minsky's Financial Instability Hypothesis [J]. Journal of Money, Credit and Banking, 2015, 47 (5): 931-973.

[50] Billio M, Getmansky M, Lo A W, Pelizzon L. Econometric Measures of Connectedness and Systemic Risk in the Finance and Insurance Sectors [J]. Journal of Financial Economics, 2012, 104 (3): 535-559.

[51] Blancher N R, Mitra S, Morsy H, Otani A, Severo T, Valderrama L. Systemic Risk Monitoring ("SysMo") Toolkit—A User Guide [R]. IMF Working Paper, No. 168, 2013.

[52] Borio C. Towards a Macroprudential Framework for Financial Supervision and Regulation? [J]. CESifo Economic Studies, 2003, 49 (2): 181-215.

[53] Bostanci G, Yilmaz K. How Connected is the Global Sovereign Credit Risk Network? [J]. Journal of Banking & Finance, 2020, 113: 105761.

[54] Brownlees C, Engle R F. SRISK: A Conditional Capital Shortfall Measure of Systemic Risk [J]. Review of Financial Studies, 2017, 30 (1): 48-79.

[55] Brunnermeier M K, Sannikov Y. A Macroeconomic Model with a Financial Sector [J]. American Economic Review, 2014, 104 (2): 379-421.

[56] Cerqueira P A. A Closer Look at the World Business Cycle Synchronization [J]. International Economics and Economic Policy, 2013, 10 (3): 349-363.

［57］ Claessens S, Ghosh S R, Mihet R. Macro-Prudential Policies to Mitigate Financial System Vulnerabilities ［J］. Journal of International Money and Finance, 2013, 39: 153-185.

［58］ Clement P. The Term "Macroprudential": Origins and Evolution ［J］. BIS Quarterly Review, March, 2010.

［59］ Danielsson J, Valenzuela M, Zer I. Learning from History: Volatility and Financial Crises ［J］. Review of Financial Studies, 2018, 31 (7): 2774-2805.

［60］ De Bandt O, Hartmann P. Systemic Risk: A Survey ［R］. European Central Bank Working Paper Series, No. 35, 2000.

［61］ De Santis R A. The Euro Area Sovereign Debt Crisis: Identifying Flight-to-Liquidity and the Spillover Mechanisms ［J］. Journal of Empirical Finance, 2014, 26: 150-170.

［62］ Diebold F X, Yilmaz K. On the Network Topology of Variance Decompositions: Measuring the Connectedness of Financial Firms ［J］. Journal of Econometrics, 2014, 182 (1): 119-134.

［63］ Dijkman M. A Framework for Assessing Systemic Risk ［R］. The World Bank Policy Research Working Paper, No. 5282, 2010.

［64］ Duarte F, Eisenbach T M. Fire-Sale Spillovers and Systemic Risk ［J］. Journal of Finance, 2021, 76 (3): 1251-1294.

［65］ Ellis L, Haldane A, Moshirian F. Systemic Risk, Governance and Global Financial Stability ［J］. Journal of Banking & Finance, 2014, 45: 175-181.

［66］ Engle R F, Manganelli S. CAViaR: Conditional Autoregressive Value at Risk by Regression Quantiles ［J］. Journal of Business & Economic Statistics, 2004, 22 (4): 367-381.

［67］ Ferrer R, Shahzad S J H, López R, Jareño F. Time and Frequency Dynamics of Connectedness between Renewable Energy Stocks and Crude Oil Prices ［J］. Energy Economics, 2018, 76: 1-20.

［68］ Galati G, Moessner R. Macroprudential Policy-A Literature Review ［J］. Journal of Economic Surveys, 2013, 27 (5): 846-878.

［69］ Gauthier C L, Graham C, Ying L. Financial Conditions Indexes for Canada ［R］. Bank of Canada Working Paper, No. 22, 2004.

[70] Gillaizeau M, Jayasekera R, Maaitah A, Mishra T, Parhi M, Volokitina E. Giver and the Receiver: Understanding Spillover Effects and Predictive Power in Cross-Market Bitcoin Prices [J]. International Review of Financial Analysis, 2019, 63: 86-104.

[71] Girardi G, Tolga Ergün A. Systemic Risk Measurement: Multivariate GARCH Estimation of CoVaR [J]. Journal of Banking & Finance, 2013, 37 (8): 3169-3180.

[72] Gray D, Jobst A. Systemic CCA-A Model Approach to Systemic Risk [R]. Deutsche Bundesbank/Technische Universität Dresden Conference: Beyond the Financial Crisis: Systemic Risk, Spillovers and Regulation, Dresden, Germany, 2010.

[73] Greenwood R, Landier A, Thesmar D. Vulnerable Banks [J]. Journal of Financial Economics, 2015, 115 (3): 471-485.

[74] Hakkio C S, Keeton W R. Financial Stress: What is It, How Can It be Measured, and Why Does It Matter? [J]. Economic Review-Federal Reserve Bank of Kansas City, 2009, 94 (2): 5-50.

[75] Härdle W K, Wang W, Yu L. TENET: Tail-Event driven NETwork risk [J]. Journal of Econometrics, 2016, 192 (2): 499-513.

[76] Hautsch N, Schaumburg J, Schienle M. Financial Network Systemic Risk Contributions [J]. Review of Finance, 2015, 19 (2): 685-738.

[77] Heinz F F, Yan M S. Sovereign CDS Spreads in Europe—The Role of Global Risk Aversion, Economic Fundamentals, Liquidity, and Spillovers [R]. IMF Working Papers, No. 17, 2014.

[78] Hilscher J, Nosbusch Y. Determinants of Sovereign Risk: Macroeconomic Fundamentals and the Pricing of Sovereign Debt [J]. Review of Finance, 2010, 14 (2): 235-262.

[79] Huang X, Zhou H, Zhu H. A Framework for Assessing the Systemic Risk of Major Financial Institutions [J]. Journal of Banking & Finance, 2009, 33 (11): 2036-2049.

[80] Illing M, Liu Y. An Index of Financial Stress for Canada [R]. Bank of Canada Working Paper, No. 14, 2003.

[81] Kaufman G G, Scott K E. What is Systemic Risk, and Do Bank Regulators Retard or Contribute to It? [J]. Independent Review, 2003, 7 (3): 371-

391.

[82] Kaufman G G. Comment on Systemic Risk [A]. In Kaufmann G. G. Research in Financial Services: Banking, Financial Markets, and Systemic Risk, Vol. 7 [C]. JAI Press, 1995, 47-52.

[83] Kritzman M, Li Y, Page S, Rigobon R. Principal Components as a Measure of Systemic Risk [J]. Journal of Portfolio Management, 2011, 37 (4): 112-126.

[84] Liang Q, Lu Y, Li Z. Business Connectedness or Market Risk? Evidence from Financial Institutions in China [J]. China Economic Review, 2020, 62, Article 101503.

[85] Lim C H, Costa A, Columba F, Kongsamut P, Otani A, Saiyid M, Wezel T, Wu X. Macroprudential Policy: What Instruments and How to Use them? Lessons from Country Experiences [J]. IMF Working Paper No. 238, 2011.

[86] López-Espinosa G, Moreno A, Rubia A, Valderrama L. Short-Term Wholesale Funding and Systemic Risk: A Global CoVaR Approach [J]. Journal of Banking & Finance, 2012, 36 (12): 3150-3162.

[87] Merton R C. A Functional Perspective of Financial Intermediation [J]. Financial Management, 1995, 24 (2): 23-41.

[88] Minsky H P. The Financial-Instability Hypothesis: Capitalist Processes and the Behavior of the Economy [R]. Hyman P. Minsky Archive. Paper, No. 282, 1982.

[89] Mishkin F. Comment on Systemic Risk [A]. In Kaufmann G. G. Research in Financial Services: Banking, Financial Markets, and Systemic Risk, Vol. 7 [C]. JAI Press, 1995, 31-45.

[90] Mistrulli P E. Assessing Financial Contagion in the Interbank Market: Maximum Entropy versus Observed Interbank Lending Patterns [J]. Journal of Banking & Finance, 2011, 35 (5): 1114-1127.

[91] Nier E, Yang J, Yorulmazer T, Alentorn A. Network Models and Financial Stability [J]. Journal of Economic Dynamics and Control, 2007, 31 (6): 2033-2060.

[92] Pagano M S, Sedunov J. A Comprehensive Approach to Measuring the Relation between Systemic Risk Exposure and Sovereign Debt [J]. Journal of Fi-

nancial Stability, 2016, 23: 62-78.

[93] Patro D K, Qi M, Sun X. A Simple Indicator of Systemic Risk [J]. Journal of Financial Stability, 2013, 9 (1): 105-116.

[94] Sedunov J. What is the Systemic Risk Exposure of Financial Institutions? [J]. Journal of Financial Stability, 2016, 24: 71-87.

[95] Segoviano M A, Goodhart C A E. Banking Stability Measures [R]. IMF Discussion Paper, No. 627, 2009.

[96] Taylor J B. Defining Systemic Risk Operationally [A]. In Scott K. E., Shultz G. P. and Taylor J. B. Ending Government Bailouts as We Know Them [C]. Hoover Press, 2010, 33-57.

[97] Upper C. Simulation Methods to Assess the Danger of Contagion in Interbank Markets [J]. Journal of Financial Stability, 2011, 7 (3): 111-125.

[98] Wang A T. The Information Transmissions between the European Sovereign CDS and the Sovereign Debt Markets of Emerging Countries [J]. Asia Pacific Management Review, 2019, 24 (2): 176-189.

[99] Zhou C. Are Banks Too Big to Fail? Measuring Systemic Importance of Financial Institutions [J]. International Journal of Central Banking, 2010, 6 (4): 205-250.